成长突围

大律师进阶指南

Breaking Through: Mastering the Art of Lawyering

中伦研究院／编著

中倫 ZHONG LUN
1993-2023

法律出版社 LAW PRESS · CHINA
北京

图书在版编目（CIP）数据

成长突围：大律师进阶指南 / 中伦研究院编著 . -- 北京：法律出版社，2023
ISBN 978-7-5197-7959-7

Ⅰ . ①成… Ⅱ . ①中… Ⅲ . ①律师业务—中国—指南
Ⅳ . ① D926.5-62

中国国家版本馆 CIP 数据核字（2023）第 090168 号

成长突围：大律师进阶指南
CHENGZHANG TUWEI：DALÜSHI JINJIE ZHINAN

中伦研究院 编著

责任编辑 李争春
装帧设计 汪奇峰

出版发行 法律出版社
编辑统筹 法规出版分社
责任校对 王 丰 郭艳萍
责任印制 耿润瑜
经　　销 新华书店

开本 A5
印张 12.5 **字数** 260 千
版本 2023 年 7 月第 1 版
印次 2023 年 7 月第 1 次印刷
印刷 天津嘉恒印务有限公司

地址：北京市丰台区莲花池西里 7 号（100073）
网址：www.lawpress.com.cn
投稿邮箱：info@lawpress.com.cn
举报盗版邮箱：jbwq@lawpress.com.cn
销售电话：010-83938349
客服电话：010-83938350
咨询电话：010-63939796

书号：ISBN 978-7-5197-7959-7
定价：49.80 元
凡购买本社图书，如有印装错误，我社负责退换。电话：010-83938349

编　委　会

序言

有句话说,“选择比努力更重要”:对于一位五百强企业的 CEO 而言,他(她)每天都在做决策,需要面临无数的选择,这些选择将会决定企业的命运,员工的命运,股东的命运。那么对于一位从事法律工作的个人,尤其是对于初出茅庐、为未来该如何发展而焦虑的年轻人,或者正在经历职业“中场战事”的中年人来说,该如何进行选择?如果在选择时迈错一步,也许会浪费很多时间,不得不走很多弯路。

如果有一本书,能够汇聚法律职场的“过来人”,尤其是法律领域佼佼者们的经验教训;能够承载“法律人”激荡的热情,闪烁着智慧的光芒;能够既有悟道的醍醐灌顶,也有睿智的励志隽语,还有方法上的灵感与启发……

这是我们研究院花费数年的心血,采访数十位业内的佼佼者,最终将此书呈现给读者的初心。我们也希望这本书对于在职场面临选择、亟须指点的同道中人,可以有所帮助,亦可算作一份来自“过来人”的暖心礼物。

经济的高速发展造就了各行各业的领先机构,也造就了致力于法律服务行业的我们。从20世纪80年代后期起至今，从业四十余年以来，我一直在思考律师这份职业的特质与发展，内核与使命。律师是什么？律师的价值是什么？律师的未来在哪里？

本质上来说，律师这两个字，本身就是一种托付。律师是一个专业人士的工作，通过专业知识与传输，专业知识的判断，为别人提供帮助和服务。这就要求律师有一种“拼命”的精神，一位优秀的律师，业内的佼佼者，不在于挣钱的多少，而在于他掌握知识的专度、精度，是否在其专业领域占据了制高点。对于律师来说，在专业这点上，没有最好，只有更好，学无止境，永远在路上。这一点无论是对于刚进入职场的新律师，还是对于律界的老将，都至关重要。

律师要在社会价值和经济价值之间求得平衡，这个平衡点在哪？律师，和其他行业的从业者一样，也希望能够在高效发挥专业职能作用的同时，向往和追求美好的生活。但是作为法律人、作为律师事务所，相较于许多纯粹的商业公司和组织，我们更需要不忘初心，坚定地追求公平、正义，不能做违背良知的事情，更不能为追求商业价值、获取高的收入，而作出突破底线的行为。一言以蔽之，律师的终极目标是社会价值的实现，而不是商业价值的实现。

个人在工作和职场上的自驱力，往往来自自我价值的彰显。而律师的价值往往在于通过一个个个案的带领、个案的目的实现，通过对当事人合法权益的维护，从而或直接或间接地推动社会公平与正义的进程。你帮助每一个交易的完成，你帮助每一个当事人打赢每一个官司的过程，其实都是推动社会公平正义实现的过程。作为法律人我们不能忘记，我们的发展愿景就是要在助推中国法治的进程当中，做我们应该做的事情，这样，作为个人，你会赢得尊敬；作为一家律所，你能让人敬畏，成为一家有所传承、有所担当的律师事务所。

个人职场的选择，一定也会带有个人的色彩和属于自己的个性化的想法。例如，这个选择是不是与自己性格相吻合；是不是这家律所、企业或者政府单位，作为执业平台，能够让自己发光发热；实习时候遇到的这位合伙人，给我留下了怎样的印象，是不是能使我感觉到我更适应这个职业；还有家庭的影响，未来的工作地的选择等，其实都有很多个性化的色彩，这些细小的因素都在支撑着你选择这个职业、这个雇主、这个团队。

这个选择该怎么做？这也许并没有标准答案，但相信本书会给你一些灵感和启发。

律师的工作，既有富有挑战和有趣的一面，也必然会有一些“无聊”和枯燥的方面，要成为业内的佼佼者，工作态度、进取心至关重要。对工作而言，这既是完成交办事项的心态，也是能够不断发现新的问题，寻找新的答案，不断提高自己的态度。进取心是律师这个行业很重要的核心竞争力之一。

一转眼，中伦律师事务所已经走过三十个年头了，三十年来中伦人的身体力行沉淀出我们的核心价值观：专业、进取、包容、共享。中伦在践行和坚持自身价值的同时，也在不断通过法律服务“创造社会价值”。为什么说我们的使命是“创造社会价值”而非“经济价值”？综观现代律师的业务场景，交易律师出具的法律意见书是为了对交易的真实有效、合法性进行把关；诉讼律师在法庭上、仲裁庭上，不遗余力地抗辩，让法官、仲裁员查明事实真相，作出公平的判决，让守约的人得到维护，让违约的人承担后果；更不用说我们的刑辩律师，在刑事诉讼业务中崇高的社会责任与使命——小则维护委托人的利益，大则伸张公平正义、维护社会价值和社会利益。

每个人个案完美实现的过程，就是一个个法治梦想的实现过程。我们往往在成就别人的时候，不知不觉地成就了自己。

张学兵　中伦律师事务所创始合伙人

2023 年 5 月

目录

第一部分 职业规划篇

第一部分　职业规划篇

第一章

职业生涯的序曲：如何择业

——公务员、公司法务还是律师

陈月棋｜段海燕｜龚乐凡｜李崇文｜刘相文｜舒　海
王　峰｜杨卫华｜张国勋｜张　炯｜张德才｜曾赞新等

人生旅途恰似茫茫原野，确定好前行的方向，选择好自己的职业，是迈向人生成功的重要一步。

对于刚刚接触法律圈的法学生来说，确定未来的职业方向就好像打开未知选项的盲盒，或是不确定自己未来的职业方向，或是不了解法律圈的工作环境、工作内容和工作方式，求职的路上，常常有些焦虑、疑惑甚至不安。

如果大家是怀揣着对律师这份职业的好奇和不安打开了这本书，想探究“如何成长为大律师”，先不要急，选择职业前首先得搞清楚眼前的选项都有什么。参加国家公务员考试（包括政府部门和司法机关）成为公务员，走进各行各业成为公司法务，加入律所成为一名律师，这是法学毕业生最常见的三个选项。

在本章“知彼：律师职业全透视”部分，我们首先带领大家通过分别感受一下影视和现实中的律师剪影，更感性地体验律师职业，试着向大家展现一个更完整的律师形象。在“知己：你适不适合做律师”和“知他：除了当律师，想要成为法律人，你还有哪些选择”这两个部分，我们将采用问答方式，针对职业选择上的若干常见问题展开讨论，尝试解开大家一些疑惑。例如，“性格内向的人能做律师吗？”“公司法务和律师有哪些差别？”“从其他法律职业向律师转型会面临什么样的挑战？”

一、知彼：律师职业全透视

绝大多数人对于律师的印象都停留在影视剧，提起选择律师作为职业的理由中，我们采访的许多大律师也都提到过影视剧对他们的影响。那么我们不妨就从影视剧开始，展开对律师职业的全透视。先聊三部高分法律影视剧，从虚拟到现实全方位体验律师职业的状态，由此来判断我们是否会被影视剧“误导”而选择了不适合自己的职业？

（一）影视剧中的律师

1. 律师的职业生涯是一趟满载情怀与责任的征程

在律师的职业道路上，对法治的信仰和对公平正义的坚持绝不是简单地在嘴上说说而已，往往需要身体力行地不断实践坚持，在数不胜数的诱惑与困难中，走向一条通往大律师的道路。《造雨人》（*The Rainmaker*）这部电影讲述了一个“菜鸟”律师势单力薄对抗保险巨头和大牌律所的故事。主人公鲁迪初出茅庐，负责的第一件案子就是帮助一个白血病男孩起诉一家保险巨头。由于保险公司的拒绝赔付，该男孩因付不起昂贵的医疗费而无法得到治疗，在准备诉讼的过程中不幸离世。如果选择轻松的退路，鲁迪完全可以和保险公司达成和解，为这家人拿到一笔看起来还不错的赔偿金，他自己也可以拿到一笔较丰厚的律师费。但他无法忽视这家人的无助、悲伤和愤怒。“维护公平正义”的初心让他选择和这家人站在一起，全力以赴，坚持诉讼。最终，这位年轻律师以一己之力告倒了这家保险公司，取得胜诉，法庭判赔数亿美元。正如电影向我们传达的：维护公平正义的信念，始终是律师前行路上不灭的灯塔。律师生涯会面临太多的艰难与诱惑，只有坚守初心，把尊重法律和规则、“维护公平正义”当作职业的标尺，才能把握职业宗旨，不断磨砺出自我价值。正是这种精神，使律师在成就客户的同时，成就了自己！

2. 律师的“软实力”：有效沟通

受影视剧和电视节目的影响，大众所“熟悉”的律师，多是在法庭上口若悬河、舌灿莲花地侃侃而谈，或者在谈判桌上针锋相对，辩得面红耳赤。但那些场景仅限于影视剧中，现实生活中的律师更多的是在默默无闻地耕耘，有时还要承受失败的痛苦。如何有效沟通？如何在法律博弈、谈判中掌控局面？这些都需要律师对情商涵养内功的默默修炼。一名优秀的律师，不仅仅是一个法律专业服务提供者，也必须是一个有血有肉的人。律师需要通过与客户、团队、监管机关，甚至是与对方律师的交流、沟通来完成服务，成就自己。

由真实故事改编的奥斯卡提名电影《罗曼先生，你好》，形象地刻画了律师不擅沟通的极大弊端。主人公罗曼是一名出色的“幕后”律师，拥有卓越的法律写作研究能力，他的法律文案常常让他的原搭档在法庭中大放异彩。当罗曼加入了新的律所，面临从“幕后”走向“台前”的挑战时，再出色的写作研究能力也无法弥补他不擅沟通的缺点。他曾先后与法官、检察官针锋相对争执，甚至在言语上辱骂对方，导致自己被判藐视法庭罪。由于当事人未能及时申请到“保护性羁押”在狱中被杀，导致他所在的律所面临被当事人起诉，他本人陷入失职的困境。虽然律师“安身立命”的基础是专业知识，拥有了扎实的专业知识，即使律师不与人沟通交流，写东西做文件也可以得到他人的赏识。但律师更需要诚恳、恰当、清楚地表达自己的需要、看法与感受，不能闭门造车，沟通能力始终是律师生涯中不可或缺的重要一环。

3. 律师的职业品格最可贵之处是勤勉尽责和忠实服务

罗马不是一日建成的，客户信任也不是一朝一夕就能轻易取得。如何让客户对律师产生信任感？这是一门需要细心钻研的学问。好的律师在执业中，更多的是用心和客户沟通，不仅需要了解客户的需求，更要了解客户的心绪。不真诚的如簧巧舌很有可能会弄巧成拙，引起客户的不适、反感甚至厌恶。越是经验老到的律师，越是心怀诚恳和谦逊，越能真正理解客户，站在客户的立场思考，体察客户的困境。

在由真实事件改编的印度电影《杰伊·比姆》中，男主人公钱德鲁是一位致力于为穷苦阶层争取权益的律师，即使分文未收，他依旧竭尽全力帮助女主人公森加尼争取平反冤案。他深入森加尼的部落了解整个案件过程，亲自带森加尼来到证人提及的边远小镇寻找其被诬陷“逃狱”的丈夫。在森加尼愧疚地表示自己没有钱可以支付报酬的时候，钱德鲁表示，在每一个当事人得到公平审判的那一天，他睡得很香，这就是最好的回报了。电影的最后，钱德鲁一切的努力都得到了回应，案件取得了完全的胜利，森加尼不仅获得了金钱赔偿甚至史无前例地得到了一块土地。可以说，此案件最后赢得完全胜利，离不开他们之间互相信任，朝着同一目标所做的一切努力。

律师与客户之间的关系，不是仅凭金钱来衡量的商业交易。对于客户律师付出的是以自己的法律职业能力，忠实地服务于客户的合法权益的职业宗旨，秉持对法律的忠诚和维护公平的情怀所做出的一切努力，这正是律师这一职业最大的闪光点和价值所在。律师与客户更像是应该彼此信任的特定关系人，为了共同的目标携手并进。只有双方拥有良好的信任，才能建立真诚的沟通，才能带来一举两得、事半功倍的成效。大律师的事业和自我成就，都是在成就客户的服务中取得的。

（二）走近现实中的律师

1. 掷地有声的“诉讼律师”

律师包括诉讼律师（trial lawyer/litigation lawyer）和非诉律师，也称交易律师（transactional lawyer）。在日常生活中，大众可能更为熟悉的是诉讼律师，大多数影视剧讲述的都是诉讼律师的故事，尤其聚焦在法庭上戏剧性的情节冲突。主人公对真相和公平正义的追求，对律师职业道德的坚守，对法律的执着和忠诚，都牢牢抓住观众的眼球，也潜移默化地影响了许多法律人，成为他们选择职业时的初心。英剧《皇家律师》就将所有高光聚焦到最精彩的刑事辩护上，主人公在上庭前仔细研读案卷，找准突破点，找准对方的逻辑漏洞，为法庭辩论设计路线和方案，进而打造属于自己的证据链和逻辑闭环，形成合理怀疑，最终成功推翻检方的控告。一气呵成，让人拍案叫绝。

口头表达能力，无疑是诉讼律师重要的功夫，是庭上出彩的看家本领。但精彩的庭审辩论并不代表诉讼律师就能仅仅依赖“嘴上功夫”取得一次次庭审的胜利，口若悬河往往不如一语中的来得精准有效。庭审固然是诉讼律师工作中不可或缺的重要环节，但优秀的诉讼律师还必须具有清晰的逻辑思维能力、熟练的写作能力、极强的抗压对阵能力和深思熟虑的策划能力。由于大多数庭审是开放的，诉讼律师还需要对社会知识的诸多方面有所涉猎，丰富自己的知识面，提高个人的气质魅力，如此才能打赢一场场艰苦卓绝的抗辩战役。“善战者无赫赫之功，善医者无煌煌之名。”诉讼不是目的，而是手段，优秀的诉讼律师在裁判中获胜，不单单只是依赖“嘴上功夫”，更需要在庭下“争议解决”的能力。

2. 润物细无声的非诉律师

相对而言，不为大众熟知的，是活跃在法律市场上的非诉律师。非诉律师的工作内容，大多和商业活动密切联系，多多少少反映了城市发展的水平。律师市场的大小反映了当地的做事水平和规矩，也是投资者选择投资地区的重要参照。非诉律师更像是在穿针引线，于润物无声中通过专业努力把控风险，排忧解难，成就客户的商业目标。非诉项目的焦点在于如何在现行法律法规及政策环境下，成就客户的商业目的并促成交易。对于企业客户来说，交易失败就是最大的风险。如果说诉讼律师重在掷地有声，那么非诉律师的功夫更多的是此地无声胜有声。

非诉业务涵盖了企业设立、正常业务经营、存续过程中的法律问题的处理，企业扩大发展涉及的债权及股权融资、收购兼并、税务筹划、重组改制、境内外 IPO，以及经营不善涉及企业的注销、清算、吸收、合并等，可以说涵盖了企业“从摇篮到坟墓”的全部法律服务。这些业务都需要律师进行耐心细致的梳理和总结，从海量的相关法规、政策、公司内外部文件、交易合同等资料中，抽丝剥茧发现隐藏其中的问题。在明确客户的商业目的、权利与风险边界后，寻求可行方案，形成书面法律意见。

这些问题紧紧契合未来实践中可能涉及的方方面面的业务和各式各样的法律问题。非诉律师的工作是一项细活，但商业交易瞬息万变，往往又要求非诉律师在非常紧急的情况下，制作出严谨的法律文件。几百页的律师工作报告、法律意见书不允许有任何的错误（包括错别字和标点符号），不允许模糊的表达和未经严谨论证的逻辑。例如，迪士尼落地上海的项目，需要整合在房地产与建设工程、外商投资、公司法、知识产权、项目融资等诸多领域的卓越法律服务资源，单这一个项目就经过了逾五年的艰辛努力和精诚合作，其间的文本起草、审核修订和谈判的工作量可想而知。毫不夸张地说，一名优秀的非诉律师在看到一份书面文件，一段法律文案时，能够快速看出格式、错别字、逻辑上存在的问题，这离不开长期的案头作业功夫。只有长期进行高强度职业训练，才能锻造出一名优秀的非诉律师。

（三）中国律师从哪里来

近现代意义上的“律师”是个“舶来品”。清朝末期，外国律师进入中国，1912 年，北洋政府在中国历史上颁布了第一个单行法律《律师暂行章程》，标志着中国律师制度的正式建立。中华人民共和国成立后，全国上下开始了建立“新的律师制度”的尝试。从 1954 年司法部指定京沪津渝鄂等几个城市以试办法律顾问处的方式开展律师工作，到 1957 年已有 19 个省、自治区、直辖市建立了律师协会，800 多个法律顾问处，专职和兼职律师共 2800 多人。然而，中国律师制度在 1957 年反右派斗争中夭折。时隔 20 多年，在 1978 年 12 月召开的党的十一届三中全会后开始恢复重建。①

1980 年，邓小平同志提出，“企业要请自己的律师当顾问，律师队伍要扩大”。1983 年 7 月 15 日，深圳市蛇口律师事务所正式挂牌成立，成为中华人民共和国第一家律师事务所，打破了律师工作机构的传统命名模式，从“法律顾问处”到“律师事务所”，标志着中国律师行业向现代法治的集体转向。② 1992 年，随着改革开放的深入，按照市场需求筹划律师队伍的大小、根据服务优劣来决定收

① 资料来源：张志铭：《回眸和展望——百年中国律师的发展轨迹》，载《国家检察官学院学报》2013 年第 1 期。

② 参考资料：《风雨兼程 40 载　迎风远航再出发——律师制度恢复重建 40 周年综述》，载中国政府法治信息网，http://www.moj.gov.cn/news/content/2019-05/05/bnyw_234468.html。

费标准的多少得到了大多数人的拥护。北京市司法局提出，“凡新成立的事务所都应该有很高的学识修养，能够提供高端法律服务”，包括中伦律师事务所在内的几家律师事务所，在此大环境下应运而生。

（四）中国律师的现在与未来

《史记·商君列传》言：“治世不一道，便国不法古。”当今世界正经历百年未有之大变局，墨守成规必将面临被时代洪流淘汰的结局。肯尼迪说：“变革是法律的生命，那些只关注过去或者现在的人必然会错过将来。”商业模式的迭代推动了商品、服务、资本、信息、劳动力在全球范围的流动，充满了冲突、碰撞、角力。中国企业受益于全球化，又在这条走出去的道路上面临来自各方的压力和挑战。对境外法律及政治环境、市场环境的不了解，对文化和习惯的不熟悉，加上近年来因新冠疫情、贸易争端、地域冲突导致“逆全球化”魅影重现，贸易保护主义抬头，这些都是中国企业在出海投资贸易过程中可能触碰的暗礁。

自 1979 年律师制度恢复以来，40 余年风雨兼程，砥砺前行。中国律师在“维护当事人合法权益，维护法律正确实施，维护社会公平正义”中发挥了不可替代的重要作用，在法治中国的建设中深深镌刻出明晰的行业发展之路。正如习近平总书记所说，“律师队伍是依法治国的一支重要力量”，律师队伍的建设始终伴随着法治中国的建设一路前行。

根据司法部 2023 年 6 月公布的数据，截至 2022 年年底，全国共有执业律师 65.16 万多人，全国共有律师事务所 3.86 万多家，且有来自 22 个国家和地区的 217 家律师事务所在华（内地、大陆）设立 282 家代表机构。2022 年，全国律师办理各类法律事务 1274.4 万多件。其中，办理诉讼案件 824.4 万多件，办理非诉讼法律事务 141.6 万多件，为 87.6 万多家党政机关、人民团体和企事业单位等担任法律顾问。律师共提供各类公益法律服务 141.3 万多件，其中办理法律援助案件 97.1 万多件，参与接待和处理信访案件 21.6 万多件，律师调解 20.9 万多件，参与处置城管执法事件 1.6 万多件。律师为弱势群体提供免费法律服务 130.9 万多件。

当下，中国律师对于个人和企业、市场和国家的价值，早已不再局限于打赢官司。尤其对于中国企业来说，在激烈的国际市场角逐竞争中，中国律师的价值更在于助力中国企业规避政治法律风险，防范企业在国际上被骗，应对复杂的国际局势变化。如何在国际竞争中帮助自己的客户？如何掌握和运用游戏规则捍卫国家和中国企业的权益？这正是当前中国涉外律师亟须探索研究的更新的课题和更宽广的领域。培育国际一流的法律服务机构和涉外法律人才是国家对中国律师事务所的期许，也是新一代律师光荣而神圣的历史使命。

以中国企业境外投资为例，中国企业赴境外投资可能涉及的目标公司，往往在全球拥有子公司、机构或资产。由于各国法律制度的不同，通常会牵涉各标的国的审批事宜。为顺利推动交易的进行，企业通常会在所涉及的相关国家聘请律师事务所，为其进行该国（或地区）范围内的尽职调查及相关政府审批工作。中国律师现在已经成长为具备优秀沟通协调能力、具有全球化视野的牵头律师，能够在大型跨国项目中协调各标的国的工作进度，提高前期法律工作的效率，预防法律风险，协调跨境交易中可能出现的相关法律工作，为中国企业统筹安排法律尽职调查、架构设计、税务筹划、项目进度、项目审批、交易规制等事宜，为中国企业保驾护航。

在科技不断发展的今天，我们时常听到“律师终将会被 AI 代替”的声音。实际上，律师能够时刻把握时代与技术进步的方向，能够最早运用 AI 技术，带来效率的提高。而且，好的律师在面对科技发展时，不会夜郎自大，故步自封，以致被时代淘汰。只有走在时代浪潮前端的律师，才能更好了解行业动态，洞悉客户的商业需求，做好既在法理之中又在情理之内，情与法有机统一的“保航员”与“引领者”。这种能力不是机器学习能够替代的，也不是人工智能能够承担的。

律师到底应该是一个怎样的职业？回看近百年来中国律师发展的历史，它似乎又不仅仅是一份工作，不仅仅是一个职业，而更是一个事业。“律师”二字的背后，蕴藏着几代中国法律人的不懈奋斗。前辈们做律师时，最大的困难是学习的渠道单一，信息资源极度匮乏。现在我们处在这样一个学习资源丰富的互联网时代，应当增强自我驱动力，充分利用碎片时间，不断为大脑充电。法律是我们的专业，是我们的安身立命之本，但是专业并不是全部。法律更是我们的信仰，秉承“专业、进取、包容、共享”的精神，尽力让每一个案件在律师崇法敬业的努力中都得到公平和正义，使客户的合法权利得到维护，律师的价值得以实现。每一个个案完美审结的过程，就是一个个法治梦想实现的过程。我们业务范围的每一步拓展，都是为增进对大众权益的维护——这是中国律师法治梦想的初心和情怀，这是中国律师的过去和现在也是中国律师矢志不渝的未来。[①]

在每一个中国律师的内心深处，都有着一个以法律为武器，为中国更加平等、自由、自信地参与国际竞争提供支持的法治强国梦想。这是中国律师代代企盼的百年梦想，更是新一代中国律师的大国担当。

二、知己：你适不适合做律师

莎士比亚说："一千个人眼中有一千个哈姆雷特。"不同特点的人、不同性格的人都可以成为优秀的律师。年轻人在考虑"自己适不适合做律师"这个问题时，我们的第一个建议是：不要提早给自己设限，一切皆有可能。有些人性格内向，但文本能力很强，起草文本细致而准确；有些人性格外向，非常善于和各类客户打交道。好律师没有一个恒定不变的标准，如果把自己的特点优化、优点放大，弱点消化，你的成长就会一步步迈向新的台阶。

1. 我性格内向，是否适合做律师？

我们常常听到类似这样的提问："无论是在影视剧中，还是公众

① 杜军玲：《我们业务范围的每一步拓展都是为增进对大众权益的维护》，载首都律师网 1999 年第 3 期 https://www.beijinglawyers.org.cn/cac/1617085543117htm#。

对律师的印象，似乎律师都是伶牙俐齿，能言善辩，然而，这并非我的强项，我能否在律师这个领域找到属于我自己的天空？”

的确，作为律师如果能言善辩，还能八面玲珑，广结善缘，自然你的成功会更加容易。然而，我们接触的相当数量的律师，在其领域中有骄人的业绩，他们性格内向、温和，口齿也不算伶俐，也不善于营销，甚至几乎不做营销。然而，项目源源不断，在业内很有名气。

律师行业里，无论是非诉律师还是诉讼律师，实际上无须拘泥于口才的特点，重要的是你的思维和综合素养。只要思维清晰，业务精通，表达准确精练，“口若悬河”往往不及“笔若刀锋”和“一语中的”。所以，千万不要误认为没有参加过辩论赛，就不能成为好律师。如果你善于思考，甚至有的时候喜欢钻牛角尖，喜欢思辨、逻辑严密，也许你就是一株当律师的“好苗子”。有些生意场上的所谓“技巧”，反而可能不适合做一个好律师。因为好律师的核心竞争力，就像医生、工程师，衡量的标尺是其专业硬度，而不是营销热度。脑筋再活，“朋友”再多，但如果经常给人开错药方，那么你也无法走向大律师之路。

2. 我不喜欢死记硬背，是否适合做律师？

记忆法律条款是否成为优秀律师的必要条件？答案是否定的。在影视剧里，我们常常看到，律师总能够在法庭上精确地背诵出大段的法律条款，出口成章，信手拈来，看上去是一件很酷的事情。就像在辩论赛上丢出一组精确的统计数据，让对手猝不及防、不知所措一样。你也许见过，准备司法考试的复习资料和书籍垒在一起有多高，你会觉得做一名成功的律师，基本上是要把这些都“吃”下去。成功的律师必须善于死记硬背——这也许是外界对律师业的误解之一。

做律师绝不是凭死记硬背条款，而是要深刻理解法律。相信在法学院，老师应该会和你们强调过，不要去死记硬背法条，这不是终极意义，重要的是理解法律背后的原理，搞清楚为什么。理解现象背后的本质，理解这是什么样的法律关系，再去进行法律的适用。而适用法律往往不局限于成文法，同样重要的还有司法判例。所以，当你理解了法条背后的道理，即便对于法律条文记忆不准，也能凭借“法律理解”，对于问题实质有个初步的判断。

实际上，有比流利背诵法条更酷的能力展示——那就是你能够想到别人没有想到的，用一个全新的角度解释法条或者合同，讲述你的“故事”，获得客户的信任和认可。对法律问题一针见血地分析、思考、论证和判断，才是真正向客户体现律师价值之处。法学院理论知识的学习、钻研，是为成为一名好律师打下良好的法律功底和研究能力的基础。但是，学术研究和律所法律实践中最大的区别，就在于律师的工作重心是需要为客户提供解决问题的方案，需要了解客户需要什么样的法律服务，不是简单地就某一法律问题判断是或不是。

如果你背了很多法条，但是在法律问题面前，无法厘清思路，这对于律师来说，是一个致命伤。相反，如果你对于法条不能完全记住，但是却能理解法条的精神，厘清问题的脉络，找对问题的解决路径，那么你就是一个优秀的律师——其实这在律师执业中，可以说非常普遍。这是为什么呢？

以国际业务为例，假如你是一位中国律师，不懂德国法、意大利法、日本法，但是当你代表客户去这些地方展开业务，你想要很快学好这些国家的法律是不可能的。那么你应该怎么和这些国家的律师沟通？你依靠的不是中国的某个法条，而是进行投资的时候你所掌握的有关法律风控的常识。所以你即便不懂这些国家或者地区的法律，你仍然可以和客户或者当地的律师进行高效沟通，了解真正有实质意义的法律问题。就像在并购项目中，你会自然想到，是否涉及上市公司（因为如果有，就会有信息披露、公告等方面的问题）？是否涉及政府审批？如果购买的技术既能民用也能军用，当地法律是否会对这样的并购有所限制？是否合同内容只要双方达成合意，当地政府或者法院就不会挑战、质疑？在交割的时候，是否能够做到对价支付和公司股权变更能够在同一天发生？假如不是，如何设计架构才能保证买方或者卖方的权益？

上面这些问题，几乎都不写在法条里面，但是背后都是交易和风控的原理。你理解了这样的原理，哪怕你对当地的法律并不是完全了解，也能够迅速掌握当地法律的要义，快速抓住问题的本质，找对问题症结所在，发现法律风险，高效地和客户交流，和国际律师交流。这些靠的不是死记硬背，而是逻辑思维能力、分析总结能力、举一反三的能力。

记忆是一切理解和思考的基础。虽然法律的逻辑思维能力比死记硬背更重要，但并非什么都不需要背诵，如程序性的内容，诉讼时效等重要知识和常识性规定，你应该烂熟于胸。就像写文章必须会认字遣词造句一样，词汇量不足，一定写不出好的文章。

3. 我本科不是法学专业，后来改学法律，能做好律师职业吗？

“英雄莫问出处”是对这类顾虑的最佳答案。教育背景只是一个方面，我们更应当关注的，是法律功底本身的深浅。在美国和加拿大等普通法国家和地区，本科教育就没有法学专业。只有拥有一个任何学科的学士学位之后，才可以读法学院，毕业获得的是法律博士（Juris Doctor，JD）的学位。因此，在北美法律圈子里，全都是没有法学本科背景的法律人。而在国内，虽然比起本科学过四年法律的同学来说，非法学本科的法律硕士起步晚了些许，可能需要一段艰难的时间来补齐法学基础短板，但只要付出努力，不断充实你的法律知识，就能毫无悬念地与法学本科生消除差距，法律功底会给未来的你带去最好的答案与回报。

本科的其他专业背景，也不会影响你未来的法律职业道路。相反，有些专业背景，还可能为你未来的律师执业生涯带来助力和惊喜。比如本科是理工科，在进行相关专利的申请文件的撰写、对专利技术的理解时，会比其他非理工科背景的律师更容易上手。例如，在处理医疗领域纠纷、助力医疗板块投融资时，医学背景会让你对事实和交易有更专业的理解。如果你有财会、金融的背景，那么你可能就更能够在交易并购领域和客户无障碍地交流，更能够知道他们所面临的问题和痛点。

另外，也有些人只在国外学习过法律，又想在国内执业，这就要求你相应弥补国内的法律知识，只要肯勤勉用心，加上知识之间的互通性，总能迎头赶上，甚至做到“弯道超车”的。而你所拥有的域外法律学习经验，也能使你在后续的学习，执业过程中取得事半功倍的效果。

简言之，在法律市场趋于专业化和行业化的大背景下，拥有其他专业背景的人才，在补足法律功底的前提下，更有优势成为一名复合型专业型法律人才，也具有新一代大律师的特点。

4. 我学历一般，做过不同种类的工作，能否改行做律师？

我们接触到不少成功的律师当年都是学霸。很多律所在选聘律师和助理时，也会非常关注应聘人的学历背景、学术能力。因为成绩好、有文章发表，往往更能够彰显候选人的思考分析能力、逻辑思辨能力、问题洞察能力、语言组织和归纳能力——这些能力，在未来的律师工作中将发挥重要的作用。

那么如果没有光鲜的学历背景，是否就做不得一个好律师？不见得。你可能不得不投入更多的精力“补课”，然后做好一个自我评估，究竟自己有没有能力把律师业务做好。例如，虽然自己并非科班出身，但是否能通过课外学习获得优异的法考成绩？法考的成绩在一定程度上反映了你对法律基础知识掌握的全面程度，以及对法律条文理解与运用的基本能力。如果你去一个律所试水担任助理，你能否在“老师傅”的指导下，把一个个小案子、小项目做得很好？担任实习生或助理的职务，可以帮你对自己是否能将纸上的知识转化为实践操作、是否具备律师思维、是否适应律所的工作节奏等要素进行评估。以上这些都是可以用来客观评测自己能否成为合格律师的指标。如果你成功地跨越了第一步，就不怕起点低，只怕不努力！

5. 我想成为成功的企业家，能否从律师领域实现？

律师的成就不在于积累了多少财富，做律师也不可能成为富翁。律所无法实现上市，也难以像家族企业那样传承给下一代。律师就像是医生，通过自己专业能力，为客户把脉风险，寻求风险解决之道。企业家的成功，往往是以做大做强为标尺；而律师的成功，不是以金钱、收入为衡量标准。驱动你的，应该是对于法律职业的敬畏，对于法律专业的热爱，帮助他人解决痛点的成就感以及收获客户投来信任的微笑。

当然，律师行业里从来就不乏具备商业头脑的精英。他们从律师起步，经历风雨后成功转行做投资或实体经济。华丽转身的背后，正是由于他们拥有常年法律实践经验累积而来的逻辑思维、独到眼光和严谨的法律意识。成功转型的不仅有成了具有律师专业背景的企业家，也还有的律师成了其他行业的杰出人士。

6. 一旦做了律师，还能干别的工作吗？

携程和汉庭的创始人季琦曾说过，创业是一种生活方式，你无时无刻在想着你的企业，自然十分辛苦。从事律师这个职业也是一种创业，创造的是为客户提供的服务产品以及律师的个人品牌。这些都不是短期可以达到的目标。因此，成为律师后要不忘初心，克服浮躁、跨越“瓶颈”期的迷茫，坚持提高自己。至于是否辛苦，那取决于是否真心喜爱这份工作。如果热爱，苦中有乐，痛并快乐着。相反，看似的不辛苦是一种无聊，是一种更加辛苦却不快乐的痛苦。选择律师职业道路，必然意味着其他一些“门”会因此而关闭，但有远大目标的人，应该不会纠结于此。在法律人努力坚持执业，成为一名身经百战的优秀法律从业人员后，会有更多的机会之门、更好的发展平台为法律人而开。前 Uber 中国战略负责人柳甄，就是一名法学生。在加入 Uber 前，她曾经作为律师，代表硅谷某公司负责中国的投资。她在硅谷的业务方向就是做互联网创业公司的法律咨询，这些经验为她日后的成就打下了基础。可以说，她是在法律这条赛道上不断积累经验，最终实现成功转型的。

无论是在企业担任法务总监，还是在金融机构从事投资、券商业务，抑或在银行、财富管理机构（如家族办公室）担任财务规划师，以及到高校或其他机构任教，正因为律师工作具有的挑战性，能锻炼人，能把你打造成精英人才，你也就拥有了更多平台，可以选择更多机会。

三、知他：除了当律师，想要成为法律人你还有哪些选择

（一）公司法务与律师的不同要求与挑战

1. 公司法务工作都一样吗？

不同的公司对公司法务有不同的定位，大致分为三类：（1）以

"我"为主，自建团队。这类公司通常以大公司为主，小公司一般没有能力聘用强大的法务团队。公司的法律事务主要工作由公司法务部门自己消化，需要聘用外部律师的工作都是相对专业棘手的，在分工上类似于常规军和特种兵的关系。就法务团队的整体素质来说，大公司法务部招聘的门槛也很高，往往都从律所淘资深律师甚至合伙人，从自己聘用的律所挖人也不鲜见，律所对他们可谓又爱又恨。有的大公司法务部的规模甚至可以匹敌一个中型律所，业务水平也相当出众。（2）以外聘为主。公司突出主业，大量服务外包，包括法律，公司法务主要是起到组织、管理和沟通的作用。（3）此外，还有大量的公司法务介于前两种类型之间。不同的公司类型，项下的法务工作也不尽相同。例如，某著名IT硬件企业，在投资、融资、数据保护、知识产权甚至工程领域都有专门法务团队，只有在贸易合规等新兴领域才有外部需求。

但无论哪种情况，面对律所时，公司法务都是公司业务部门、管理层和外部律师之间的沟通桥梁，肩负管理外部律师的职责，包括外部律师的选聘、向外部律师发布工作指令、评估外部律师的工作、批准律师费、管理法务部预算等工作。他们的日常工作范围相对更广，需要对接对内对外的人相对繁杂。特别是由于其他业务部门的同事法律知识相对薄弱，他们对法律分析过程往往并不感兴趣，需要公司法务能用简单明白的语言与他们沟通。

在商业社会中，法务人员在沟通技巧上也面临很多挑战。公司法务形成的文件从法律专业的角度来说不一定是最好或最完美的，但是从公司决策和领导审阅的角度来说，是最合适的，这与外部律师的职责范围和对法律文件的要求也存在差异。具体而言，外部律师给出的法律意见往往是建议性的，大多是对某个商业安排就法律上所允许的内容、禁止的内容以及相应的法律后果等方面，提供适度的法律分析和结论，有时还会给出一定的假定条件。公司法务更多考虑的是公司的商业需求和法律可行性是否可以并行不悖，需要结合公司的商业需求、战略需要和行事风格等方面，来参考使用外部律师的法律意见。

2. 公司法务的主要工作压力源于哪里？

除了采用公司制管理模式的中国律所外，相当多的年轻律师一入行就面临案源压力。单从经济上讲，案源和客户与律师收入挂钩的生存压力，对于大多数刚刚入行的年轻律师来说是比较煎熬的。当然，现在越来越多的律所对年轻律师不再有案源要求。相比之下，法务的收入较为稳定，不会有“开拓案源”的压力。日常工作中，公司法务经常面临来自公司领导层和业务部门的“期望”。一旦出现问题或危机，领导和业务人员往往希望法务部能够从法律上找到解决问题的办法。因此，无论是自己解决还是外聘律师处理，这是公司法务管理的预案问题。此外，如何应对好领导层和业务部门的预期，也是公司法务部面临的挑战之一。

作为公司的内设支持部门，服务的客户是公司领导和内部各个部门。公司法务更像是“家庭医生”的角色，在公司日常运行的机制内，维护公司的依法运转。公司法务的日常大部分是润物无声、疏浚导流的工作，包括修改公司模板、制定公司制度、审核业务合同、提供法律意见等。因此，大多数时候公司法务能够做到按时上下班，不像律所的律师，为了一个个时效性极强的案子挑灯加班。当然，任何事情也都不是绝对的。一些大型公司的法务的工作强度、工作的挑战性和创新性，并不亚于大型律师事务所的律师。

3. 法务和律师是否需要培养不一样的能力？

从法律业务技术来讲，相对于专业化分工要求越来越细的执业律师，传统的公司法务更偏向于“杂家”。对于涉及公司运营的所有法律问题，公司法务都应该有所涉猎，不仅需要审核公司重大的投资项目合同，也需要审核公司日常运营中涉及的其他各种类型的合同，在需要的时候，更有针对性地找到合适的外部律师。

从时代发展来讲，公司对法务的专业化要求也在提高。公司法务存在不同类型，除了“杂家”公司法务，还存在“自主消化型”的公司法务，他们需要解决的法律问题范围基本涵盖了一般外聘律师的服务。这些公司在招聘阶段对于公司法务候选人的资质、能力的要求就已经非常高，许多候选人均是行业内的能力佼佼者，有些公司甚至会挖走优秀的律所合伙人。基于公司对产品的不断研发和创新，一些公司内部现有的法律框架可能已落后于市场的需要，这就要求法务具有敏锐的观察力和快速应变能力，给出的新产品法律框架必须具有前瞻性和开拓性。无论对于公司法务还是律师，这些能力都是需要自觉持续培养的。

从实践需要来讲，更多的公司处于“完全自主”与“完全外包”之间。公司也会根据自身的经营范围和需要，随时组建专业化的公司法务团队。这些公司法务团队在与公司经营具有密切联系的领域，具有深厚的专业功底和实战经验，如房地产公司的法务对投资融资、销售租赁等领域专业程度与外部律师相当，但涉及工程建设、知识产权等领域，遇到问题还是要寄希望于外聘律师团队解决。

从方向定位来讲，法务的切身利益和公司的经济利益完全一致。公司法务与外部律师以风险防范为出发点来提出法律意见不同的是，法务需要综合考虑潜在法律风险和公司业务之间的平衡。法务在进行决策时，会最大限度地考虑让公司在合规的情况下尽量促进公司业务发展。外部律师也会考量法律意见和解决途径的商业价值，为企业提供风险提示，但外部律师相较而言更为中立，且不能代替客户权衡损益并作出最后的选择。相对于法律业务能力，公司法务更需要一种善于权衡的决断能力，也就是不能因为外部律师提示的风险，就直接建议公司决策部门放弃商业诉求。只要法律风险是在可承受的范围之内，有时还需要考虑和接受一定的法律风险。

4. 我现在是一名法务，以后想要转行做律师，现在能做哪些准备？

一名优秀的法务不能仅仅充当公司和外部律师之间的桥梁和“二传手”，更要积极主动地去了解所处的行业，在日常业务中时刻不忘积累所在行业的专业知识和法律规范，在和不同的外部律师打交道的过程中，不断增强自己的法律专业能力，提升自己在业内的口碑。同时，一名优秀的法务有其独特的优势，他往往比外部律师更熟悉公司从事业务的行业特点、规则政策、公司内部的决策机制和商业行事风格等。这样在转行以后，他能将自己所了解到的行业知识和平时的法律专业积累相结合，成为熟知行业的专家型人才，更能创造性地为客户提供高质量的法律服务。

5. 从法务转行到律师后，有哪些重要的避坑技巧？

在实践中我们常常遇到，一些刚刚从法务转行到律师的"新人"陷入思维定式，身份从"甲方"转成"乙方"，从自己有权决定外部律师的选聘，对外部律师评头论足，到自己被人选择，被评价，在心理上会有很大的落差。如果常常抱着这样的"甲方心态"，很难在律师的道路上有长足的发展。作为公司的外部律师，要及时和法务保持沟通，使公司法务实时掌握具体项目或者案件的进展。法务往往不喜欢意外情况，无论是"好的"还是"坏的"意外，都有可能使双方陷入被动，从而影响到长期的合作。

（二）在司法机关工作，是一种怎样的体验？

大多数法科学生如果考虑进入公务员体系工作，常见的选择是进入法院、检察院、公安等司法机关。职业的选择没有对错，只有适合与不适合。从工作环境上来说，司法机关和律所是完全不同的两种工作氛围。公务员队伍可能会更稳定，各项保障福利都会比较齐全。相对来说，律师这个职业虽然更加自由，但也存在些许不稳定性的风险。但总体而言，真正的稳定，是你要努力成为杰出的法律人才，这样才能不论走到哪里，都能凭借一身本事去不断适应未来的变化。

1. 律师这份职业好像太过辛苦，在司法机关工作是否会轻松一些？

这可能是一个普遍的误解。首先，通过司法机关的选拔考试就是一件很困难的事情。据不完全统计，2020 年最高人民法院拟招录 9 人，报名人数约 856 人；上海市高级人民法院拟招录 212 人，报名人数约 636 人；北京审判机关共拟招录 193 人，报名人数超 1000 人。一些岗位还要求候选人在参加招录考试之前，必须通过法律资格考试，这无疑是加大了通过考试的难度。

其次，司法机关定岗定编，内部的竞争也是非常激烈。相对于律师行业，机关内部的晋升通道甚至可能更为狭窄。个人能力固然非常重要，工作的资历和情商也占据了很大的份额。

再次，提到工作难度和压力，以法院为例，仅从案件数量来看便知法院工作的不易。据 2021 年最高人民法院工作报告数据显示，最高人民法院受理案件 39，347 件，审结 35，773 件，制定司法解释 28 件，发布指导性案例 17 个，加强了对全国法院审判工作的监督指导。除最高人民法院外，全国有 3400 余家法院，地方各级人民法院和专门人民法院受理案件 3080.5 万件，审结、执结 2870.5 万件，结案标的额 7.1 万亿元。除此之外，全国法院每年还需要处理近百万件的调解案件。

最后，自司法改革审限提高后，北上广深等一线城市基层人民法院工作量激增，一年约250个工作日，法官的工作除了开庭、调解、写判决书，也需要进行大量法律研究、内部学习、汇报等大量非审判工作，工作强度可见一斑。

2. 转型成为律师后，可能会面临哪些挑战？

对于曾经是检察官、法官的“新人”律师来说，最需要克服的就是一些原有的思维方式，做好姿态上的调整。在争议解决领域，检察官作为控方，其职能主要是指控犯罪；法官作为裁判方，重在保持客观、居中裁判。而律师有时作为被告方代理人，需要为被告人辩护；有时作为原告方代理人，又会参与对被告的询问，角色和立场的变化必然需要思维习惯的转变。律师站在辩方，往往需要去怀疑一切，需要找到每个案子中存在的问题，尽可能地突破控方的证据体系。如果律师不能转变“控方思维”，还是总想着要“给当事人定罪”，每个案件都会处理得非常尴尬，甚至是失败。法官作为居中裁判方，习惯以中立的视角评判双方的请求与证据，客观地认定事实与适用法律，很少主动介入具体诉讼请求该如何取舍、哪些证据需要发现与收集，更鲜于关注诉讼策略的选择与诉讼之外的商业发展的关系。过去曾经是法官的律师，执业后也容易延续法官思维。因此，如何以当事人的视角看待法律问题，提出解决方案是检察官、法官向律师转型后的必修课。

事实上，无论曾经在公、检、法三家的哪一家任职，背后都有国家公权力的支持，在办理案件时往往会自然而然显现出强势。而作为一名律师，要避免形成与国家公权力的对抗性。同时，律师需要去维护当事人的合法权益，在与当事人的沟通中也要多加注意。尤其是在刑事诉讼领域，避免沿用“讯问”的语气，调整好自己的角色和姿态。

3. 常常听人说，先进入机关内（如检察院、法院等司法机关）锻炼几年再出来做律师会有更好的前途，这条路是否更有竞争力？

解答这个问题之前，我们首先给大家讲一个小故事。刘德华在接受媒体采访时曾经说过，以前当他在电视台演电视剧时，有人建议他去电影圈发展。他听从这位前辈的建议很快选择了电影这条路，一步步发展至今成为影帝。后来有人告诉他，他当年从电视剧圈跳至电影圈的选择选对了。刘德华回答说：当年他有位同事，也在演电视剧。不同的是，这位同事一直在电视剧圈发展，演了很多年，没有着急跳去电影圈。这位同事现在电影圈也发展得非常好。这位同事叫梁朝伟。

这个故事，告诉大家一个浅显的道理：殊途同归。诚然，律师这个行业里有不少人曾经在司法机关、政府部门工作过，积攒过多年的实务经验，改行以后很快就成长为优秀的律师、合伙人。但同样地，也有许多顶尖的大律师，就是在律师领域厚植深耕长成。有的人在大所一路拼搏、一路成长；有的人从小所起步、历练成才；有的人是从海外归来，一举成名……大家虽然起点不相同，经历不同，均不妨碍他们成长为优秀的大律师。拿破仑说：“下定决心要取得胜利的人，永远不会说不可能。”

读完上述文字，你想好要跨入律师殿堂的大门了吗？你决心要努力去成为一名大律师了吗？

在你仔细分辨自己内心声音的时候，也请你侧耳聆听一下澳大利亚女作家拉莫娜科瓦尔（Ramona Kowal）在《我的世界是阅读》一书里怎么说的吧：“我们登上雪橇，发出‘准备—出发！’的口令，雪橇载着我们出发了。行走在冰冻的道路上，我听到雪橇与地面上的隆起物和障碍物碰撞而发出的声响，仿佛织成了一首曲子。”总之，无论你的选择是什么，请收拾好行装，整理好心情，准备—出发！去奏响属于你自己的乐章！

第二章

职业生涯的奏鸣

——选择什么执业方向、行业和平台

持之以恒，不乱节奏，对于长期作业实在尤为重要。

经过走访，我们注意到一个现象：法学院同一班级的同学经常会选择类似的职业方向，比如某一班级报考研究生的同学占大多数，或者报考司法机关的占大多数，或者选择成为律师的占大多数。不少同学告诉我们，他们在选择时并没有考虑得很清楚，只是觉得，如果自己做出和大家差不多的选择，应该也不会太错。基于此，我们给大家的郑重建议是：不要盲从，不要随大流！只要你决定跨入律师殿堂的大门，你就一定能够找到一条属于自己的成为大律师的成长之路。在看似“无序”的找寻里，寻找到“有序”的节奏。

在本章中，我们想试图通过回答“新人律师如何选择执业方向？”“不同律所的平台有何差别？”“如何叩开顶尖律所的大门？”这三个问题，为正在选择中纠结的你，提供一些参考和指引。

一、如何做好执业方向的选择题*

律师行业的一些惯例是不成文的规则，很多都是在行业内部口口相传的规则。无论你从哪个学校毕业，也无论你在哪个城市生活，在什么规模、何种类型的律师事务所执业，作为新人融入这个行业的最快办法就是好"问"勤"思"："问"自己的带教律师、自己律师的前辈、行业内的领袖；"思"考自己的执业方向，为将来的职业生涯做好短期、中期和长期的规划。新人律师还可以借助互联网的力量，学习最新的法律理论、了解专业和行业的发展趋势，尽早明确自己应该选择的专业方向。律师行业，是为大众提供有偿法律服务的行业，本质上就是提供专业的法律技术服务，与其他服务贸易业异曲同工。法律服务的领域很多，选择自己适合的、热爱的才是最重要的。在执业方向的选择上，可以走差异化发展的路线。

（一）诉讼与非诉，是律师行业的楚河汉界吗？

前一章里我们已经简要介绍了诉讼律师和非诉律师的不同实践场景，对于许多法律新人来说，在执业方向上面临的第一个问题就是选择诉讼律师还是非诉律师。这里讲的诉讼业务是指包括诉讼、仲裁在内的争议解决业务。尽管争议解决业务与非诉业务是两个看似较为不同的执业方向，但是二者绝不是相互孤立的航道，有差异也有共通之处。无论是争议解决律师还是非诉律师，都依赖于

---

* 以下合伙人对本节有贡献（按姓氏首字母排序）：陈际红、曹丽军、韩大更、郝瀚、倪勇军、夏惠民、赵靖、朱茂元、周洋、周赟。

专业律师的逻辑思维能力、沟通能力、反应能力。这些能力的背后，都少不了孜孜不倦地学习、研读、推演，以及为每次谈判所花费的工夫和心血。诉讼与非诉律师行业之间没有不可跨越的鸿沟，区别在于诉讼的方式和方向上各取所需而已。律师界流传着一个未必恰当的比喻：诉讼律师好像是在做“闭卷考试”，而非诉律师可能更像是做“开卷考试”，即便身处其中，你也很难说哪个难，哪个更容易。

面对不同的业务场景，律师实际所需要的技能往往是共通的。首先，两种业务场景中，都需要律师有扎实的法律基本功，有准确和专业的文字及口头表达能力以及通过长期的法律实践所累积起来的对法律问题的敏感性。其次，两种业务场景并非一成不变，需要律师具备两种业务场景转换能力。律师大多有自己的专业领域，而专业领域的划分标准是行业，不是诉讼或非诉。因此，律师在所涉及的业务中，可能涉及诉讼与非诉业务的转换交叉。例如，从事证券业务的律师，既涉及证券合规的非诉业务，也可能会涉及证券虚假陈述而引发的民事赔偿诉讼，甚至代理证券犯罪案件。总之，尽管诉讼与非诉业务各自具有不同的特点，但是两者并不是完全割裂孤立的，而是相互联系的。一个优秀的律师应当兼具良好的从事诉讼及非诉业务的综合能力，不可将两者机械地对立起来。

1. 台下十年功——争议解决律师的思维和技能要求

相对来说，争议解决业务的对抗性是更强的。诉讼律师不仅要和客户打交道，而且要写文件，参与法律辩论。作为一名争议解决律师，你要想尽办法去说服法官、仲裁员，毕竟诉讼律师的标志是

“赢在法庭”，即帮助客户赢得官司。这种对抗性带来的强度和压力，是不言而喻的。正所谓“台上一分钟，台下十年功”，每一次精彩的庭上发言，背后都依赖团队每一名律师的伏案辛劳。在处理一些复杂纠纷时，有些律师在开庭之前，会把所有的事情都撇开，花好几天的时间将自己完全沉浸到案件中去，完整梳理案件事实，进行法律分析，以保证后续开庭时的有准备之仗。

首先，诉讼案件要求律师对法律和相关事实的熟悉程度非常高。一名优秀的争议解决律师在开庭前就需要揣摩、研究、预判法官在判决书的“审理查明”和“本院认为”部分怎么写。如果律师代理意见中的事实部分和意见给出法官想要了解的客观事实、理解法官的裁判思路，那么这个案子有很大的概率可以获胜。那么，在这个过程中，诉讼律师的挑战性就在于：是否可以将当事人所陈述的事实以适当的证据材料表现出来？可否在证据材料不够充分时找到对方的逻辑漏洞？能否注意到本请求与对方反请求的反驳中的每一点，并且设想出可能的应对方案？优秀的诉讼律师，必须要在庭审前做足充分和万全的准备，通过庭前大量地事实查证、证据组织、法规梳理等来应对庭审过程中的质证和辩论，以说服法官接受观点。

其次，争议解决律师的文字要高度严谨，条理清晰，逻辑正确。要能够做到用简洁、精练的专业化语言，来展示最为核心的事实和观点。这里需要厘清的是，非诉业务对文笔的要求也很高，但不同的是，争议解决律师制作的文件一旦提交给法院或者仲裁庭，往往少有回旋的余地。这个逻辑同样也适用于律师在法庭上、仲裁庭上表达的观点，文件一旦交出去，话一旦说出口，法律效果就产生了。所以，从这个角度来说，争议解决律师的表达要求非常严谨，特别要讲究逻辑正确、条理清晰，并特别注重时效问题。

当然，争议解决律师也需要不断培养自己的决断力。对于争议解决律师来讲，大量的时间是要做谋划，要做分析。但是，到了一定的时间点，你必须要做出决断。你可能会犯错，但还是要敢于做决定，敢于判断。对于争议解决律师来说，日新月异的司法环境也带来了巨大的挑战。审判专业化、庭审优质化、司法科技化、法官整体素质提升、法律新规迭代快速以及案例指导审判工作等新环境和新趋势，都对当代争议解决律师提出了更高的要求。

最后，作为一名争议解决律师，在执业过程中还需要时刻牢记这两点：(1)保持自己作为律师的独立性，坚持自己的专业意见，而不是提供客户想要听的意见。(2)无论从业时间长短，诉讼律师对每个案件都需要很大程度上的亲力亲为。大部分站在行业顶端的诉讼大律师，即使从业很多年，仍还坚持在第一线，力求每个案件都自己亲自出庭面对挑战。

2. 企业的战略盟友——非诉律师的商业思维与专业知识

作为非诉律师，其主要的业务方向一般是帮助企业客户防范法律风险、合规实现商业目的、妥善处理相关问题，范围涵盖了企业“从摇篮到坟墓”的全部情形。非诉律师在其中不仅需要为客户提供优质法律服务，也需要以良好的商业意识助力客户商业目的的实现，共同谋划长远发展。在企业设立时，需要考虑企业的设立方式是否合法合规、所涉业务是否需要行政许可、章程内容是否合法、合理地体现股东意志等问题；在企业的经营发展过程中，需要帮助企业在债权股权融资、收购兼并、税务筹划、境内外IPO、重组改制等项目中合规运行，并在经营过程中及时处理各种疑难问题、规避法律风险；在企业经营不善时，处理企业的注销、清算、吸收、合并等一系列相关问题。

与诉讼律师不同，非诉律师最核心的技能是解决问题的能力。企业在运行的过程中，很有可能会面临交易层面、法律层面以及结构层面等各种障碍，而非诉律师所要做的不仅是指出这些障碍和风险点，更重要的是通过对问题的深入研究，用自身的专业知识努力为客户寻找出解决问题的方案，开拓一条可以穿行的道路。

作为企业的"战略盟友"，非诉律师需要时时刻刻将"勤勉义务"（duty of diligence）和"忠诚义务"（duty of loyalty）记在心中。始终秉持专业、进取的原则，在合规的前提下，防范风险，为公司争取最好的结果，将公司的利益最大化。非诉律师除了需要具备过硬的专业技能，还需要进行大量的沟通、讨论和研究。在某些大型项目中，往往需要由不同背景的专业人士（包括公司法务、公司业务专家、公司外部顾问、境外律师等）组成一个团队。因此，非诉律师必须要培养自己的"包容性"，提升自己的情商，运用沟通能力、协调能力和团队合作精神，尽可能地吸收各方合理的建设性意见，发挥出各自的长处。这种忠诚勤勉的态度、沟通合作的理念，同样应当运用在与项目对方的商业谈判中。作为非诉律师，如果想要准确地甄别法律风险、促成商业交易，律师需要培养自己把控项目进展、调整商业谈判节奏的能力。有时还需要贡献一些创造性思维，提出创新见解和独特方案来。

拿 IPO 上市举例来说，在企业上市的整个过程、上市成功后的运作过程中，都离不开非诉律师的角色，每一个环节中都能看到非诉律师的身影。如在助力某知名企业赴港上市后，中伦的律师用这几句话准确地概括了此番上市之后的感受："复杂问题层出不穷、困难程度超乎寻常、工作极具挑战性、项目做得非常辛苦。但忙碌并快乐着，非常有成就感。无论是清晨 6 时还是凌晨 2 时，我们都全力以赴。"

（二）如何选择执业领域：是你找到热情，还是热情找到你？

热爱是最好的内需，就业是最大的刚需。兴趣与工作，也好比内需与刚需，两相结合可以激发自己的工作动力与激情。兴趣是坚持不懈的最好助推剂，而坚持不懈是个人职业是否成功的关键因素。从我们的日常接触来看，年轻律师在选择执业方向的考量上，大致有三种情况：第一种是从在法学院开始，就对自己的兴趣有非常清晰的认知，早早结合自身个性特点选择了合适的执业方向，实现了内需与刚需的完美结合；第二种是全盘接受型，对具体想从事的业务方向，没有明确的好恶，更多关注是否对成长有助力；第三种对自己的兴趣个性是了解的，但对于执业方向感到有些迷茫，常常处于纠结矛盾之中，内需清楚而外需模糊。无论哪一种情形，都不是一成不变、非此即彼，也不是绝对泾渭分明的。

对于第一种年轻律师，我们的建议是：虽然早已选定了发展方向，但却不可掉以轻心。真正的热情所在需要实践的支撑与时间的考验，对于你所选定的方向，需要通过实践来判断“是否是你擅长的领域”以及“是否是朝阳产业”（具体如何判断，我们将在下文提及）。对于另外两种年轻律师，他们的共同点是都并未确定自己的专业方向，区别只在于心态。我们的建议是：不要过于焦虑，也不要临渊羡鱼。“三人行，必有我师焉。择其善者而从之，其不善者而改之。”参加线上或者线下学习，结识一批志同道合的执业律师，都是非常不错的了解自我、充实自己的方式。无论去做怎样的选择，请你遵循72小时法则，即当你决定去做一件事情，必须在72小时内开始行动，否则，你可能永远无法完成这件事。实践才能出真知，如果坐而论道、终日而思，是永远不会知道自己想要并且适合的发展方向为何的！要勇敢地起而行之，不怕走最艰难的路！无论是你找到了热情，还是热情找到你，正如但丁所言：“开步走吧，自然会发生力量的。”

总而言之，明确自身特长，找到了热情的方向，就要珍惜，要去长足地学习和坚持，选择有广阔发展前景的朝阳行业，走专业化律师道路；还在思索选择之中的，也不要彷徨，可以努力尝试，可以考虑选择人才尚未饱和、相对新兴的专业领域，走异军突起之路，让热情找到你！

1. 术业专攻：走金字塔式发展道路

律师是一个高度分散化的行业，体现在每一个业务范畴、行业领域，甚至在不同的法域背景下。律师行业专业化的趋势实际上也符合简单经济学中“比较优势原理”的规律，即人的精力是有限的，如果每个人把自己有限的精力专注于自己的优势领域，在一个领域中花的精力越久，用的力气越深，比较优势自然也就越明显。以诉讼业务为例：律师的专业，包括实体上的专业及程序上的专业。实体上的专业就包括知识储备，即对法条、对商业模式的理解等。而程序上的专业就是平时的谈吐、言行、着装、守时等方面。所以专业可能更多的是涵盖了各方面的“专业性”，有时候更超出了我们所理解的对法律的专业。

律师是一个高度市场化的行业，从本质上来说律师的服务也是一个市场选择的过程。随着经济社会的发展，专业律师必须要懂行业。尤其是商业领域，逐渐呈现行业化的趋势，一些特殊的行业逐步开始在行业内部形成了特别的商业习惯、行业模式和鲜明的监管特点，如健康领域、能源行业、文化传媒领域等。针对这些特定的行业领域，律师们在不断提高自己法律业务能力的同时，更需要进一步扩展到对某一行业领域知识的了解。专业化的道路走得越深，就可以走得越远。虽然每个律师、每个业务团队的执业领域会相对越来越窄，在专业经验上做到足够“垂直”，但社会整体的法律服务水平却会大大提升。对于律师自己的发展来说，也就更容易将自己打造成一块长板，在不断学习和实践的过程中，以日积月累的法律服务经验为发展的基石，力求在专业领域和行业领域的突破，面向行业打造个性化、专业化的标签。对于律所来说，一个汇聚了各行各业“专业长板”的平台，才更有可能提供全产业全流程的服务，创造出更优质的市场品牌。

一个人的黄金工作时间是有限的，长期竞争在踏入职场的那一刻起便已悄然开始。专业化是应对竞争的有效方式，集中自身资源和精力专攻特定业务领域，并且长期坚持下去，最终便可以形成自身独特的竞争优势。

对于年轻律师来说，选择专业领域时不宜操之过急。律师的成长应该是金字塔式的发展路线，成为专业律师的过程就是慢慢地缩小职业领域的过程，走向"金字塔塔尖"。在成长过程中，律师的根基一定要宽厚，也就是说对各个法律领域都要有了解。作为刚进入律所的新人，无论做诉讼业务，还是做非诉业务，首先应当扩宽自己的知识面，尽可能接触不同业务类型。如果做诉讼律师，也应该去了解市场上最新的交易、最新的交易结构、最新的监管政策。如果做非诉律师，知道最新的司法裁判倾向也是很好的学习与补充，应该尽可能去交叉学习和培训。比如，民法是民商法领域所有律师业务的基础，律师在任何时候都不能放松对《民法典》和相关司法解释的学习。如果你是一名知识产权律师，同样也不可以放松对民商法领域知识的学习。如果连基本原则、原理都不了解，也是不能做好一个知识产权领域律师的。法律绝不是孤立的，各个法域之间也是相互联系的。另外，诉讼和非诉的相关业务知识也应该都接触一些，先拓宽法律基础，根基扎得越牢，才能往上走得越高，走得越稳。

2. 管中窥豹：预判朝阳行业发展方向

在选择执业方向时，判断大趋势和市场需求非常重要。法律服务市场专业化细分就是大趋势，在选择执业方向时必须顺着这个趋势去探索，了解不同领域的市场前景和需求，培养自己用发展的眼光看事物的能力。

如果选择已过了高速发展期的行业，甚至是夕阳行业，即使自身非常努力刻苦，可能也难以有长远的发展。相反，如果选择进入一个发展前景广阔的朝阳行业，加之自身的奋斗，以及很好的引路人，有可能很快取得长足的职业发展。具体来说，某一领域、某一行业的兴旺和衰落，与我国的经济社会发展的阶段息息相关。例如，早年间我国某些行业技术水平落后，为了刺激发展，加快技术吸收转化，对“山寨”等行为容忍度较高。但近年来，我国科学技术突飞猛进，保护知识产权更有利于促进科技进步。同时，全球化背景下，我国签署的诸多多边合作条约中，都对知识产权的保护提出了更高的要求。在法律领域，知识产权立法进程明显加快，这也就意味着未来知识产权相关的合规、争议都将向法治化、专业化道路快速发展。

首先，必须高度关注国家政策方向。个人的执业选择离不开整个时代的大背景，真正的机遇来自对时代脉搏的把握。青年律师在择业时应当随时关注政策的更新变化，感受整个社会的发展趋势，时刻贴合时代与国家发展的需要。浏览政策公开信息网站，研读政府工作报告，这些都是不错的方法。1991 年年底，国务院发布了《关于全面进行城镇住房制度改革的意见》，当时的中伦创始人敏锐地意识到，此项改革将会开辟一片全新的、广阔的房地产法律服务市场。因此，律所将房地产法律服务作为主攻方向，积极学习我国香港特别行政区市场的商品房法律服务经验，与银行合作，首创国内的商品房"按揭贷款"程序，并设计了全套的商品房预售法律服务流程。这一系列法律服务的完善和创新，获得了极好的社会反响，也帮助中伦站在了当时房地产法律市场的最顶端。

其次，需要关注行业发展动态。每一个行业都有自己独特的业务点。真正的好律师不仅要做到对行业内的热点特点如数家珍，更不能满足于待在行业内的舒适区安全区，应该以发展的眼光看待整个行业，探索行业的未来趋势。行业内的起起落落时有发生，无法跟随行业发展而发展自身的人，很可能终将被行业所淘汰。每一种业务的升级都会有它跃升的基础，比如当大宗资产交易成熟后，长年从事房地产行业法律服务的几位中伦律师，敏锐发现行业内客户新的需求，由此衍生了许多相关联的业务。比如开发商买资产或者盖楼时，资金都消耗得差不多了，但银行贷款又不一定能及时到位，所以"我们又帮助开发商去融资，并且采用一些新创造出来的手段，比如信托、PE、结构性融资等，甚至还有大批资产整合到一起，资产标准化、经营标准化，使之票据化、证券化，然后融资"。这些复合型业务被中伦推出来的时候，因为既要深入房地产领域，又要精通金融业务，中伦就将竞争者远远地抛在了后面。①

最后，找寻能成为"蓝海"的稀缺性法律市场。一些相对主流的法律市场，如并购、证券等，在全球市场上已经相对完善，众多国内外精英人才均在此类领域大显身手，已经相对饱和且竞争较大。相较之下，如果还未想好自己的执业方向，尝试一些感兴趣的新兴

① 申欣旺：《中伦的秘密》，中信出版集团2013年版，第152页。

专业领域也不失为一种另辟蹊径的方法。例如，中伦有位国际税法方向的大律师，在处理税法问题时敏锐地意识到：会计师往往对法律并不熟悉，律师就有了新的用武之地。在遇到一些包含法律问题的复杂的税务问题，特别是涉及跨境地，不同国家、不同法域的立法背景下，需要结合法律实务等进行全面解读的税法问题时，专业律师的意见就显得尤为重要，甚至不可替代。这位合伙人以自己独到的法律慧眼，看准了机会，迅速在这个新兴领域占据了行业前列的位置，打出了一片自己的新天地。

深厚的积累才能成就聚变！不间断地自我学习与自我要求，始终把握行业发展脉络，调整业务方向，才能成就一位真正的，不被时代与行业淘汰的“大律师”。针对上面的“趋势判断”，青年律师也不用过于纠结，只要你找对平台、跟对师傅，这些问题有可能很大程度上自然而然地得到解决。

3. 百花齐放，结合自身个性特长生长

特长是可以让人眼前一亮的个人价值。年轻的律师必须清楚地知道自己的特长，并在执业中通过不断学习做大做强。在执业领域里，以自己的专业能力为基础并辅之以个性特长，放大自己的优点，将更加具有竞争优势。如果自身是求稳好静的性格，那么可以考虑从事一些传统的，已经有长足发展的业务领域，与“前辈”进行沟通学习，结合整个行业长期发展的经验，促进自身的发展；如果是比较富有创造精神的人，大可以挑战一些新兴领域，在不断挑战自我中，逐步成长为整个行业的先驱者和领头人。

如果发现自己在某方面的知识或能力较为薄弱，也不要就此消沉放弃，应当根据实际情况及时调整状态，或补齐短板，或另寻自己适合的道路。比如说，一个律师本身英文不佳，却很想做跨境业务，那么他的发展道路肯定会比较艰难。在这种情况下，年轻律师可以有两种选择：一是坚持自己的“兴趣”，并坚决为之付出努力，将自己的弱项补强，乃至发展成为“强项”；二是扬长避短，及时调整自身的心态，向更符合自身特长的领域发展，降低相应的学习成本与时间成本。两种路径选择是没有对错的，决定对错的，是你选择以后的付出与努力有多少。

我们采访过许多大律师，他们在刚刚接触某一领域时，对如何发现自己的特长同样也有比较困惑的时候。中伦有位在国际贸易领域非常知名的合伙人，谈及选择领域时，他提道：在留学期间接触到国际贸易。当年中国刚刚开始开放，出口在不断增加，在这个过程中就会遇到各种各样的法律问题。他当时的考量是：“在国外从事法律业务，不论是什么专业领域，一定要发挥语言能力上的优势。国际贸易法律业务主要要求中文和英文两种语言。在国内，外语能力出色是高附加值；在国外，中文能力突出是高附加值。多种语言的熟练运用，可以帮助我们顺畅地与客户和当地律师、政府部门等沟通。”

律师是具有高度个性化、分散化的职业。执业领域的选择也应从个人角度去看待，个性在整个职业选择中往往会发挥出很大的作用。性格外向、喜欢挑战与对抗的人，尤其在学生时代有过辩论等对抗经历的人，可能相对来说更适合去做诉讼。诉讼律师要善于从对方当事人那里找出问题，然后去激烈抗辩；而擅长研究、组织材料的人，可能相对而言比较适合做非诉。因为非诉业务通常会讲究各方目标互利共赢，有着较大的协商谈判空间。因此，在对抗性上相对弱一些。

总之，在作出执业领域的选择时，新人律师要不断在实践中发现兴趣、寻找热情，也要结合个人的特色，确认自己真正感兴趣的领域。而对于已经选择执业领域的新人律师，也要珍惜自己的选择，全身心地投入其中，力求完美，精益求精，争取在确定的选择中获得最大限度的成长，为未来的机遇做好充分的准备。

二、律师行业细分行业和业务领域究竟有哪些*

随着社会分工的深入和产业价值链的形成，律师业务领域划分的精细化是必然的趋势。律师从事专业法律服务种类越来越丰富，法律服务范围也并不只是简单地区分为诉讼和非诉。作为法商结合的专业领域，行业发展和商业模式的迭代对律师的技能提出了更高的要求。作为一名商业律师，不仅要懂法律，懂财务，理解公司的经营运作模式，更要熟悉了解客户所在的行业。搞房地产就要熟悉房地产行业、搞矿产资源就得熟悉矿产资源、搞大健康就得在医疗、医药等大健康产业多下功夫。

---

* 以下合伙人参与本节撰稿：张炯（房地产与基础设施），郭克军、熊川（证券发行），龚乐凡、李红（跨境投融资和并购交易），龚乐凡、倪勇军（国际税法与财富规划），张炯（合规与政府监管），刘相文（诉讼仲裁与争议解决），陈际红（知识产权、网络安全和数据保护），舒海（知识产权），许胜锋、李成文（破产重整），刘建伟（国际贸易），张根旺（劳动争议）。

从行业领域来看，一些特殊的有代表性的行业，通常存在其自身鲜明的行业特征和监管要求，如房地产与城市基础建设、银行与金融、大健康产业、能源领域、科技文化、教育领域等市场发展的方方面面；从业务方向来看，法律服务会精细地划分为资本市场与证券发行、并购与投融资、国际贸易合规与救济、税法与财富管理、合规与政府监管、知识产权与权利保护、网络安全与数据保护、反垄断与竞争法、诉讼仲裁与争议解决、破产与重组、劳动法、商业犯罪和刑事合规等各项业务。我们在此简单介绍其中几个重要的行业领域和业务方向。

1. 房地产与基础设施领域

房地产行业是国民经济的重要领域，涉及的业务领域十分广泛。房地产行业法律服务范围涵盖房地产业务、城市基础设施业务、交通物流业务以及文旅酒店业务四大板块。同时，还覆盖商业地产、住宅地产、工业地产、康养地产、基础设施、物流地产、文旅地产及酒店地产等 12 个细分业务领域。从土地建设工程到销售和租赁，再到运营和管理，房地产开发业务流程中涉及的法律点非常多，为相关从业人员提供了充足的机遇和市场。因此，律师除了需要具备法律专业以及房地产行业的专业知识和技能以外，还要涉及公司、融资、劳动法等方方面面的知识。律师需要对房地产行业进行充分了解，包括行业中的热点、行业的特殊性、行业的法律法规，这也就意味着要成为行业专家。对年轻律师来说，这是一个不小的挑战，年轻律师需要进入具体的业务线中，跟着资深律师慢慢学习和积累。

鉴于我国房地产市场的政策环境变化较快，房地产律师需要对规则的历史演变有全局性的掌握。如果确定选择从事房地产行业，律师不妨在初期利用空闲时间浏览房地产相关的法律法规和相关规范性文件，即使是已经失效的文件，也都需要从头到尾细致地看一遍。只有系统性地厘清房地产行业的法律和监管环境的整体发展脉络，才能使青年律师更加全面地了解前后政策变化，理解这些变化所反映的社会需求的变换。政策环境的巨大变化，可能会导致案涉房地产所适用的法律法规已失效，但基于法不溯及既往的原则，律师必须结合案涉时间的历史背景和当时的规则来解决相关法律问题。

不仅如此，房地产领域产业链长，产业者众多，服务对象也会是参与者。对于房地产类业务的律师来说，尽管从事的业务都与房地产相关，但其所代理的客户身份在不同项目中可能会不断地交叉切换，既可能是承包商，也可能是业主。因此，房地产律师需要在不同案件中，增强迅速转换角色身份的能力。从需求上多维度理解客户期盼，从情感上换位感知客户心情，从法律专业上竭尽全力地为自己的委托人提供服务，这是从事房地产业务领域律师的一个突出特点。

2. 医疗健康产业

中国的医疗健康市场规模体量大，持续增长势头猛，但飞速扩张的市场，往往伴随极高的风险性，因此审慎专业的考量必不可少。

面对医疗健康领域爆发式增长的法律服务需求，尤其是在创新药、精准医疗以及医疗服务方面，资本布局的领域和赛道越来越细分。同时，由于新公司、新项目大量涌现，公司日常法律服务的需求增长也非常明显，对于专业度的要求日益提高。专注于医疗领域法律服务的律师，要致力于为医疗健康行业的领导者提供切实可行的决策建议，确保医疗机构、医药集团和医科院校等在进行医疗健康服务时，能够有效规避和管控法律风险，提高管理效率、降低运营成本。近年来，互联网、大数据在医疗领域广泛应用，律师还需要为客户在“互联网+”医疗服务中可能遇到的政策困难和法律问题，提供及时优质的解决方案，让医务人员能够集中精力利用新技术的便利，发挥最佳效能，无须为潜在的诉讼担忧。

一般来说，医疗行业的法律服务包括医疗合规体系构建和风险管理、医疗企业综合管理及法律风险防范、大健康产业投融资并购、反商业贿赂、内部组织调查、国有企业改制重组、医疗相关争议解决等。从事大健康领域的律师，必须不断学习，随时关注政府发布的各类公共卫生政策和法律法规，与医学界人士不断沟通研讨，深入了解医疗领域的相关知识。只有对医疗类的专业内容有一定的了解，才能清晰理解行业发展的内在动力和未来趋势，以打造安全高效的医疗健康产品为目标，引入合规和法律风险管理体系，努力帮助从业者严格控制医疗法律风险，提高医疗服务质量、积极改善患者体验、强化品牌管理，建立标准化的医疗健康服务流程，成为值得信赖的服务提供方。

3. 境内外证券发行(IPO)

IPO 工作需要律师处理极为浩繁的文案工作，由于公开市场政府强监管的缘故，政府对于失误几乎是零容忍，所以对于律师思维和表达的逻辑性、严谨性和细致程度等要求非常高。

另外，证券律师的工作内容面向的不仅是客户，还有证监会、交易所等监管机关，以及千千万万不特定的投资者，法律要求证券律师能够客观地披露风险，以实现保护外部投资者的目的。因此，证券律师不仅需要专攻法律，而且需要了解商业的语言，要把法律和商业、金融、财务等内容高度结合，并在实践中不停地、快速地更新相关知识，难度高、挑战大。

IPO 项目的参与方涉及许多其他行业机构，包括券商、会计师、评估师、财务顾问、投资人等。大家各司其职的同时，也在某些领域存在交叉和重合。在工作过程中，律师需要与其他机构密切协作，只有懂得其他机构所考虑的问题、熟悉他们的“语言”，才能更好地理解整个项目的全貌、理解商业背景，从而能够给出更切实可行的、真正具备价值的法律建议，这也是强调律师要去学习财务会计知识的原因。

虽然多机构的职能存在交叉，但律师在 IPO 过程中也发挥着独特的作用和价值。律师的独特性在于通过长期的训练形成了一种独特、严谨的思维方式，被称为法律人的思维方式——讲求逻辑和规则，重视程序和证据，尊重权利义务对等和法律背后更深层次的价值理念体系，而这些正是市场经济运行的根本所在，也是彰显律师社会价值的地方。

4. 跨境投融资和并购交易

跨境并购是涉外业务中的重要部分，其中包括跨国企业客户投资或者收购中国境内的企业，被称为对中国投资行为（inbound investment），也包括代表中国企业对海外进行收购或者投资（outbound investment）。之所以在跨境交易中聘请中国律师，在前者情况下，是因为境外客户及国外律师不熟悉中国的本土法律环境和文化环境，从而需要中国律师对交易涉及的中国法律部分进行全面把关。这往往需要的不仅仅是英语的语言能力，更重要的是对于投资和并购交易的模式的熟悉以及对于境外跨国公司客户的思维模式的了解，能够在商业上真正使用同一种"语言"进行顺畅的沟通。如果代表境外的客户投资中国如此，代表中国企业对海外进行投资也是如此，因为要打交道的对家及其律师可能也不懂得中国的客户需求，双方对于法律规则的不同、商业文化的差异以及"预期的管理"，都需要懂得境内外不同文化的律师在其中担任重要的协同角色，来对项目进行管理（lead）。

在不同的并购项目中，如果没有专业律师提供帮助，会无形中增加客户交易的沟通成本。同时，专业律师还能帮助客户发现并且化解潜在的风险，从而为客户创造很大的价值。对于从事跨境并购行业的律师来说，帮助客户促成交易，帮助客户发现并且化解本来可能对客户产生重大损失的风险，这也是很有成就感的事情。

从事国际投融资和并购业务的律师，首先需要宏观地了解整个交易模式、整体时间表以及需要经历的环节，如最早对交易架构和税务的考虑，之后订立意向书或者条款清单（term sheet）锁定交易最重要和最基本的条款，之后再进行尽职调查，起草、修改交易合同，谈判、签约到最后的交割。律师需要清楚地知道，每个环节需要律师解决的法律问题以及交易中律师的作用。把客户的商业需求、商业安排和商业目的融合起来考虑，交易各个层面都需要考虑清楚周到，最终给出的法律咨询意见不是简单的法律条文适用和合同模板，而是要结合客户的各种问题和特殊情况，量身定做整体方案和合同，这才是优秀的涉外律师应具备的品质。

5. 国际税法与财富规划

税法与财富规划领域有以下特点：第一，从法律技术上讲，交叉复合性强，高度精细化，不少为跨境业务。因为不少客户在境内和境外都有资产，都需要进行规划；第二，从客户群来讲，以高净值客户为主；第三，财富的安全与隔离，日益受到重视。例如，将个人和家庭的资产与企业的资产隔离，将企业中的优质资产和高风险资产进行隔离，通过跨境架构进行一定的风险隔离，在婚前进行资产的隔离以应对未来的离婚风险，为防范未来遭遇大额赔偿诉讼进行一定的财富隔离；第四，随着客户需求的不断增长，综合财富规划以及与传承有关的法律服务，颇具市场潜力，家族财富的安全与传承日益受到重视。目前，国际税法和财富规划在国内仍属于新兴的专业领域。涉税业务主要包括税务合规、税务的咨询与筹划、税收争议解决三个维度。其中，税务合规（如报税）主要由会计师完成，而税务的咨询与筹划律师与会计师均有涉足，税收争议解决则是律师专属的业务。

税务筹划对于企业的投融资和并购来说，也有着举足轻重的作用。例如，中国企业对外投资，就面临是否在海外设立特殊目的公司（SPV）作为自身和最终被投企业的中间体（intermediary）。这就需要充分考虑所涉及国家和地区的税收协定。如果规划科学，就能起到节省税负的优化效果。如果代表客户出售企业，提前规划布局，也能帮助客户通过合法和合理的安排，进行节税的筹划。在税负众多的房地产项目中，如何进行交易的设计，不仅关系到如何节税，还可能关系到如何避免多缴冤枉税。

广义的税务，还包括海关关税。如果这方面没有专业律师的指导，想当然地进行某些“省税”安排，很可能因构成偷逃关税而触犯刑法，面临被追究刑事责任的风险。

在国外，税务律师与会计师是泾渭分明的。税务律师帮助客户负责定性的工作，帮助客户决定在法律上是否需要纳税、如何纳税等问题；会计师则负责定量的工作，如计算需要缴纳多少税款、有多少金额的抵扣项目、完成报税等具体工作。然而，在国内的税务咨询和筹划方面，起初律师与会计师的界限比较模糊，现在正逐步区别开来。原因在于，会计师绝大多数不具有法律背景，每当遇到一些复杂的税务事项，特别是当法律界定不够清晰，需要依据立法背景和立法意图，结合不同国家在实践中针对某一问题的税法规则作出综合分析判断的时候，律师的优势便充分体现出来。也就是说，虽然在一般业务上税务律师与会计师的执业边界有些模糊，但是在遇到疑难杂症的时候，税务律师便显现出不可替代的一面。

如今，国内越来越多的客户聘请会计师和律师作为联合顾问，以更好地维护自身利益。随着全球化的不断推进，中国改革开放的不断深化，中国市场对于国际税法的需求会越来越多，这对即将毕业的法科生来说是一个难得的机遇。

那么，如果想要进入国际税法领域，毕业生需要具备哪些条件呢？

首先，掌握国际税法的专业知识。国际税法的专业门槛非常高，许多高校都没有开设国际税法的课程，法科生可以通过以下途径积累税法专业知识：其一，努力完成大学相关课程的学习，包括境内和境外的相关税法知识、公司法理论等。对于国内执业的税务律师而言，更重要的是对于中国税法的熟练掌握，对国外税法的了解仅仅是锦上添花；其二，努力通过专业资格考试，如国内的税务师考试，如果能够掌握考试所要求的内容，便能够打下较好的基础；其三，在工作中注重积累、坚持不断学习，税法知识繁复庞杂，且与时俱进，对税法专业知识的掌握是一个长期的过程。

其次，锻炼学习律师的思维能力、表达能力和沟通能力。对于有志于从事国际税法的同学们而言，税务律师不仅需要具备税务知识，还需要具备扎实的法学功底，一定要走出税务律师仅懂税务即可的误区。

最后，语言能力要突出。目前税法领域较热门的是国际税法，平时的业务是帮助外商在中国投资，帮助中国企业“走出去”，以及帮助中国的超高净值个人对境内外的资产进行税务的筹划。日常工作中会频繁使用英文，所以对英文的要求普遍很高。

6. 诉讼仲裁与争议解决

诉讼律师的工作不仅仅在于开庭时刻，更重要的在于在庭审前做足充分的准备。其主要内容是收集当事人手里的证据材料，设计逻辑完备、论证严密的起诉或答辩思路，对法院问题进行预测和准备，对对方当事人可能提出的主张和意见进行预判分析，思考如何应对处理，对对方已经提交的证据进行充分研读和质证，准备好开庭所需的事实和法律材料等。而庭审的现场是诉讼律师的舞台，只有做好了充分的庭前准备，方能在庭审过程中娴熟地结合案件事实和法律争议点，精练准确地表达己方观点和依据，争取说服法官，获得支持。

在整个诉讼业务中，诉讼律师工作的挑战性就在于：是否可以精准地找到最能支持客户诉求的法律依据，形成反驳对方各种可能观点的应对方案；是否可以将当事人所提供的事实情况以适当证据材料，表现出支撑相应法律的依据。除此之外，诉讼律师还尤其要注意案件事实的细节。比如，针对每一项提交的证据从头到尾进行全面审阅，避免其中存在不利于自身的内容。与之相应，针对对方提交的全部材料，也应尽可能寻找细节上的瑕疵。

在一些情况下，诉讼双方之间并非“你死我活”的零和博弈。争议解决律师不一定需要完全击败对手，更可贵的是在维护法律正确实施，维护社会公平和正义的同时，能够给出一个符合各方利益的综合解决方案，以妥善调解和处理纠纷。唯有抓住纠纷争议的本质、利益动机，才能全面深入地分析理解双方的分歧，才能积极稳妥地处理诉讼案件。这是一个综合素养的体现，包含着对社会人文情怀的深刻理解。

7. 合规与政府监管

近年来，国与国之间的角力体现在法律游戏规则的制定和实施上，国内外合规与政府监管力度不断加强。与传统法律业务背景下的争议解决相比，来自政府监管部门的调查与处罚的强制力更高，给企业造成的影响和冲击更大，对法律服务团队的综合能力要求更全面。企业境外合规风险的爆发，往往是由对国际组织规则、项目所在法域监管布局不了解，事前尽职调查不充分，合同签订不严密等多项因素影响，有时还会被政治因素干预。合规风险的爆发点无处不在。

因此，合规建设是企业，特别是从事跨境业务的企业，在业务开展之外必须加以考量的重要环节。漠视合规可能造成的后果损失难以估计。以世界银行制裁为例：作为最广为人知的国际性金融机构之一，世界银行在为众多国家项目提供助力的同时，也非常关注相关企业的合规经营。对于违反世界银行规定的不合规企业，世行会通过禁止其参与世行投资的一切项目的方式予以惩戒。世界银行针对中国企业的制裁逐年增加，根据数据统计，中国已经是受世界银行制裁企业数量最多的国家，产生的损失数以亿计，甚至可能会影响到其他相关企业“走出去”道路，使中国企业在全球范围内蒙受信用危机。

2015 年 3 月，中国发布《推动共建丝绸之路经济带和 21 世纪海上丝绸之路的愿景与行动》,“一带一路”倡议正式提上日程。数年来,共建“一带一路”倡议得到了越来越多国家和国际组织的积极响应,受到国际社会广泛关注,影响力日益扩大。但现如今,受地缘政治等多方面因素的影响,国际贸易摩擦日益增加,甚至影响到中国企业参与的“一带一路”倡议、“走出去”战略发展。相应地,危机的同时也伴随着机遇。对于企业而言,这同样是一个自查自省、发展自身的机会,需要其更加严格要求自身,弥补合规漏洞,实现企业合规建设的全方面覆盖;而对于律师而言,相关专业法律服务的需求也普遍增加,作为律师可以充分发挥自身的专业技能,帮助企业有礼有节地应对国际贸易制裁,通过合适的合规建设帮助企业“涅槃重生”,助力企业的未来发展。

作为一项新兴业务,合规与政府监管领域的法律服务,需要律师通晓各司法管辖区的监管规则、与监管部门保持良好的沟通渠道、深谙细分行业领域的经营模式,并能在监管与调查危机应对中协调全球法律资源。这项业务也全面覆盖了合规和反腐败、反垄断和竞争法、贸易合规和救济、海关和进出口、劳动人事、环境保护和安全生产等各项领域。在合规与政府监管领域,有诸多细分领域,如企业合规体系建设、反垄断调查、海关调查、贸易救济调查、反洗钱、出口管制、经济制裁、跨司法管辖区调查、重大合规危机管控、海外劳动用工、突发环境和安全事故应急处置等领域等。

8. 知识产权业务、网络安全和数据合规

在普遍认识中,知识产权业务主要包含三大业务方向:专利、商

标和著作权。但实际上，目前知识产权律师的业务还有企业知识产权体系建设、不正当竞争与商业秘密诉讼、域名申请与保护、集成电路布图设计保护等其他知识产权相关业务，这些对企业来说也同样重要。

在实践中，无论是新兴行业还是传统产业，不同的知识产权业务从不同的维度与企业经营相关联，同时又彼此交织，体现在创新、研发、授权、维护以及运营、管理等各个阶段。这就要求知识产权律师培养自己的商业意识和实践运用能力，将知识产权法律工作落实于为企业的商业目的服务，提供落地的解决方案给客户，而不只停留于回答客户的表层问题、罗列法律法规的规定。在国内，帮助客户妥善解决知识产权纠纷、保障合法权益的同时，律师也需要积极参与知识产权全链条保护的构建，服务国家创新驱动发展战略；在国际上，可能需要律师深度参与“一带一路”倡议实施，同时为跨国公司提供战略性的知识产权保护方案，努力推进全球知识产权领域的平等合作与公平竞争。

近年来，随着数字技术和数字经济的发展，数据作为新型生产要素之一，在深刻改变社会生产方式、生活方式和治理方式的同时，网络安全和数据保护问题开始逐步受到重视，全球范围内网络安全和数据保护的监管边际不断延展，相关法律制定和合规监管实践层出不穷。对于从事网络安全和数据保护业务的律师，这一领域可能会面临很多没有既定法律解决方案的新问题，因此需要律师注重该领域的产业和技术背景知识的积累，通过日常学习或与自身所具有的教育背景相结合，打下该领域的业务基础；同时该领域律师也应具备高度的创新性和适应性，时刻关注不同国家和地区的网络安全和数据保护相关法规进展，聚焦企业新兴的网络安全和数据类的法律服务需求，以便快速应对新问题，并为客户提供切实可行的解决方案。

具体来说，网络安全和数据保护法律业务旨在协助客户在复杂的法律和监管框架下有效应对网络安全、隐私与数据保护等挑战，在精准营销、人脸识别、互联网支付、车联网、物联网、云计算、大数据、人工智能等各类应用场景下提供优质有效的法律服务，业务主要涵盖了数据安全与隐私保护、网络安全、上市及投融资之数据合规、关键信息基础设施保护、行政调查及刑事风险防范、政府监管案件应对、大数据与云计算合规设计、GDPR 合规等领域，重点涉及包括金融、IT 与互联网、电子商务、电信、移动支付、智能网联汽车、大数据、生命科学与大健康、传媒、能源、航空、化工和制造等各行各业。

9. 破产重整

近年来，随着我国社会经济发展进入转型阶段，国家供给侧结构性改革逐步深化，加之受全球宏观经济发展疲软等内外因素的影响，破产案件增长较快。最高人民法院不断发布众多破产典型案例，通过破产成功解决债务危机的案例大量出现。在此情况下，越来越多的市场主体通过破产的方式解决债务问题。相应地，律师在其中的角色逐渐受到重视。广义的破产包括重整、和解及破产清算三种程序。由于重整程序在化解债务危机的同时挽救了债务人，能够实现债务人的继续存在和发展而备受推崇，这又有力地刺激了破产业务的发展，为破产律师的成长提供了更多的锻炼机会。

律师办理重整业务时，有四种角色。

第一种是担任管理人。根据《企业破产法》的规定，人民法院受理重整之后要指定管理人。一般而言，由管理人负责接管债务人并依法处理债权审查、资产调查、重整计划草案的制定等复杂工作。由于重整业务涉及多部法律法规等的交叉运用、法律关系错综复杂，不仅涉及程序法上的规定，也涉及众多实体法上的规定，必然需要专业的人员才能够胜任，也就带来了大量的重整管理人业务。虽然律师事务所、会计师事务所、清算公司等都可以担任管理人，但是律师事务所担任管理人更为常见。而且，在其他机构担任管理人的情况下，一般也需要聘请律师帮助处理有关专业法律问题，所以，管理人业务是破产律师最为重要的业务。但是，由于重整程序自身周期较长以及重整能否成功具有较大不确定性等不利因素，实践中，更多的是适用预重整程序，将法庭外债务重组与重整程序进行顺利的衔接，从而更高效地实现挽救困境企业的目标。

第二种是担任债务人顾问。根据企业破产法的规定，在债务人进入破产程序之后可以申请自行管理财产和营业事务。经人民法院许可，债务人可以在管理人的监督下实施自行管理，也即债务人自行管理重整期间的经营事务。在此情况下，虽然债务人自行管理经营一般不存在问题，但是债务人自行管理时，要由债务人制定重整计划草案。重整计划草案作为重整程序的核心文件，涉及诸多法律问题需要专业人员处理，所以，自行管理的债务人需要聘请破产律师作为顾问，以帮助其完成重整计划草案的制定等专业问题。

第三种是担任重整投资人顾问。适用重整程序的企业虽然陷入债务危机，但企业及其资产仍然具有较大的投资价值，重整可以作为投资人并购的工具和路径。在此情况下，投资人需要聘请律师对拟介入的重整项目进行调查，及时排查法律风险。从目前的司法实践来看，律师担任该类角色的案件逐渐增多。

第四种是担任债权人顾问。在重整程序中债权人应当先行申报债权，然后才能够行使知情权、监督权等权利，进而最大限度保障自身的利益。然而，因为重整业务的特殊性，这就需要聘请专业律师协助处理债权的申报，权利行使等事宜，以便实现债权人利益的最大化。

总之，重整业务虽然分为四大类，但是其中难度最高的在于管理人业务。不仅需要按照法律法规规定处理有关问题，而且需要诊断分析债务人陷入债务危机原因并提出解决方案。在此基础上，制定出能够实现各方利益平衡的重整计划草案。这就需要懂得债务人运作的模式和背后的商业逻辑及利益，否则无法获得成功。从这个角度来说，重整不仅是法律问题，也是商业问题和利益平衡的问题，需要解决各种错综复杂的问题，最终才能成功，所以从某种意义上说，重整也是一种艺术。

10. 反垄断与竞争法

反垄断业务有着较强的政策性和国际性。随着全球反垄断监管的收紧、政策的不断更新和出台，成熟优秀的反垄断业务律师需要对反垄断监管动向具有敏锐的洞察力和深刻的理解，拥有识别风险、熟悉监管、跨境研究的能力，需要较强的信息收集和调研能力以及跨部门法的实力和协同能力。

反垄断和竞争法法律服务主要包括：经营者集中申报 / 并购控制、反垄断合规与咨询、反垄断调查、反垄断诉讼四大板块。具体来说，包括评估交易是否需要反垄断申报、协助客户制定并购策略、协助客户完成经营者集中申报、协助企业应对未依法申报调查、协调跨司法区域申报。同时，还会为客户涉及横向和纵向的各类商业协议（包括合作协议、联合开发协议、经销协议、许可协议、供应协议等）提供反垄断合规意见，对企业可能涉及滥用市场支配地位的问题提供合规咨询，为企业搭建完整的反垄断合规体系，为企业制定与反垄断法相关的合规性方案并对企业员工进行反垄断法知识培训。在企业面临反垄断调查时，从事反垄断业务的团队要有能力帮助企业应对执法机构以及代理相关的反垄断诉讼。

2020 年，在反垄断领域，我国在立法、执法、司法上均有了较大的突破。未来可预期的时间内，我国将不断收紧对大型平台企业的监管政策，顺应当今全球监管者对互联网巨头反垄断调查的趋势。这是一个需要进行高强度持续学习和自我建设的领域，也是一个律师可以有所贡献、在中国前景大好的领域。作为反垄断法的专家，律师可以积极参与中国反垄断法及其配套规章的起草研讨工作，以专业技能、行业知识、国际化视野结合中国的法律环境，为国内外众多客户提供广泛而深入的法律服务。

11. 国际贸易合规

国际贸易业务为国内外企业、行业组织和政府机构提供反倾销、反补贴、保障措施应诉、WTO争议解决、跨境贸易诉讼、国家安全审查、贸易风险筛查与尽职调查、贸易合规体系建设等业务的代理咨询服务，为企业从事贸易管制项目的信息保密业务提供指导，以及对跨国贸易摩擦、补贴政策、国际政策立场等国际形势变化的分析等。国际贸易业务所涉及的法律渊源相对复杂，作为一名从事国际贸易业务的律师，既要熟悉相关国际协定及所属国国内法以及相关判例，也需要了解商业惯例、行业和产品知识，拥有扎实的外语功底；同时还需要对国际形势、贸易政策等消息保持关注，随时了解政策趋势风向。

除此之外，国际贸易业务对律师实务工作提出了更高，更全面，更细致的要求。除了扎实、广泛的法学知识基础外，国际贸易业务需要律师具备国际贸易、财务、经济学领域的知识与相关实践经验。由于各个国家贸易政策及法规不同，并随着国际环境的发展不断更新变化，而目前我们法学本科阶段的教育对国际贸易往往只能提供较原则性的介绍，实践教育不足。因此，需要国际贸易律师，特别是初级律师尽可能地参与业务实践，通过“实战”充分了解国际贸易实务中所需要的单证、财务等资料信息、法律规制以及相关惯例，从而逐步培养自己作为专业律师的判断与分析能力，把握国际贸易案件与业务的核心，避免“想当然”“填鸭式”地罗列资料，引用法律法规条款。

由于国际贸易业务涉及多学科、多领域、多法域的法律问题与实务难点，对于初入职场的初级律师而言，执业平台的选择也显得尤为关键。好的平台更容易接触到大型的综合跨境贸易业务与相关资源，帮助初级律师高效、快速地成长。如果能够在提供全方位、多角度国际贸易业务咨询和服务的律师事务所中学习实践，初级律师可能会有机会接触到重大、复杂案件，对相关业务实操知识学习，以及未来的职业发展道路都有所助益，起到事半功倍的作用。在选好平台的基础上，有志于从事国际贸易业务的律师也要积极自省，了解自己的基础与优势，从而更好地发展自身所长，开阔国际视野，为全球客户提供全球化的高效法律服务。

随着经济全球化与跨国企业的战略需求不断提升，全球政治经济格局越来越复杂，企业的贸易及供应链环境可谓“危机四伏”。近年来，我国企业在境外遭受的相关调查和执法数量明显增多，执法形式日趋严格，企业的出口管制与经济制裁的业务需求也越发迫切，已经成为法律业的热门话题之一。由于出口管制与经济制裁往往涉及企业全球供应链、生产链，需要律师时刻对国际政策，经济局势保持关注，保持国际化视野；另外，也需要律师对企业国际经营链条中的各个节点进行风险筛查与合规建设，包括前端的贸易风险筛查，中端的贸易合规体系建设、公司内部调查，以及后端的中外政府调查应对与和解等。如若任何一个节点和环节出现了问题，就可能招致国外监管机构的调查与处罚制裁，甚至给企业声誉带来沉痛代价。

在代理企业应对出口管制及经济制裁时，律师既要了解境外法域的监管要求、法律环境、执法方式，从宏观上系统化、多边化、全面化地帮助企业识别供应链风险，也要在微观上协调律师业务工作，在繁杂的规定中梳理核心问题，紧抓关键要点，实现从宏观政策把控到微观具体问题聚焦，再到建设宏观合规体系的良性循环。比如在实践中，律师在帮助客户面临来自美国的经济制裁调查时，应首先了解目前的中美外交政策及国际形势，从宏观上把控政策风向；其次，进一步梳理具体的业务问题，协调律师团队，深度研究目前案例涉及的调查方向、法律规定、相关判例、违法后果等，进行综合判断与问题解决；最后，也要综合实践经验，帮助自身及相关企业复盘回顾，总结要点，找到全流程合规体系建设中的弱点难点，加强全供应链合规建设，并有效减少企业的系统性风险。

在波谲云诡，跌宕起伏的国际形势下，经济制裁与出口管制的后果不仅是简单的财产损失和行政、刑事处罚，还包括企业供应链断供、声誉损伤乃至整个产业进出口生态受损的风险。为了维护国家和企业利益，如何在法律业界深耕学习，做一名耐心、扎实、谦虚、“知行合一”的国际化律师，仍有很长的道路在等待年轻律师去探索学习。

12. 劳动争议

劳动法虽然小众，但也是一个有良好前景的专业领域。随着国家对劳动立法的逐步完善、用人单位的人事管理合规理念的逐步树立、劳动者维权意识的逐步增强、人力成本占企业经营成本的比重在逐年上升，劳动法业务需求呈明显上升趋势。

劳动法业务包括仲裁 / 诉讼业务和非诉业务。仲裁 / 诉讼业务以国内劳动争议仲裁及诉讼为主；非诉业务不仅包括国内劳动法咨询，还包括协助中国企业“走出去”、外资企业在华用工、外籍员工在华就业以及其他跨国、跨境、跨法域的涉外劳动法咨询。律所劳动法领域服务的客户，除了员工之外，还包括许多500强跨国公司、大型国企、知名民企、外国知名律师事务所驻华代表处以及众多中小企业和初创企业。

近年来劳动争议数量持续高位运行，劳动立法热度始终不减，然而，市场上专业化的劳动法律师并不多，尤其是能够熟练使用外语作业的劳动法律师比较欠缺，青年律师从事劳动法业务应该是个不错的选择。

劳动法律师需要“守得住寂寞”。一方面，劳动争议业务大多是高频低消的争议类别，案件数量多，但每一起案件的律师费金额很有限；另一方面，即使劳动法律师高效、优雅地处置了罢工、裁员等高度对抗性事务，企业基于商誉的考量，也不愿意向外公布这些案件和项目的细节。另外，劳动争议案件涉及社会稳定和劳资关系和谐，这也要求劳动法律师不仅要努力实现客户的诉求，也要兼顾政府、工会、争议相对方、所在行业和区域的影响。

三、如何选择适合自己的平台*

每个人的职业生涯可能会有三四十年，是一个持续积累的过

* 以下合伙人对本节有贡献：陈芳、陈际红、陈颖、程军、郭克军、郝瀚、霍伟、贾海波、贾明军、李红、路竞祎、马会军、马远超、乔文骏、王冰、余昕刚、朱茂元、周赟。

程。前五年是积累个人能力的阶段，不必太过考虑工资待遇等物质方面的问题。而在前五年里跟何种水平的“师傅”从事何种格局的项目，在怎样的环境下工作，很大程度上决定年轻律师的眼界和今后的发展轨迹。在一个优秀的平台之上，如果一个人很爱学习、很有观察力，在历练后就能很快学到很多东西，逐渐地成为优秀的律师，选择面也将会更加宽广。

（一）好平台有统一标准吗

有的律所之所以被称为“大所”，是因为其能量来源首先是“高端”“精深”业务，有一大批在特定领域专业能力上乘的精英人才，其次才是人员规模和律所品牌。大所和中小所是一种通俗的说法，通常没有一个标准的定义。律师人数相对较少、营业收入在行业中处于平均水平、品牌影响力相对限于某些特定领域、特定地域或客户群体的律所，常常会被称为中小所。

律师在中小所执业和在大所执业最明显的差别，就是体现在业务类型和客户群体这两方面。总体上讲，大所往往是业务类型非常综合的律所，一般更强调律师执业领域的专业化和“一站式”服务，相对而言所接触的案件类型也比较复杂，客户期望值可能会较高，在其中执业更容易与更富专业化的团队合作。除少数专注特定领域的律所外，中小所执业的业务领域更广，类型更多，处理复杂专精业务类型的机会可能会相对少些。大所和中小所在律师人员的培养模式、律师知识结构、律师专业化程度、律师团队化建设等方面也会有所不同。

作为新人律师，必须明白一个道理，适合自己的平台才是最好的平台。要明确以下这些问题：自己在进入职场之初，最需要的是什么？是一份高薪，还是喜欢的业务领域？是希望进入律师池，有机会参与不同类型的业务，还是希望师从一个愿意全心带教自己的合伙人？希望的客户是世界500强类型的客户，还是可以相互成就的中小客户？大所内的许多合伙人，很多都是在中小所内逐步成长为合伙人，进而成为大所的合伙人。如果自己想要的是学到一些专业知识、处理问题、开拓客户的真本领，那就找一个愿意真心传授、有机会学习的事务所平台。这样的平台，既有可能在大所，也有可能在中小所。

1. 大平台的"小朋友"

就律所而言，平台越高，团队往往越大，律师的视野一般都比较宽广，有助于未来拓展市场。大平台会有很多年轻人所需要的东西，如比较系统的培训机制、良好的律所文化、优质的客户业务以及较高的事业起点，这些对一个新人律师的成长来说都很重要。大所执业接触的案件类型较为复杂，律师接触国内外大企业客户的机会更多，每个团队背后都有来自事务所内部的各种规范性要求、专业资源、后勤保障等多方面支持。

大所的业务相对而言更为专精复杂，因此，进入大所的门槛相较中小所更为严格，相应的制度配置也往往更加全面。大所在每个"年级"、每个阶段都会为律师定做一套培养方案。一般情况下，一二年级律师的工作可能相对简单、基础，有时甚至会比较琐碎，诸如准备投标报价、装订投标材料、草拟代理合同等工作，但其实合伙人是通过这些小事对你进行全面的观察，包括人品、性格、做事情的方式等。如果年轻律师能在细节小事上做好，掌握最基础的基本技巧，合伙人就会逐渐开始让年轻律师做一些比较深入的法律研究。如果年轻律师的法律研究工作做得比较成熟，表达能力也越来越强，那么合伙人可能就会带上你一起会见客户，甚至在机会合适时，让年轻律师直接接触客户，与客户进行一些电话沟通和邮件来往，培养年轻律师的实战能力，积累实战经验。

到四五年级时，对比较放心的年轻律师，合伙人可能就会让他们直接去做一个小的项目，包括起草较为复杂的单个合同、参与一些中小的项目谈判等。同时，也会开始注重培养年轻律师的团队管理能力。再到六七年级的时候，需要再上一个台阶，即在做好项目、管理好团队的基础上，做好风险控制，重点培养律师对项目风险的把控能力、对业务商业实质的判断能力等。

2. 小平台的“大英雄”

如果年轻律师选择在中小所执业，接触大的案件类型相对大所可能会较少，律师面临中小企业客户的机会更多，更加看中律师单兵作战的能力。在律师人员的培养模式、知识结构、专业化程度和团队化建设等方面，律师在中小所执业和在大所执业也会略有不同。一般来说，中小所新人入职后，跟着“师傅”学习一年，获得律师执业证后，自己就要独立承接案件，具有案源压力。在此情况下，有的律师可能暂时无法一蹴而就走上专业化道路，但三五年下来即可独当一面，也能成为一名成熟的律师。

长期以来，和大所并存的就有一批关注海外上市、外商投资、房地产和建设工程、能源和基础设施、复杂商事争议解决等传统商事领域做得很好的中小型精品所。这两年，一些专注于劳动领域的所、专注于婚姻家事的所还有专注于明星维权的中小所也都在纷纷崛起。当新人对自己律师执业方向非常明确时，也可以选择进入这样的精品所进行学习。这样可以在专业化的道路上专注而持久，并且有一帮志同道合者一起交流学习。在选择精品所或者中小所时，更多地要看自己入职后的专业方向了。建议新人律师或者应届毕业生也可以选择大所暂时缺失的业务板块，很可能在不久的将来，你所选择的业务板块也会被大所开设，那时，你作为专业人才就具有了绝对竞争力。进入中小所或精品所的新人律师，无须觉得自己毕业时因为各种原因未能被大所录用就丧失信心，只要专业方向明确，自律努力，将来也一定会成为律师界一颗璀璨的新星。

3. 四个关键词揭开外资所的“神秘”面纱

关键词 1：外语能力

所有外资所对外语能力都有较高的要求，想要进入外资所并有所作为，熟练的外语能力是标配。外资所的业务多涉及外商投资、境外投资、跨境融资、跨境并购、境外上市、国际贸易和国际仲裁等对外语要求较高的领域。英语的应用范围比较广，但若掌握一门小语种，也是一个加分项。虽然对语言能力普遍有较高的要求，多数外资所并不强制要求申请者具有留学经历，不过，出国留学经历有助于增强外资所对候选人综合适应能力和外语能力的认可。在外资所工作中，经常会接触到外国客户、外国律师，在这样的语言环境下，年轻律师的语言能力能够得到更好的提升。值得注意的是，律所毕竟不是翻译机构，年轻律师不能满足于外语能力，个人的法律功底和解决问题的能力永远是最重要的。

关键词 2：多元的文化氛围

相对来说，外资所人员构成更加国际化。你的同事往往来自不同教育背景、不同文化习俗的国度，个人具有不同性格特征、不同思维方式。在日常交流中，年轻律师可以真切感受多元文化，开阔眼界，丰富阅历，培养自信，增强与不同人群打交道的能力。对于有留学经历的年轻律师来说，外资所更像是留学生活的继续，在这样的环境中，年轻律师能够保持外语能力提升、感受更多样的人文理念、了解差异的思维方式，对于全面提高自身综合素养是很好的机会，也是不小的挑战。

关键词 3：特色的管理培训

外资所的管理培训系统、职业规划通常较为严谨，更具系统性、特色性。大多数在中国设立办公室的外资所，都有几十年甚至上百年的历史。这些律所经过百十年的沉淀，在管理模方式和律所培训文化上都已然成熟。在对新人的培训上，除定期内部研讨会与培训课程外，一些外资所还提供与青年律师职业阶段相关的商业课程，培养新人的实践技能，提升商业洞察力。所以，在外资所工作能使青年律师在新人时期就受到规范化的管理和即时性培训，打下良好的工作基础。目前，国内的内资所也纷纷建立起了完善的管理培训体系，有的大所更是将管理培训与律所自身文化、中华优秀传统文化有机融合，打造更具中国特色的内资所管理模式，同样为年轻律师提供了丰富的学习机会和良好的上升通道。

关键词4：颠倒的日夜作息

外资所面向的客户群体多为外国客户，由于时差因素，深夜加班可能常态化，尤其是从事海外上市业务的证券律师。这就需要年轻律师具备较强的适应能力，保持较好的身体状态。例如，外资美国所的律师需要跟美国的上班时间对接，基本上晚上才能跟美国客户连线沟通、商量材料等。所以，通常的下班时间会是凌晨2时。如果律师没有良好的身体素质，或者忍受不了这样的工作方式，那么在选择外资所的时候应当慎重考虑。如果这些基本的条件能力具备了，那么，对于年轻律师来说，外资所是一个开阔视野、能够长足发展的平台。

随着我国改革开放的进一步全面深化，我国法院审理的涉外案件、我国企业对外投资或引进外资项目已经有了很大的体量。依据《民事诉讼法》的规定，我国法院对在我国境内履行的中外合资经营企业合同、中外合作经营企业合同、中外合作勘探开发自然资源合同发生纠纷而提起的诉讼，进行专属国别管辖。许多涉外法律案件的外方当事人就需要依法委托具备中国律师执照的律师代理，此类案件也为内资所带来了可观的涉外案件数量。因此，上文所称的涉外业务，并非外资所的“专利”了。由于内资律所的律师更了解中国的本土文化和商业环境，对于交易中可能发生的各种状况一般更具有预判能力。因此，近年来，越来越多的外商投资者开始选择内资律所的服务。律师对交易涉及的中国部分需要进行全面把关，要把客户的商业需求、商业安排和商业目的结合到涉及哪些法律问题一起进行考虑，中外层面都需要考虑清楚、周到。律师给出的法律意见不是简单的法律条文引用和合同模板，而是结合客户的各种问题和特殊情况量身定做的解决方案。客观上形成了与外资所的竞争态势，内资所的工作强度和压力也可想而知。

（二）好平台如何选择？有高效不烧脑的决策方法吗？

年轻律师在选择平台时首先要思考：是想把律师一直作为职业生涯，还是作为一个过渡？有的律所没有团队，是彻底的专业化分工，培养出来的律师可能会比较循规蹈矩一些，但协作密切度会高一些。而有的律所狼性文化更足，培养的律师单兵作战能力会更强，每个人的个性也比较突出。

1. 好平台的三种考量维度

对于好平台，每个人的定义和追求不尽一样。现在的法律服务市场有开阔的范畴和诸多的机会，留给年轻律师们的选择也很多，在不同的律所可以有许多不同的发展路径。当前，在法律服务市场上衡量一个律所实力，主要考虑以下几个因素：第一，宏观考量评价指标。可以参考律协的官方评价、网上流行的榜单、业内的口碑、客户的评价、员工对律所的评价等指标。第二，微观了解晋升状况。包括内部晋升的比例、获得晋升人员的基本情况和工作业绩等，从而了解该平台的业务能力、视野格局，进而全方位、多层次地作出综合评价。但是，仅凭借这些外围的经验介绍和社会评价，很难真切感受到不同类型律所的不同体验。在选择律所平台时，求职者不妨还综合参考以下3个维度：

维度1：律所内部管理是否规范？

首先，当大家在判断律所内部管理是否规范时，可以先考虑几个问题：是否鼓励律师专业化分工？各律师之间是否精诚合作？律师事务所的风控体系做得如何？律所是否存在对于某些领域的业务，明明自己不会，欠缺经验，却拿律所客户当“小白鼠”，牺牲客户利益，不顾及自己和事务所的执业风险和市场口碑等这些情况。我们认为，这些不规范、不自律的现象，最终会给整个平台上的律师带来风险和恶名，自己在这个平台上学到的东西也会有限。

中国法律服务市场上律师事务所的内部管理体制可以大概分为公司制、提成制这两种；提成制和公司制最本质的区别，就在于除合伙人以外的律师的薪资构成是根据业务来提成还是固定的薪酬体系。也有不少律所正在探索律所管理模式的创新，尝试根据实际情况将这两种模式进行交叉融合。

所谓提成制，就是每个律师的收入源于自己的业务并分摊律所费用的模式。提成制模式下的律师，在一段时间后，会面临自己解决案源的问题。这就要求律师拥有较强的单兵作战能力，其优点在于，对于那些能力强、收入增长快的律师来说，他们往往会在高压环境下迅速实现自身的成长，迅速找到适合自己的业务方向与管理模式。

所谓公司制，就是对每个律师的工作安排和薪酬分配采取公司化管理的模式。律师薪酬体系按照年级不同统一规定，同一年级薪酬水平基本保持固定和统一，只是在一定的区间内浮动。这种薪酬制度下的好处在于，年轻律师在入行时无须过多考虑案源和营销的问题，可以专注于专业性工作和个人成长。此外，不同的公司制律所之间也存在许多差别。在合伙人分配上，有些按照 lock-step（阶梯薪酬制度），有些是按照 modified lock-step（半阶梯薪酬制度），有些注重综合考评，有些看重业绩比例。在律师的管理层面上，有些律所以团队制为主，有些以部门为单位管理，也有一些采用了“律师池”的管理方式。据我们的观察来看，当下中国律所管理模式正处在更新与迭代的时间点，单一采用某种分配或者管理制度的律所越来越少。随着中国法律服务市场的发展与完善，无论是大所还是中小所，都在尝试找到最适合自己的管理模式，在现有制度上进行符合时代趋势的创新。

无论律所是采用了哪一种管理模式，对于年轻律师来说，在步入律师行业初期，无论是选择在大所执业还是在中小所执业，最好选择一些具有较为严格且规范的管理制度的律师事务所。这样的律所会有比较好的品牌影响力和社会形象，对律师的职业技能和职业操守都有较高的要求，在这样的环境中成长起来的律师，不仅能够获得有益的实务经验，同时也能够在良好的人文环境中提升社会交往和处事能力，培养更为健全的人格品性。

维度 2：律所培养机制是否成熟？

律师是一门专业性非常强的职业，许多执业技能很难从书本中学到，律师需要经过多年的学习和打磨，才能够独当一面。一个负责任的合伙人，为了使团队变得更加优秀，会悉心培养每一位成员，希望团队能够有一种传承，不仅是技术上的传承，还有做人的传承、理念上的传承和律所文化上的传承。

从律所培养模式来看，大所基于其规模和业务范围，在培养新人律师时往往会建立起一套更具普适性、较为全面的培训机制。注重精细化培养，也会通过举办内部业务培训、法律讲堂等专题活动帮助新人律师拓宽视野，包括知识和技能上的培训，一些潜移默化职业习惯的养成。这类全所甚至是全行业内的知识共享、技能共享和专业的氛围，对于年轻律师的成长是非常重要的。这种大型全面的系统培训也是树立和宣传事务所文化的大好机会，专业知识的共享往往也是理念文化的共享，能够让整个事务所的文化更加深入人心，加强事务所的凝聚力与传承力。

从律所业务团队规模来看，如果律所采用团队制管理，在恰当的管理半径下，团队越紧密，年轻律师与同事、合伙人之间的接触和交流也会更为频繁，“师徒关系”更紧密。年轻律师的处事风格和办案经验大多来自“师傅”的言传身教，日常工作制度也更为灵活。在这种情况下，年轻律师的成长很大程度上取决于其自身的主动学习、观察的能力以及对自身发展方向的合理规划。

从律师业务能力培训层面来看，每一个业务团队合伙人对新人律师业务能力的培养虽然方式方法不同，但一般是分阶段来安排。一二年级律师从事的都是较为基础、较为细致的工作，高年级律师或者合伙人会通过这些小事来对其进行全面的观察，包括人品、性格、做事情的方式等。逐渐地，高年级律师会直接将一项较完整的法律研究交给年轻律师，也有可能让年轻律师直接参与客户会议，甚至讨论。慢慢地，律师们将开始学着独立办理案件，包括起草合同、参与一些小的项目谈判等，同时也会开始注重培养律师的团队管理能力。这样分阶段的培养方式，实际上也是年轻律师的晋升目标。无论是在怎样规模的律所，是否有清晰和透明的晋升通道，对于律师的成长来说都是非常重要的。

我们在这里还想谈一下“知识分享”。对于一些前沿的法律问题，有些律所的合伙人之间也会经常交流学习，分享实务操作的相关经验，即便是不同业务领域之间的律师，也同样能从相互的交流沟通中吸收到自己需要的知识。在这样的机制里面，新人律师的整个职业成长生涯往往都会有人引领。比如在中伦律师事务所，整体培训课程的密度非常高，2020 年全年的培训达到 170 场左右。且中伦的培训课程分为不同层级，既有新员工培训，也有中年级、高年级律师培训，甚至还有合伙人培训，不同层级的律师均能从中有所收获。除此之外，中伦律师事务所还有不同业务领域的培训以及技能培训，包括 IT 方面的培训、秘书的培训等，帮助全体员工快速成长。

总体来说，如果律所的工作和学习氛围很好，即便是很小的工作，资深律师都会指导新人了解项目的背景、目的，并鼓励其主动发挥主观能动性，在这样的氛围下实习、工作，从个人角度来看，能够为未来职业生涯发展打下良好的基础，养成良好的习惯。从团队的角度来看，大家通过坦诚的沟通合作，在共同成长的过程中会形成彼此之间深度的信任和默契，这样的团队才具备战斗力，这样的平台才算得上是一个好的平台。这一点对于律师成长而言极为重要，只有在这样的平台，才能够接触到最前沿的法律问题并获得学习的机会，与各个领域最优秀的合伙人共事、与同事一起成长。

维度3：律所拥有哪些主营业务方向？

这个问题和我们讲到的“如何选择自己的执业方向”存在一定的联系。正如我们在前文中提到，律师行业具有高度分散化和高度市场化这两个鲜明特点。律所的主营业务方向、优势行业、业务领域的形成，大部分也是基于市场的选择。我们建议年轻律师在选择时，综合考虑业务偏好和律所规模。例如，年轻律师可以关注各大律所的微信公众号，从律所发布的专业文章来判断律所的业务重点和发展方向，也可以关注每年各类律所榜单，直观了解当下的法律服务市场。

规模是可以创造效益的。综合大所的特点在于领域广、综合性强、部分业务往往具有一定的前瞻性。综合大所整体的业务呈现综合性，各部门和各团队之间的分工则十分精细，有利于青年律师在特定专业领域深耕细作，而不是浅尝辄止。尤其对于商事律师而言，综合大所往往更容易承接复杂的项目和交易，这些案子大多数需要不同业务方向的团队协作，年轻律师在参与这类项目的过程中，可以结识不同方向的伙伴，相互交流，共同促进。

不过，正如我们在前文提到，近年来市场上出现了许多有着独特业务方向的中小型精品律所，这些律所的合伙人都是在特定行业内有良好声誉、名望和人脉的资深律师，长期以来深受老客户的信任。跟随这样的“师傅”，在这样的精品中小型律所执业的年轻律师，也会有很多机会直接与客户面对面接触，了解客户的第一手资讯和问题。无论是从案件事实的多样性，还是从对基础法律关系的理解能力以及对各地法院的裁判习惯的了解等各项关键性执业技能来说，在中小规模律所执业的律师，对上述能力的掌握也同样并不亚于在大所执业的律师。只要潜心修炼，年轻律师同样也能很快成长为独当一面的执业律师。

一般情况下，如果一个律师事务所本身综合实力就很不错，并且顺应市场，提倡专业化发展，那么所内也会有一些良性的互动和合作。如果每位律师都有专业的执业方向，当手上有不擅长的案子时，律师会将这些案子推荐给所内在该领域饶有建树的律师，一方面，案件资源得到了充分的共享；另一方面，也可以为客户提供最优质的专业服务，最终实现 1+1>2 的效益。

总而言之，初出茅庐的青年律师无论是选择进入大所，利用大所的资源进行深入学习提升自己，还是进入中小所由师傅带领不断磨砺自身，不断成长，抑或选择加入外资所，体会不一样的多元文化与工作模式，都是能够丰富自身，收获成长的。平台对于刚入行的律师而言固然重要，但如果故步自封，或因在好平台沾沾自喜，或因平台不够好唉声叹气，这些都是律师生涯中的致命问题。在律师成长之路上，只要选择适合自己的平台，条条大道都能成为助你走向成功，成为一名真正独当一面的大律师的“康庄大道”。

2. 好平台的三种自我发掘之路

（1）认知自我、不断试错

每一个成功的律所都有它成功的基因，所契合的环境和因素都大有不同。对于年轻律师来说，现在的法律市场具有很大很开阔很广阔的机会。市场上有一些公司制的律所，拥有统一的较为明晰的专业分工，整体的培养制度比较成熟，相对来说可以不用花太大的精力在选择团队上。如果你心仪的是一家团队化分工极其鲜明的律所，那么就需要提前了解一下相关的团队和业务方向，做到有的放矢。

首先，应当知道自己想要的，至少应当知道自己不想要的。在选择平台时，应当静下心来系统性地梳理对自己的认知。比如对于自己的性格特点、学习能力、外语能力、表达能力、人际交往能力等做一个客观冷静的评价。而真正做到明确自我认知，往往需要时间的沉淀与经验的积累。

其次，无论选择什么职业，都应当充满自信和激情。职业生涯有时像一座山，在半山腰看到的风景与前辈们在山顶看到的风景并不一样。因此，当对自我认知感到迷茫和焦虑时，找行业中的前辈聊一聊，谈谈自己的想法，请他们指点迷津十分有必要，可以对自己、对行业有一个更清晰的认知。成长的道路是漫长、曲折的，成长的过程是艰辛的，如果没有这份自信和激情，根本无法坚持走到最后。

最后，自我认知是一个不间断的过程，在自我的探索和发掘中，年轻人要学会抓住时代的需求，多做一些挑战性的工作。在采访中，一位中伦的资深合伙人同我们比喻道：人生就像爬山，爬过一座座山峰，会见到不一样的风景。如果总是在平原上前进，见到的风景是千篇一律。在探索之路上，无论何时都要学会抬头看路，培养自己的格局，即使自己的工作岗位是“螺丝钉”性质，也要了解整个机器是怎么运转的，处理好宏观与微观的关系，学会举一反三，这样才能成为一个重要的零部件。

我们的建议是可以通过实习不断尝试、了解和试错，最终找到最适合自己的成长平台。

（2）了解律所服务领域、顺应专业化发展趋势

无论如何，年轻律师都应该根据自己的职业规划来选择平台，比如从事股票上市业务，那就应该事先了解有哪些上市途径，比如A股上市、香港上市、美国上市等。如果年轻律师计划从事A股上市业务，这纯粹是国内业务，就与外资所没有太多联系；如果计划从事香港上市或者美国上市业务，就要知道哪些律师事务所在这方面业务是国内顶尖和行业标杆，需要满足什么样的条件才能有资格成为这些顶尖律所的一员。

这种对历史发展趋势的认知，不可出错。在此前提下，年轻律师应尽量去选择专业水平突出的平台，这样会有一帮很优秀的律师同行作为保障，这样的执业环境会更加健康，有利于律师的初期成长。但是年轻律师也要考虑以下问题，如选择专业化自己却没业务、“吃不饱”怎么办？如果选择碳排放交易、房地产资产证券化或者金融衍生品ISDA合同作为专业领域，但是业务量是否足以支撑成本？选择的平台是否会给你带来这样的客源？市场上对于这方面的业务，总量是否还很有限，不够大家分的？即虽然很“专”，但这个赛道还不够火，业务量还不够多，或者客户不会考虑你的这个律所平台。例如，房地产资产证券化业务主要集中在少数红圈所和精品所，金融衍生品业务也集中在国际律所和拥有很强银行业务的

大所。所以，对于选择的业务领域，要实现“专业化”，需要实事求是，不要盲目，不要好高骛远。

所以，笔者的建议是，不要单纯去找“专业”，而是要找自己的“专业优势”。那么如何找到自己的专业优势，成为业务领域的佼佼者？

在《巨人的工具》一书中，提到了这么一个成功的方法：成功的路径大体有两个，传统的路径是，在某一个领域成为顶尖的人才，但是这条路径非常艰辛，而且最终成功既仰赖努力和勤奋，也依靠运气。获得成功的第二条路径，也许更轻松一点，就是选择 2～3 个领域，成为前 25% 优秀的人才，然后叠加这 2～3 个领域的优势。这样，你依然专业，但是你一下子拉开了与竞争对手的距离，成为行业的佼佼者。

当下，整个律师行业的发展都是在往专业化的方向，年轻律师应当顺应这种趋势，走一条专业化的发展道路。在选择专业业务方向时，我们认为年轻律师同样可以参考上面提到的“25% 选择法”。如果你看过各大律所合伙人们的业务领域介绍，你也会发现，每个合伙人的业务领域一般都在 2～3 个。并且你会注意到合伙人们的业务领域会随着法律服务市场的变化、市场新业态的出现而不断更新迭代。

基于此我们建议：年轻律师在选择时，可以着重关注 2～3 个有兴趣的重点领域，关注这些合伙人的职业发展路径，执业和办案的经验，从中找到自己感兴趣的方向。如果律师个人对某些业务领域特别感兴趣，认定从事某些领域的业务，可以选择在某些领域做得很深、比较专精的律师事务所。在这些精品所工作，能够在一些领域的业务能力上得到较大的锻炼和突破，但一定不要忽略与其他法律业务领域的联系以及与法律市场的关系。当然，年轻律师也可以选择综合大所这样的大平台，通过与不同团队的合作、共享，不断发现新的兴趣点和方向。

（3）找准未来成长方向，走自己的律师之道

我们必须承认，就目前中国法律服务市场来看，年轻律师（尤其是第一年）的薪资差距还是比较大的，这个问题无法回避且亟待解决；实际上，这同样也是一个全球“通病”。根据美国律师协会（ABA）2020 年度的最新法律行业报告，律所规模的大小与一年级律师的起薪息息相关，通常来说大型律所的工资比小型律所要高。在美国，第一年律师平均工资最高可达 19 万美元 / 年，其所在的是一家拥有超过 700 名律师的律所。在规模不足 50 人的律所中，第一年律师的平均工资仅为 8.5 万美元 / 年。近来，国内多家大型律所纷纷调整薪资水平，不断升级的“涨薪潮”也带动了行业“内卷”的氛围，高薪决定去向的选择方式也在年轻的律师候选人中流行起来，在关于选择方向的讨论中，“我想从事 ×× 业务方向”之类的声音逐渐变少，“我要加入两万元俱乐部（甚至三万元俱乐部）”的声音越来越多。对于这一现象，年轻律师又该如何面对？

正如村上春树在谈起他的长跑经验曾经提道：“持之以恒，不乱节奏，对于长期作业实在至为重要。”每个人的职业生涯比起百米赛跑，更像是一场跨越几十年光阴的马拉松比赛。当年轻律师问到如何选择律所平台、选择业务方向时，我们的建议是将眼光放得更加

长远，借未来着眼当下。

随着中国企业深度参与国际市场，中国律师处理国际案件的能力也在大幅提升，到2020年年底，中国律师事务所在境外设立分支机构共150多家，办理各类法律事务9.3万多件，努力为中国企业保驾护航。想要成为一个一流国际视野的律师，是不容易的。在选择执业平台时，我们建议要选枝繁叶茂的大树，也就是一些在行业内得到普遍认可的大所好所。当前，市场竞争日益激烈，规模化成为许多律所提高竞争优势的必然选择。律师事务所还在品牌上投入更多资源，以扩大行业影响力和知名度。对于日趋复杂的大型综合现代商事纠纷而言，具有相当实力的综合律师事务所拥有很多优秀的律师，每位律师都专注于自己擅长的某一领域，相互整合就可以全面覆盖客户所有的需求。这样的律所业务涉及面比较广，处理的业务都是非常有代表性的，能够反映时代发展趋势，能够开阔眼界。

不过，在执业之初，如果只专注于平台的选择，而忽视了自我业务能力和法律功底的夯实，对于律师未来的发展也是非常不利的。如果条件允许，毕业直接进入理想的平台自然最好，如果条件暂时达不到，可以接纳现有的平台，进行自我提升并保持不断进步，最终抓住机遇，进入到理想的平台，走出自己的律师之道。

（三）叩开顶尖律所的大门

1. 我需要做什么：你准备好了吗？

（1）在“象牙塔”内钻研和思考

前文已经强调，律师具有高度的专业性，专业知识技能是胜任工作的基础，所以建议在读的法科生在校园学习阶段做好充分的知识储备，同时锻炼自己的综合能力。

第一，努力培养法律思维。作为法学院的学子，需要积极储备法律知识，为未来的律师执业奠定学术基础。法科生在积累专业知识的同时，应该侧重于理解基础性的规则、规则的体系以及规则背后的逻辑与考量因素。法律思维实际上是一种优质思维习惯，解决问题的好思考方法。在学校学习是研究理论的方法，对案例研究就是对法律思维逻辑的不断演绎、训练。这些思维方法和能力往往会成为自己的软实力，在融入未来的执业生活后，不会因为市场和制度环境的变化而滞后。另外，法科生还要注重培养逻辑思维。逻辑思维是指以法律的逻辑来认识事物、分析问题、解决问题，以三段论的形式进行法律涵摄的逻辑推理，或者对各法律价值进行利益衡量。法律思维是长期训练的成果，只有常常结合所学对周遭世界的现象加以解释，才能实现所谓的“像法律人一样思考”。

第二，全面提升自身能力。对于律师职业而言，外语能力、表达沟通能力、思辨能力、写作能力、人际关系能力等尤为重要，不少律师对于候选人参加辩论赛和模拟法庭的经历非常感兴趣，因为此类活动是能够充分锻炼表达能力和思辨能力的有效途径。这就启发法学生们需要利用在学校的众多机会与广阔平台检验并锻炼自己的表达与思辨能力，不只是在辩论赛与模拟法庭的赛场上，与同学、老师进行法律问题的讨论甚至辩论也为学生表达观点，提供了很大空间。另外，对于从事涉外业务的律师而言，外语是法学专业能力之外最为重要的必备技能，外语能力的欠缺会导致律师业务范围的大为限缩。相反，掌握多种外语则为业务拓展创造了更多的可能性。外语能力的养成并非一朝一夕之功，也并非背单词即能熟练运用，应当将外语能力的训练当作日常生活的习惯以保持语感，并主动阅读外语法律文献、有意识地练习法律文本翻译等方式，将语言运用与法律专业结合起来。

第三，接续扩展眼界视野。法学院的学习绝不能将目光局限于法律规范和法学理论，亦应当着眼于法律所规范的万千社会现象。虽说术业有专攻，但欠缺对法律生长的本土环境的一般性了解，则会导致所谓的法律学习成为无本之木、无源之水。例如，如果不了解金融市场上日新月异的各种交易实践和金融产品的交易结构和目的，则根本无法领会相应的金融法律制度的逻辑，亦无法理解金融诉讼中问题症结究竟为何。因此，在学习阶段加强自身的通识性教育，尤其是经济学、管理学、社会学等其他社会科学和自然科学方面的知识储备，对于法律人极为必要。

中伦的一位合伙人在接受采访时说："毕业以后，我读了很多书，90%和法律没关系，我在国外喜欢去书店，每遇到一本好书，都是一个充电的机会，这些书给了我额外的补充，就像是健身时的营养素。有句话说：你是你最好的五个朋友的平均值。那我们是否需要花时间建立好人脉呢？这或许是一个方法，不过，你周围的朋友不见得是你能够选择的。我的建议是，如果你选择书作为你的朋友，你的空间是无限的。"读书对于法律人的提高，不仅在于专业知识的丰富，对于性格的熏陶、心态的调整都大有裨益。

(2)“象牙塔”外的见识和实践

在成为律师之前，社会实践是必不可少的。一方面，实践的过程是检验自己是否适合从事律师这一职业的机会；另一方面，简历上的丰富实践经历也可以证明求职者拥有从事律师职业的基本能力。律所实习是有志于从事律师行业的同学必经的过程。从“学院风”到“实战风”的转变，不是在拿到毕业证书的那一瞬间的自然转化，往往需要在实习阶段为这一转型提供适应的机会。

校园内的法科生们学习了诸多学说和理论争论，可能习惯了将各种学理概念信手拈来，而律师往往需要使用有明确权威的或约定的定义概念，学会在其中选择最符合客户利益的观点和立场来说服法官或仲裁员，或者为客户创造性地提出一种解决方案。其中的差别在于新人律师们要从学校里无拘无束的思考方法转换为面向实务、切中客户痛点的思维方式；从学生时代探讨“法律应该是什么”，“这样规定体现的价值观是什么”，“还有哪些不同的规定”，转换为准确地关注条文规范本身、关注裁判案例、关注这些规则在司法实践中的解读和运用，进而熟练掌握从中反映出的“法律实际上是什么”。

除了思维方式的转换，从学生到律师的转变还需要学生掌握新的技能。实习阶段有利于学生尽早地获得律师工作的必备技能，尤其是基于实务需求的法律检索能力、文书资料的处理能力、高效和严谨的工作习惯。另外，由于律师行业内部有较为细致的分工，不同的律师事务所可能也有不同的风格，在实习的过程中学生可以了解最为适合自己的业务领域和工作风格。

除律所实习外，在公司法律部、法院、检察院、政府部门等进行实习，可以从不同主体的角度来了解法律实务。参与法律援助以及其他社会公益实践，有利于更为广泛和近距离地了解本土社会。总而言之，法律这个行业极具实践性，法学理论往往指向的是鲜活的实务问题，法学家也不应沉浸在理论的“象牙塔”里，而成为律师更是需要前期对于法律实操的初步接触，需要对社会实践的积极参与。

“叩开顶尖律所的大门”并非指出一条捷径，毕竟成为一名合格乃至优秀的律师需要长期的过程，很少有人在刚踏进职场就达到了顶尖律所对律师的要求。但这并不妨碍法学生们在开启职业生涯前，以相关的标准去要求自己，在日常生活中塑造法律思维方式，提高法学理论水平，锻炼应对实践所必需的专业技能与心理状态。先成为一个合格的毕业生，再向成熟的律师迈进。若是到了毕业季再临阵磨枪，则可能早已错过磨砺自己的最好时机，也就与顶尖律所失之交臂了。

2. 大 Par 需要什么：如何匹配自己的“卖点”？

（1）复合型人才会受到律所青睐吗？

如前所述，法律是门社会科学，而且实用性很强，因此律师作为法律适用的实践者就不能只懂法律，而不了解市场和行业，否则根本无法理解客户的真实需求。因此，了解不同行业领域情况的复合型人才，在相关市场的熟悉度上往往占据先机，是律所不可或缺的专业人才。

一类律所喜爱的复合型人才是原本在其他专业领域的优秀人才。基于自己对所在专业、行业的了解，通过攻读“非法学本科法律硕士”这一学位进入法律行业，从而将自己打造成专业背景更加多元、视野更加宽广的复合型法律人才。这类拥有多种专业背景的学生，相较于纯法学背景的学生有其独特的竞争力。例如，专利律师往往有理工科的教育背景，有经管教育背景的金融律师则更容易理解复杂的金融交易产品等。

另一类律所青睐的复合型人才是具有外国语学院教育背景的学生。对于某些涉外律师团队而言，语言能力的重要性可能不亚于甚至超过法律基础的重要性。一方面，尽管英文能力是许多大型律所要求的必备技能，但有英语教育背景的学生的英语水平总体来说是较高的，可能更为适应国际业务的需求；另一方面，随着全球化的发展进程，兼具法律和小语种技能的人才则更为稀缺，因此其竞争力亦不可小觑。

如今，多元化发展、面向行业全方位服务的经营模式日益流行。以四大会计师事务所中的普华永道为例，其经营范围既涵盖传统的审计、税务等业务，又包括可信数字化服务、客户关系管理咨询、转型保证服务等。就律师业而言，我们应当进一步拓宽思路，努力成为行业专家、企业管理专家。法律固然是律师的安身立命之本，但对相关行业的状况与发展趋势、交易实践及其逻辑具备基本的理解也是必备的。如果是一名直接受法学院教育的法本学生，那么在入行成为一名律师后，也要深入探寻企业的商业诉求、了解行业的发展态势。既精通专业，又深耕行业，方能更好地为客户服务，读懂客户的需求。

（2）海外教育背景是进入顶尖律所的必要条件吗？

律所对于具有海外教育背景的律师的偏爱，本质上是希望准律师们能够具有扎实的英语功底。目前，大多数律师在工作中都不可避免地接触及使用英语，合伙人在为团队招纳新的律师时，也会倾向于英语更好的候选人。出国留学的经历并不是一个必选项，“海外教育背景”更多的是对候选人综合能力包括外语能力的一项辅助证明。作为职业律师，最重要的能力还是要运用法律来帮助客户解决问题或避免风险。而外语只是一种工具和表述方式，即便没有海外教育背景，在工作中经过不断运用、学习和锻炼也可以使外语水平变得越来越好。中伦律所就有不少合伙人并没有海外求学经历，但涉外业务做得也很出色。因此，出国留学的经历仅仅是参考，而不是律所在挑选人才时必须具备的一项履历。当然，如果从事的是涉外业务或者进入外所工作，域外法学院的学习经历无疑更具备关于该国法律的基础知识，可以直接助力于工作，其海外教育经历也就不只是为其外语能力润色了。

值得提醒的是，对于在海外接受法学教育的法学生说，应当努力把比较法和国内法衔接起来，做到相互理解，融会贯通。仅有比较法的学习，缺乏中国法律的学习背景，可能会给海外留学归来的同学留下短板。因此，出国留学或计划出国留学的同学在学习外国法的同时，也一定要继续学习中国法律。因为，大部分人的职业选择最终还是国内执业，需要立足于服务中国企业，或帮助外国企业适用中国法律。

3. 破解之道：如何成为百里挑一的幸运儿

(1)简历篇：什么会成为简历上的亮点？

通常情况下，律所的人力资源部门(HR)在收到简历时，会率先做出一个整体评价，任何一项亮点都会为简历增添不少光彩。同理，除非致命缺陷，人力也不会因为某一项短板而全盘否定一份简历。一般而言，简历的制作要精练、准确，在简历的所有栏目中着重突出以下四项个人优势。

第一，在校期间的学习成绩。学习成绩的重要性不言而喻，律师是需要终身学习的职业，在今后的执业生涯中往往需要不断地学习新知识，以应对实践中出现的新问题，故而律师职业对学习能力的要求比重很高。一份漂亮的成绩单，至少反映了候选人较强的学习能力，可以为将来的执业奠定专业基础。当然，如果成绩确实不是你最突出的强项，可能就更需要展现出在其他方面的能力，让合伙人能看到潜能。例如，在大型辩论赛中取得优异成绩，或在相关活动中展现出很强的组织能力。

第二，学生组织和社会活动的参与度。通常来说，在法学院繁重的课业之外，仍然积极参与学生组织和社会活动的同学，具有两大优点，一是组织、协调和领导能力强；二是具有责任感，富有主动性。这两大优点显示了候选人的可塑性强，是律师成长过程中极其重要的素质。如上所述，如果你成绩单并不突出，那么，这可以给出一个合理理由，去说服合伙人相信你在其他方面投入了较多精力，当然这些其他方面最好与法律相关。

第三，外语能力和法律资格考试的情况。外语的考察不限于分数，更值得关注的是综合运用能力，如果在外语翻译、演讲等方面获得奖项或者接受过专业培训，也会成为一大亮点。与外语能力不同，法律资格考试是执业门槛，是否通过才是合伙人关注的，对于成绩通常没有硬性要求。对于本科毕业生，合伙人一般没有要求；对于研究生以上学历的毕业生，如果没有通过，则合伙人通常会在脑子里问为什么。如果是本科毕业就去国外读书了，似乎可以合理解释；如果在国内完成的研究生学业，最好有个合理的解释。

第四，以往的实习经历。律师是一个终身学习、终身实践的职业。如前所述，想要成为一个好的律师，不仅需要扎实的法律功底，更要有运用法律解决实际问题的能力。纸上得来终觉浅，绝知此事要躬行。只有亲身投入到律所的工作环境、实际参与到项目的运作中，才能更好地了解律师的工作内容，更快上手。因此较为丰富的实习经历也能为你的简历加分不少，尤其可以写明一些具体的数字、任务或者是案例，让你的简历可视化具体化，那会比一些经历较为空白或是抽象的简历更能抓人眼球。

（2）面试篇：如何顺利通关人事、团队合伙人两轮面试？

◎面试篇之一：人事面试看什么？

律所面试通常分为两个环节，首先是人力资源部面试，其次是合伙人面试，共同构成全方位考察候选人的全套流程。

在人事面试环节，人力（HR）一方面会考察候选人的基本能力与素养：候选人是否存在明显的性格缺陷，如心态不够开放、情绪化、不愿意协助他人、不愿意分享与倾听；候选人表达是否清晰有逻辑，沟通是否积极主动，理解问题是否准确，回答是否到位，着装是否整洁、清爽、正式，仪态是否得体大方，为人处世是否成熟理智，是否已从学生心态切换至职场心态等，这些都是人力（HR）会考察的因素。在面试的时候，候选人应当时刻注意把控细节，很多同学都会有抖腿、敲手之类的小习惯，这些都是应当注重改正的。

另一方面，人力（HR）还会从长远的人才培养和储备的角度进行考察，旨在吸纳与律所共同成长的未来接班人。主要考察内容包括：候选人的价值观是否与律所的价值观相匹配；候选人的职业规划以及从事律师业的意向是否强烈、持久；候选人的品行是否端正，是否正直诚实；候选人是否具有大局意识等。

◎面试篇之二：合伙人面试聊什么？

合伙人面试是候选人进入律所面试中极其重要的环节，直接决定候选人能否最终获得入职机会，大概率他们将成为最终指导你工作的人。在面试中，每个合伙人都会根据自身团队业务情况，提出自己的关注点。

合伙人个性不同，站位不一样，但经常也会涉及如下方面：

◇要点一：理想与情怀

律师职业是一项追求公平正义的事业，谁都会希望找到有理想、有追求、有情怀的候选人——你必须发自内心地敬畏法律、尊重规则，对法律背后的理念和精神有自己的认识，能够认清律师工作的社会价值，具有强烈的职业认同感。年轻律师在开始一个职业领域时，总是会经历一个螺丝钉的阶段。帮助你坚持下来最根本的原因和动力不是其他，就是理想和热爱。

◇要点二：基本品质

候选人的基本品质也是合伙人关注的要点——是否善良，是否具有爱心，是否是一个诚恳坦率的人，是否具备正确的价值观……律师必须树立正确的职业伦理道德，只有候选人的人品好，三观正，这样才能在律师这条道路上走得更远。

这些都是作为一个优秀的律师所必需具备的品质。面试时律所也会观察候选人是否具备法律基本常识和法律逻辑。我们希望的候选人除了文凭和实习经历，还要具有良好的品质、法律常识、思考能力。同时，合伙人还会关注候选人是否能够坐得住，是否能够沉得住气进行法律研究。不少年轻人刚开始接触法律实务工作时会觉得法律研究比较枯燥单一，我们希望候选人可以耐得住性子，具有钻研精神。不怕难，要坚韧，这样在以后的执业生涯中才能有提高、进步和长足的成长，赢得同事、合伙人的信赖。

另外，除了一些基本的共性品质之外，不同领域的合伙人还会有所侧重地进行考察。例如，争议解决团队的合伙人可能会更希望候选人具有一定的对抗精神，而非诉团队的合伙人则可能更看重候选人处理、解决问题的能力。

◇要点三：临场应对能力、沟通能力

律师需要长期频繁地与客户、法官、领导、同事打交道，一言一行都会影响到业务的成败，需要具有合格的临场应对能力。面试中候选人的临场应对能力和沟通能力也是合伙人重点考察的一项内容。尤其是应聘出庭律师的面试者，在面试中表现出优秀的反应和应对能力就更为重要了。有的合伙人甚至会在面试时，故意针对候选人的回答一究到底，挑战他们的心理承受能力，观察他们的临场反应和情形控制。

◇要点四：专业功底

合伙人面试的时候，会比较看重候选人的基本法理功底和部门法知识。首先，优秀的法理功底可以表现出候选人对法律的理解深度，无论应聘诉讼律师还是非诉律师都需要具备重要专业基础。其次，与业务相关的部门法知识也很重要，这是律师执业的主要依据。有些合伙人很看重能够在校期间发表论文的候选人，发表论文能够帮助加深对相关法律问题的理解与认识，同时，也体现了候选人具备的逻辑思辨能力和文字功底。

有一些法学生会问，在面试时是否可以向面试官提问？综合来看，面试是一个双向选择的过程。候选人在面试中不必过于迎合，可以适当发问。如可以着重了解应聘岗位的具体工作内容和未来的发展方向，也可借此机会了解律所或者团队的氛围，增进对面试的律所及团队的了解。这样才能做到理性选择，找到最适合自己的团队，从而把握求职的主动权。

（3）实习篇：什么样的实习经历优势明显？

律所在招纳应届毕业生时，首先会看候选人是不是一位优秀的学生，实习经历则是在此基础上的一项重要加分项。法学课堂上的法学理论知识与法律实务操作往往存在一定的差异，加之随着律师实务工作的逐渐细分，实习是对业务能力的重要培养和不断丰富的过程。律所对新人律师各方面综合素质的要求越来越高，从未接触过实务工作的同学，在理论知识与执业技能结合上，几乎是一张白纸，需要花费更多的时间与成本去适应律所的工作。而实习经历丰富的候选人的优势则在于，他们在入职前就已经对律师行业和律师工作拥有一定的了解，不仅可以初步判断自己是否适合此行业，也可以缩短初入律所的磨合期，更快地投入律所工作中。更重要的是，拥有丰富的实习经历，一方面说明候选人有能力去平衡好学习与社会实践，具有良好的学习能力、时间管理能力；另一方面，通过实习也培养了一定的基本从业素养，对律所业务也有所了解，能在未来更快地融入律师工作中。

通过与人事部门的交谈和对中伦律所各位资深合伙人的采访，我们了解到，虽然律所在招聘时确实会看重候选人以往的实习经历，但在招聘市场上，“刷简历”的情况也屡见不鲜。常常能够在面试中发现候选人“为了实习而实习”，并没有认真仔细地去思考“实习的意义”，更没有从实习中去体会。作为一名律师，“在未来的工作和成长中，最重要的素养是什么？”有些短期（如一个月左右）的实习，也并不足以给简历加分添彩。

（4）资质篇：艺不压身，多一个资质多一份自信。

通过了法律资格考试，在某些专业领域内，持有专业资格证书自然是加分项。比如在证券、并购业务中，系统学习过财税内容的律师，处理业务会更加专业，更加得心应手。但是，资格证只是对能力的基本证明，考取各类专业资格证明只是进步的第一个台阶，将学到的专业知识融会贯通运用到律师日常工作中，才是最终的目的。对于有志于从事律师职业的法科生而言，通过法律资格考试是最重要的，除此之外的其他专业资质可以根据自己的兴趣适当考虑和选择。而且，越是专业的客户对外部中介机构的要求越专业。比如对于法律业务会选择专业的、评价好的律所，对于审计会计业务会选择专业的大型会计师事务所，对于税务会选择更为专业的税务团队。对于新人律师而言，除律师执业证之外的资质可以锦上添花，但不一定会成为客户决定是否聘用一个律师的主要依据。

第三章

职业生涯的华彩

——如何建业？新人律师、中高级律师和大律师

傅长煜｜龚乐凡｜李国斌｜刘相文｜乔文骏｜
王　冰｜吴　鹏｜张　炯｜赵　靖

> “不积跬步，无以至千里；不积小流，无以成江海。”

要想成为行业内顶尖的大律师，无论此前是否有工作经验，无一例外地都需要从新人律师做起，一步步成长为中高年级律师，经过千锤百炼后才有可能成为优秀的合伙人，成长为大律师。本章中，除了细致地介绍大律师的成长历程之外，我们还收集了许多中高年级律师的真实故事，带读者零距离感受律师成长之路上的艰辛与付出。

一、新人律师整装出发

年轻人从学生迈入律师职场，作为律师新人，要有新气象，做到手里有活，眼里有活，心里更有活。在专注提升业务水平的同时，要对律师行业做事的方式观察揣摩，做有心人，迅速完成从学生到律师的角色转变。来自同样学校、拥有相似履历、同起点水平的新人律师，在同一个团队中可能会有迥然不同的发展路径。有的人会逐渐被高年级律师和合伙人器重、有的人很长时间原地踏步、有的人却会在试用期满后离开团队。何也？“终日而思矣，不如须臾之所学！”在资深律师和合伙人的眼中，衡量一名“好学徒”的标准就在于做，在校成绩优秀的学生并不直接等于是靠谱的“好学徒”，新人不会在拿到入职 offer 后自然而然地成为合格的律师。

（一）勿以事小而不为：从“好学生”到“好学徒”

1. 从学院到律所，转换角色，从“小”做起

我们首先来说说“法学院学生”和“律师学徒”这两种角色的差别。学生的主要任务是学习。整体来说，法学院里的学术氛围是比较宽松的，学生可以任意选择自己想要研究的方向。除了学校安排的必修课之外，个人的选修方向非常自由。同时，老师授课时也会为学生安排好每学期的学习内容、学习框架、学习节奏，获取知识的方式相对来说较为被动。律所的氛围则完全不同。除了被动接受完成合伙人、高级律师安排的工作以外，新人律师要想有所精进，必须主动学习。虽然个人能力非常重要，但律师行业同样是非常讲究团队合作的。新人律师需要找准自己在团队中的角色和定位，从最基础的工作学起、做起，尽全力支持高年级律师和合伙人的工作。

做好一名学徒，从最基础的事情开始是天经地义的。1990 年，陈居里从北京航空航天大学毕业到福耀玻璃应聘，入职后曹德旺说：“必须从车间干起。”他二话没说，到锅炉房拉板车，一干就是七年。在锅炉房的经历磨炼了他的耐力和毅力，后来他成为福耀集团副总裁，主管海外市场销售系统工作。新人律师也需要从校对、检索等“小事”做起，历经磨炼才能成为独当一面的律师。有的新人

可能会因为要做翻译、文档校对、复印编辑等“小事”而发牢骚、愤愤不平，可能会想：“我名校出身，学术功底扎实，现在却每天忙于‘琐事’。”但新人律师就是要从这些“琐事”做起。把这些小事做到尽善尽美，就是锻炼律师养成完善每一个细节、每一个小的问题都需要花心思和工夫去研究的良好习惯。在做这些辅助性工作时，合伙人就会观察新人律师的性格、处事方式、细致程度、学习能力等。连这些小事都做不好，都不耐烦，合伙人要如何重用这位新人？“魔鬼都在细节中。”律师是一个非常考验严谨和细致的工作。新人律师不能急于求成，要注意细节，做好每一件事情才是当下最重要的事情。

2. 不做法律的搬运工，多找“麻烦”，厚积薄发

刚刚接触工作时，新人律师稍显手忙脚乱是正常的。在一些成熟的大所里，许多非诉新人律师接触的第一份工作就是投资行业的法律尽调。有些新人律师会想，“我能协助的主要工作非常有限，大多是帮助高年级律师做基础的底稿录入工作，商标、专利等网络核查工作”，有时难免觉得尽调枯燥辛苦，甚至觉得没有意义。尤其是在网络信息技术发达的今天，第三方信息披露已经做得非常成熟，有些信息客户通过企查查、启信宝、天眼查等软件也可以迅速地了解，那么我们的核心价值在于什么？这就是非诉律师的工作吗？有些新人律师对此感到疲惫，甚至抱着应付的心态，但这只会使自己变成团队的“工具人”，错失在默默无闻中锚定成长的机会。

实际上，新人律师有太多可以向前辈学习的地方，从合伙人到

资深律师，再到团队的秘书、助理和其他同事，甚至客户都可以成为新人律师学习的对象。多给自己找找“麻烦”，就是不妨常常问问自己：一份法律翻译或者一份法律备忘录，高年级律师或者合伙人已经进行了修改和补正，为什么这么改？这些修改背后的道理和逻辑是什么？团队的秘书、律师助理在某一项目中的管理协调能力、项目跟踪能力，你是否做得到？再者说，你去参加一次电话会议或者谈判，怎样做好会议记录？如何妥当地与客户进行业务上和非业务层面的交流？如何组织谈判语言？小到扫描、复印这些小事，如何将一份文件、一本书复印得整洁、工整？这些都值得仔细思考揣摩。新人千万不能放过任何学习的机会，要像海绵一样不断吸收知识，像蜜蜂一样勤劳寻觅心得，拓展新的认知面。

以下我们将提供几个小锦囊，以帮助新人律师快速上手：

①进行法规汇编。尤其是非诉业务，涉及的行业领域非常多，各个领域内部的法律法规纷杂繁多，因此前置性地进行法规的整理汇编，能够为日后的工作省不少力。同时进行这种汇编整理，能够帮助你迅速了解行业脉络，厘清逻辑和争议点，并且可以借助查找功能快速获取想要的内容。

②有效利用 App 软件。当前，一些效率类的 App 软件功能强大，比如印象笔记、有道笔记等。新人律师可以利用此类 App 储存一些有价值的公众号文章等，以避免日后被后台删除出现找不到的情形。同时，多多去挖掘其中的一些快捷操作、语句功能等（例如印象笔记中的“intitle”功能是在标题中查找关键词），以此提高工作效率。

③定期参加一些培训课程。在互联网高速发展的今天，知识共享已经十分普遍，新人律师可以轻松地在网上搜寻到专业知识课程、软件技能课程等，以此不断武装自己，提升自我。

除了上述自我学习能力之外，新人律师更需要不断培养自己独立思考的能力。在经过充分地调查研究和仔细思考后，积极向高年级律师或合伙人反馈自己的意见。拿此前我们举的“尽职调查”例子来讲，非诉工作的尽职调查，绝不是简单的信息录入，而是对公司的整体形态、背景进行全面的了解。接触一家公司，首先要关注的是行业，在较短时间内通过法律环境的检索，通过行业研报、同行业上市公司的招股说明书等资料或方向，从上市的反馈问题中看到这个行业最值得关注的风险点，带着这些问题去尽调。当新人律师发现了一些法律意见上的疏漏时，秉持对客户负责的态度，应当有理有据地适时提出自己的意见，但切忌夸夸其谈。

编撰这本书时，我们采访了一些高年级律师，其中一位五年级的律师曾和我们聊起她曾经的面试故事。“毕业后在应聘律所时，四处碰壁，还记得面试的那一天，合伙人问我‘你怎么看律师？’到现在我清楚记得我的回答：‘十年磨一剑。’虽然一定是辛苦的，这些年睡过睡袋、在 SK 大厦见过不少日出，但是这些压力伴随的每一天，我也收获了无穷的乐趣。一分耕耘，一分收获，这的确是一份需要十年磨剑才能砺得梅花香的事业。”

勿以事杂而慢为。律所中从没有“出道即最强”的新人律师，新人要做好心态的转变，努力学习，更不要小看了自己所做的检索研究，厚积薄发，源于此。

（二）勿因生疏而慢为：我接到了入职第一天的第一份工作任务，该如何处理

新人律师的工作总体来说一开始相对“杂”，涉及不同的方面。因此，很难像中高年级律师那样有连点成线的情况。因为许多新人律师刚刚上手律师职业的工作，很难快速理解自己需要做什么，以及手上任务的最终目的是什么。很多新人律师在接到任务后，忙于收集各种信息资料，花费了大量的时间精力，却效率不高，这是因为他忽略了任务本身的目的，最终发现自己白费工夫，收集了很多不必要的信息。大律师都是轻重缓急拎得很清的高效率工作节奏典范。

1.“问”字在前，避免浪费时间

新人在接到任务后，要快速理解一下上级律师的指示，了解任务的要求，明白上级律师需要的是法律法规还是实践案例，以及自己检索的大致方向在哪里。这时如果有不太清楚的地方，是非常正常的。在这种情况下，不要埋头就开始干活。新人律师应该迅速咨询经手本项目的高年级律师，对模糊问题进行辨析梳理，确认彻底弄清楚了，方可开始实施。以避免出错后，造成大家时间的浪费。

新人律师要学会先从高年级律师或者合伙人的角度考虑，从团队集体作业的整体性考虑，而不是孤立地各自为政。新人律师在对任务了解后，需要安排自己的时间，并且提供给高年级律师和合伙人一个大概的计划安排和完成时间，使上级律师可以对任务进程有所把握。在每一阶段，如果遇到棘手的问题、思路不清晰时，都应当

及时向上级律师反馈，要做到及时、有效，并且善于与高年级律师、合伙人进行交流。新人律师通过简洁直接的语言，张弛有度，有理有据描述自己遇到的困难，诉说自己需要的指引和帮助，相信高年级律师、合伙人一定是非常乐见的。

2．“做”字跟进，沟通提高效率

对于请教和思考的结果，新人律师要迅速做出一个清单，尽快交与上级律师过目以确认工作的内容和自己的时间计划。这里我们举一个非诉新人律师经常遇到的入门级任务作为例子：整理某交易项目的交割文件。

这项工作其实并不难，核心在于弄懂交易架构，根据股权转让协议或者增资协议中交割条款的规定，对应地找出双方已提供或者未提供的文件。但是对于新人律师来说，如果这是你的第一份任务，且遇到一些较为复杂的结构和情况，比如部分交割文件可能只有签字页、也未注明协议名称，很难辨别出哪张签字页属于哪份协议。这时候，如果选择自己瞎琢磨和猜测，非常有可能会延误任务进程，导致任务完成不及时。更有甚者，还可能出现错误操作。这时，你就不能停留在口头上，而是“做”字跟进，及时把做出的结果交与高年级律师检查指正，听候高年级律师下一步的指示。把复杂的事情拆分开来，分段分时做，加强沟通交流，团队的效率就会大大提高。你也在实战中，学习到更多的即时信息和处理问题的窍门。

在高年级律师解释交易架构的时候，若不确定是否正确，也应该及时与更高层级律师沟通，请他们也能及时指点迷津，尽快定夺。

3．“看”字复盘，回头总结得失

一项任务完成后，新人律师应当主动积极地回顾一下项目的整体脉络，在脑海里“放一遍电影”，梳理疑难点，找出最适合自己的经验。找出本次项目中自己的优缺点，保持优点，改正缺点，在日后的工作中提醒自己，避免重复犯错，但不要陷在缺点中钻牛角尖。这里我们给大家分享一个高年级律师的小故事。

青梅煮酒 Vol.1

浅谈律师心得

资本市场部　郑家良

和大多数律师同行相比，我走过了一条“非典型”的入门之路。因为家庭的熏陶，在北大上学时，除了就读法学专业，我对商科也很有兴趣。大四时，我和几位同学拉到了一笔投资，创办了自己的披萨店品牌。毕业后，就也顺理成章地继续经营这份“小买卖”。

毕业两年后，我迎来了人生的一次转折。当时，由于不安于略显安逸的现状，也因为希望提升自己的短板，我决定退出披萨店，到一个更高的平台重新开始。因为本科专业及对法学的兴趣，抱着试一试的心态，我经过面试进入了中伦资本市场部，在实习后正式成为中伦的一员，并一路走到了今天。

如何做好一名律师呢？个人浅见，首先，要有一个明确的职业定位。我对刚开始实习时，合伙人在团队培训中讲的一段话印象深刻："师者，传道、授业、解惑也。"做一名律师，既要注意"律"，也要重视"师"，不能只把自己定位为一个法律"工蚁"，客户提出什么问题，就简单地翻翻法条、查查案例，而要体现专业、热忱与职业使命感，充当一定的"老师"角色，主动地发现问题、解决问题，为客户在法律领域内"把好关"、"引好路"、再"送一程"。

其次，作为一名律师、一名法律人，既要忠于客户，也要忠于公正。资本市场上，律所往往"介"于多方之间，处于相对中立的地位，维护基本的公平与公正。在我第一次主办并购交易时，客户提出了一些较难实现的要求，如一旦某个小风险被触发，就有权立刻终止交易并追究大额违约责任，引起了对方的强烈反弹。我作为律师，在谈判时照搬客户的思路强势争取，却也导致交易进一步陷入僵局。这时，我的指导合伙人律师提醒了我。他说，一个好的并购律师，不仅要为客户规避风险，还应当起到在公正的大前提下促成交易的作用。在这句话的影响下，我调整了思路，帮助客户梳理出不同风险等级事项的区别化救济措施，剔除一些不合理的要求，最终促使交易圆满完成。可能有人疑惑，律师不应该完全站在客户的利益上吗？随着经验的积累，我越发意识到，一项好的交易，必然不能脱离基本的公平与公正。个别项目上，可能客户的并购经验存在差异，导致在一些问题上可能会“过于谨慎”，判断失准，甚至提出一些较难被接受的要求。若事事“寸土必争”，反倒会偏离客户最核心的诉求——完成交易。这时，律师就要从公正的角度出发，合理地帮助客户判断风险，及时地做出提示，推动交易的整体进展。反过来想，如果交易中一方对另一方提出的不合理要求也照单全收时，这也跳出了公平公正的大原则，律师反倒要谨慎考虑，对方是否具有足够的履约能力与意愿。在IPO、再融资等项目上，律师的中立性更为突出，既要对客户负责，也要担负起对每一个资本市场参与者的责任。

最后，建议大家在法律之外，也要花些时间关注经济、政治时事。我们团队一直在提倡大家订阅财经类杂志，合伙人还会偶尔开个小测试，考察大家是否都阅读了杂志。一开始，会觉得时间紧张，完成起来有困难，有一点抵触情绪。但坚持一段时间下来后，就会发现墙外开花墙内香。作为交易律师，除懂法律外，还应该了解交易背后的商业逻辑，把握客户的商业目的，在尽调、设计交易结构时有的放矢。这些技能不是天生具备的，但可以通过阅读相关文章进行积累。同时，法律与社会政经动态密不可分，尤其是目前全球“强监管”的大趋势下，任何一项新的监管要求都与当时的政经形势息息相关。通过关注时事，有助于律师跳出具体的条文，站在更宏观的视角，从背后的目的、意义来理解每项规定，并更好地加以执行。

入行数年，我的成绩还很少，但收获了很多，感觉每一天都在学习、成长。一分付出一分回报，希望每一位有志于进入律师这个行业的年轻法律人，都能“仰望星空，脚踏实地”，既怀揣着为中国法治梦想添砖加瓦的志向，又踏踏实实地面对每一份文件、每一项任务，做到专业、专注、专心、专一。以此自勉，共勉。

（三）勿以事杂而不为：低年级律师需要掌握哪些基础工作技能

律师是一个专业性、职业性极强的工作，意味着律师需要具备一些具有行业特点的职业技能。大律师都具备良好的个人基本功，因此，新人律师需要迅速熟练掌握看起来简单容易的常识性工作技能，一定不能眼高手低对这些基本能力不屑一顾。

1. 法律检索的能力。无论是非诉业务还是诉讼业务，比如以往案例的判决、现行法规定以及最新的理论研究进展等，律师都会用到法律检索，熟练使用检索工具是一个律师应当掌握的基本技能。

2. 起草、修改文章时的语言规范。无论是英文法律写作还是中文法律写作，都是有基本规则的。这方面有所欠缺的新人，可以通过学习借鉴资深律师和合伙人的文章来提高自己。

3. 基本文书格式。在律师业务中，律师需要频繁接触各种法律文书，如诉讼文书的备忘录、法律意见书、基本的案例分析等，这些法律文书都有固定的风格样式，律师掌握相关诉讼文书的写作方法，对于日后的工作大有裨益。

4. 办公软件的熟练度和画图水平。律师团队一般会希望新人律师能够熟练地使用 Excel 和 Word，并且拥有基本的 PPT 制作能力。而在实务中，律师经常需要画出交易结构图、关联图等图表，新人律师需要具备一定的画图能力。这些都是与专业相关的必备技能。

5. 电话会议的组织技巧。当单纯的邮件沟通不能解决问题时，或者当多方希望同时讨论时，电话会议一般会是首要的选择。对于新人律师来说，不必花很多心思准备开会的发言，因为一般来说，会议上的沟通会由资深律师或者合伙人来负责，年轻律师需要做得更多是学习资深律师和合伙人沟通的技巧。但新人需要担任好助手这一角色。在电话会议一周前与客户约定后，一定要注意在会议前一天再次确认，并提前几分钟拨入电话会议。在会议中记得录音，会议结束后总结会议内容，帮助主办律师明确下一步行动及工作方案。

6. 邮件格式与字体。在律师职业中，日常沟通多是通过邮件联络，一个律师收发邮件的行为，能表现出律师的职业素养，包括电子邮件开头称呼、正文书写、签名落款、邮件字体等，律师都应该特别用心。

对于新人来说，邮件的格式尤为重要。在这里给大家提供一个反例，希望大家引以为鉴。

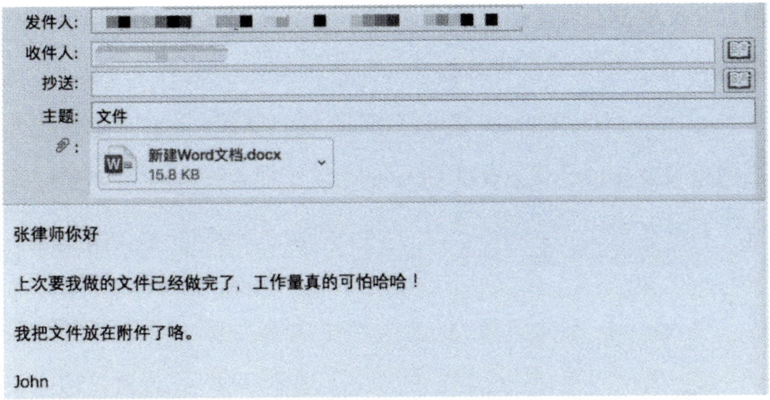

发件人：[redacted]

收件人：

抄送：

主题：文件

新建Word文档.docx
15.8 KB

张律师你好

上次要我做的文件已经做完了，工作量真的可怕哈哈！

我把文件放在附件了咯。

John

图 1　错误邮件示例

大家在写邮件时，不要犯图 1 这封邮件中出现的错误，给合伙人甚至是客户留下“不专业”的印象。

必须要注意邮件的收件人和抄送对象，确保完整正确，漏发错发是大忌大错。邮件的标题要精简切题，既不拖沓，又把主旨表达清楚，一目了然。同时，对收件人的称谓、祝词、标点符号要严谨准确；对收件人的称谓和祝词要贴切、雅致，表现出对收件人的尊重。正文内容要言简意赅，不要带上莫名其妙的歧义，而导致收件人产生理解上的偏差；附件的命名要明确，方便收件人整理检索；签名要得体专业，准确表明发件人的身份信息，以便沟通。在完成邮件后，要选择合适的字体和字号，方便收件人阅读。

（四）勿以事细而怠为：专业能力之外的小细节

《道德经》第六十三章中写道：“图难于其易，为大于其细。是以圣人终不为大，故能成其大。天下大事必作于细。”看得见的形象，看不见的情绪；摸得着的身体，摸不着的时间。这些细微之处见真章的事情，不可懈怠。德国建筑师路德维希·密斯·凡德罗（Ludwig Mies Vander Rohe）说过：细节就是上帝！魔鬼藏在细节里！

1. 形象管理

现代人对“形象管理”的概念都非常熟悉，用当下流行的话来讲，每个人都需要打造出自己的“个人形象品牌”。形象管理中很重要的一部分就是对于自己外在形象的管理。外在形象为何如此重要？因为没有好的第一印象，新人可能根本就没有第二次机会。衣着装扮是第一印象中尤为重要的一部分，良好的整体形象有利于塑造良好的个人品牌。在着装上，男律师以深色西装为宜，衬衫应该每天更换。女律师要善用颜色搭配呈现气质，黑、藏青色比较正式，但白与黑搭配更有气场，灰色和卡其色可显知性、优雅。

除了服装搭配之外，礼仪和仪表仪态也特别重要。律师首先要有基本的礼仪态度，外在必须要大方、大气，也必须要关注为人处世的礼仪细节，如不迟到、及时反馈工作等。同时，新人也要注意避免几个常见的问题，如说不必要的手部小动作、抖腿、敲桌子、转笔等，这些都是不好的毛病，需要加以克服，彻底改掉。大律师的良好形象，能恰如其分地烘托出他们的气场。

2. 情绪管理

情绪管理对于律师执业来说，最核心的意义在于不可因为自己的情绪失控而影响客户的心情和判断，这是律师最重要最可贵的品格。律师情绪管理的主要方向，不仅是负面情绪，同时也包括正面的情绪。一个暴躁的人很难作出理智的决定，而一个热情亢奋的人同样很难作出客观的判断。因此，情绪管理就是要培养沉着冷静的心理素质。不仅低年级律师需要多加练习，中、高年级律师甚至合伙人都需要经常修炼情绪管理。

有些年轻律师在业务中容易情绪化，将自己完全带入客户的角色之中，抑或过分强调自身的感受，失去了一个律师应有的执业素养。一位合伙人就提到，自己在刚开始执业的时候非常冲动，在一次谈判中，太讨厌谈判的另一方了，控制不住情绪，居然把水杯朝对方扔了过去。情绪管理甚至已经上升到了执业规矩和执业纪律的高度，律师们必须不断修炼自己冷静和理性的职业素养，提高自己情绪管理的能力，避免因为情绪失控而出现执业事故。

“堵不如疏”是比较科学实用的情绪管理，一味地压抑出现的情绪，多半会造成更剧烈的情绪反弹。不如通过适当的方式，较好地疏导不良的情绪，渐渐平静下来。新人律师可以通过向朋友倾诉、注意力向兴趣爱好转移，或是回家感受亲情等途径，使个人的情绪保持在一个较为健康的水平。总而言之，年轻律师应该把情绪管理、沉着冷静气质修炼作为自己的基本功，赢得别人信赖。大律师都是情绪管理大师。

3. 身心管理

没有在律所真正工作过，可能无法想象律师工作的强度。中伦的一位合伙人提到，自己在刚开始执业时，曾经连续两天凌晨5时下班，走到天安门广场，正值升旗的时候，车堵在路上他都在车里睡着了。回家后眯一两小时，9时30分再赶回办公室。“朝九晚五”这个词从来都不存在于律师的词典之中，新人律师经常会在各种时间点上，接到资深律师或合伙人布置的任务。律师们常常笑称：“相比起996，我们的生活更像是‘007’。一周七天，每天24小时待命。”这样的工作强度，非常考验新人的抗压能力。如果扛不住工作的压力，新人的身心健康也会受到影响。

新人律师刚执业时，很容易产生挫败感，有的想要放弃。新人律师有时会感到迷茫、焦虑，会因为工作出现失误陷入深深的自责，这些都是很正常的情况。世上没有一条笔直的河流，毛主席有诗云：“风物长宜放眼量！”年轻律师应该将目光放得更长远一点，多关注自己在工作中获得的成长，善于看到自己的进步，在自我激励中告诉自己：“我又成长了！”经常给自己的努力一点认可，始终保持积极向上的状态。

另外，新人律师也很有可能会遇到遭受上级律师批评的情况，因此具备一定的抗打击能力也十分必要。律师的工作是典型的受人之托、完成受托事项，虽然听起来很神圣，但实际上非常具体和琐碎，稍有不慎就有可能酿成大祸。因此年轻律师在出现错误的时候可能会面临较为严厉的批评，此时就需要其具有一定的抗批评的能力，从错误中吸取教训，争取下次避免出现类似的失误。

我们必须承认，律师是一份辛苦的职业，并不是每个人都适合做律师。我们采访过许多大律师，他们之所以一直走在这条路上，除了对这份工作充满热情和喜爱，面对工作的压力，他们每个人都有自己独到的解压方式。有的律师喜欢健身房运动，有的律师喜欢打球、游泳、跑步等。在提高身体素质的同时，能够起到宣泄心中烦闷的作用。有的律师偏爱看剧看电影，也会舍得重金购置一套家庭影院设备，在忙碌的工作后看一部喜欢的电影，以获得身心上的愉悦；还有些律师喜欢收集收藏自己喜爱的小物件、培养自己在工作以外的爱好。总而言之，新人也要找到属于自己的解压方式，让自己以更好的状态投入工作。

4. 时间管理

时间是世界上最富有又最稀缺的资源，说它富有是因为无穷无尽、亘古永续，说它稀缺是因为寸光寸金、稍纵即逝。时间管理的意义就是让我们掌握高效工作的技巧，通过对时间的科学管理，帮助我们高效完成既定的目标。不能很好地进行时间管理，主要有以下原因：目标含混不清、个人事务杂乱无章、无法专注工作、面对工作压力容易疲劳、受不良情绪影响等。有效地管理时间，就是要破除时间管理的这些障碍，走出时间管理的误区，养成科学管理时间的习惯。

作为一名青年律师，如果分神、易受干扰的事情太多，就无法专注于真正重要的事情。当新人被困于琐事，每天被事情被动地推着走，个人就会产生精神压力，状态上出现畏难和困惑。最常见的表现就是拖延，这是一种很容易出现的不良的时间使用习惯。

克服时间管理上的问题，首先需要设定出刚性的目标，要事优先。一般来说，在工作中需要根据项目的大小、任务的多少制定长期、中期和短期的具体目标。注意分清主次，按照重要程度、时间紧急程度进行分类排序，把重要的事情放在最优先的位置上。如果真的碰到几个紧急的任务交叉重复，要及时与上级律师沟通，协调好任务完成的顺序。好的时间管理意识和能力，对于律师的成功至关重要。

对此，我们在这里推荐 3 个时间管理的小技巧，帮助广大青年律师更好地进行时间管理①。

（1）合理利用一天中的时间分隔：青年律师可以将一个工作日分隔出多个时间段，并且按照自己的工作习惯、不同时间段的状态、工作本身的难易程度等进行任务分配。例如，可以将一天分为 4 个时段：早晨（8 ~ 12 时）、下午（12 ~ 16 时）、傍晚（16 ~ 20 时）以及深夜（20 ~ 24 时），然后再对各个时间段分别填充任务。

（2）巧妙运用“10 分钟工作法”战胜拖延症：过度的完美主义和夸张化任务的困难程度是引发拖延症最为常见的两个原因。尤其是在你很疲惫，或是任务很困难的情况下，一方面想把任务做好，另一方面又不愿面对长时间、高强度的工作，最后一而再再而三地拖延时间。对此，你可以尝试使用“10 分钟工作法”，把一个完整的工作区间划分成多个小块，将专注工作与休息放松穿插进行，同时多给自己一些积极的心理暗示，以此克服畏难情绪。例如，夜晚工作更容易使人感觉疲惫，因此你可以将原先所计划的 20 ~ 22 时的工作时长分成 12 个“10 分钟”，先全神贯注地工作 10 分钟，然后再休息 10 分钟，并且告诉自己“我不需要全神贯注 2 小时，我只需要

---

① Jarrett Green, “*Time Mastery in the Law*” *Workshop*, http://www.jarrett-green.com/services/.

专注完成 10 分钟的工作就可以放松一会儿”，从而建立信心与满足感，避免拖延。当然，习惯之后也可以逐步延长工作时间，20 分钟，30 分钟……最后甚至可以做到专注工作 1 ~ 2 小时后再行放松。

（3）系统化地划分任务优先等级：当手上有多份工作需要处理时，首先，你可以按照任务的紧急程度、重要级别等对其进行划分，如分为非常重要、较为重要、重要、一般、不重要五个级别。其次，可以根据“80-20”分法，将自身 80% 的精力投入于重要程度在前 20% 的任务中，以获取最大成效。另外，表 1 所示的“四分格法”也是一个不错的划分工作重要程度等级的办法。

表 1　划分任务优先等级的“四分格法”

等级	紧急	不紧急
重要	一级象限： 紧急且重要的事项 立即投入	二级象限： 不紧急但重要的事项 制订计划
不重要	三级象限： 紧急但不重要的事项 委托他人	四级象限： 不紧急也不重要的事项 暂时忽略

以上仅仅是我们在长期工作中，总结出的几个应用效果不错的时间管理小技巧。新人还需要结合自身节奏以及实际工作任务，探索最适合自己的时间管理方法。当然，随着工作经验的积累，相信大家都可以克服障碍，妥善协调时间，高效专注地完成工作。

总而言之，律师是一项辛苦的职业，新人需要严格自律、坚持不懈，在成为优秀律师的道路上砥砺前行。不积跬步无以至千里，不积小流无以成江河。新人律师要重视起步阶段，及时恰当地完成状态调整、找准角色定位和适应工作节奏。在同一个律所，平台一样、机遇平等，成长的快与慢完全取决于个人的努力和悟性。

未来中国的法律服务需求市场是非常开阔的，每一位新人律师的职业道路还很长。只要保持对律师职业的热爱，坚持理想，不断地学习、尝试，坚定信心，不断感悟、践行，终有一天，新人律师会成长为一名优秀的大律师。

二、进阶跨步：从好学徒到好律师

从低年级律师进阶到中高年级律师，是律师在职业道路上的第一次成就和第二次挑战，更是第二次机遇。我们收集整理了多名中伦高年级律师的成长心经，带你走近高年级律师蝶变前的化茧生活。

1.“准合伙人”的“出师表”怎么写？

从“好学徒”成长为“好律师”，从新人律师成长为中高年级律师就算是出师了！作为“准合伙人”的中高年级律师，“出师表”该怎么书写呢？专业化是整个法律行业的发展趋势，相比起夯实基础、专注法律功底（包括法律知识和实践知识）的训练和发展，中高年级的律师更应该有意识地开始培养自己成为一名专业化律师。

所谓的专业能力，除法律领域内的专业能力外，还包括一名律师对某一领域 / 行业内业务、产业知识的了解。如果是从事跨境项目的律师，那么，就是在交易中对目标国的风险预判以及项目管理能力。

例如，拿跨境融资项目来说，在项目推进过程中，律师需要考虑的事项除纯粹的法律风险外，还需要考虑国别和政治风险，如何通过法律手段减少和规避国别风险？再如，项目的建设涉及项目方资金投入的风险，如何通过法律手段确保项目方有足够的项目资金投入以确保项目顺利进行？一些基建类项目（包括公路、桥梁、地铁、铁路、机场、电力等），律师在融资过程中需要考虑到的项目风险，包括建设风险、信用风险、完工风险、资金风险、外汇风险、环境保护风险等。律师既需要了解/熟悉与项目相关的行业政策法规以及管理，还需要掌握熟练的项目管理能力（包括与交易各方及其律师的沟通协调能力）以及在实践中灵活运用法律的能力等。

一般来说，中高年级律师会直接和客户进行沟通。往往很多时候，除非是对接企业法务，非法律相关行业的客户并不是法律专业出身，有可能是技术人员、一线业务人员，也有可能是企业的市场部或者发展部的其他工作人员，他们对于法律的细节并没有太多兴趣。基于此，律师往往需要充分了解客户公司的经营方针、项目设立的背景，追踪项目进展并且和各方人员充分沟通交流，才更容易与客户找到共同语言，建立互信感和认同感。

青梅煮酒 Vol.2

有序和无序

资本市场部　律师

从2013年年末2014年年初进入律师行业，开始法律生涯新的学习；当年一起入所的小伙伴，很多已经作出了新的职业规划和选择，而我依然坚守在这里，和许多中伦人一起迎来了在中伦的第六个年头。六年说长不长，却是一个逐渐形成业务认知的过程。

一、我做交易律师的动力是什么？这份工作到底有趣吗？

六年期间，在不断学习、交流和办理各类案件中，对自己的了解也越来越深入。2013 年、2014 年正是国内证券化业务蓬勃发展的一个时期，那时候我就觉得"tranche""underlying"① 这些概念很有意思，而这些又都与"结构"有关。从那时起，我对"结构"一直比较着迷。进入中伦以后，主要学习和从事股权投资、收购兼并业务，这类业务的结构设计和安排更是丰富多彩了起来。研究一个交易环节是否合法无风险，就像在识别一面墙壁是否承重、是否可改造。时至今日，我在做交易文件时仍然不会感觉倦怠，因为对于一个结构的设计、研究和论证是一个刺激心流产生的过程，会给人带来一种愉悦感。我想这就是一种基本的、非结果导向的工作乐趣。

结构是可以产生美感的。作为一种抽象的结构，交易安排最大的美可能来自一种"秩序感"。方案的制定为大家创造了一种"流"，循着这种"流"，交易参与方往后

① 分级、底层，均为证券化业务相关名词。

的行为都有了指南，这就形成了一种秩序感。对交易方案的优化，对“流”的升级，也是对一种秩序的加强。特别是当这种秩序得到落实的时候，参与其中的人自然会产生一种成就感。律师的工作方法中同样有这种对“有序”的期待。

比如，我们资本市场部同事撰写了一套法律意见书出具方法，我认真读过三遍，对里面讲到的很多经验于心有戚。拿核查过程中“先繁后简”的原则来说：律师在核查时自己留存的底稿记录，里面记载的信息需尽量详实（时间、地点、主体、行为、金额等要素一应俱全）。这些繁杂、费时的资料准备工作，看似增加了律师的工作量，但是在正式法律意见出具时，根据届时的考虑删减信息比较容易，而如果一开始没有做好有序的记录，想增加信息时又要重新翻阅证据材料，就比较费时了。所以没有严格执行这个原则的律师，反而可能是低效且易出纰漏的。

又如，还是资本市场部操作的一个体量非常大的上市公司重组项目，项目组设计了一套非常复杂的尽职调查清单，填写说明就有好几页，附表也有十几个，可以想见设计这套清单是花了很多时间的。不过，针对一个下属几百个子公司体量的企业进行核查，又正是遵照这套复杂的清单，被调查企业向项目组快速、准确地提供了相关信息，减少了大量的沟通和录入成本，项目组高效地完成了客户要求的工作。如果拿当今的互联网思维来打比方，这种对工作方式方法的用心，将使具体的工作命令化、代码化，使资深律师“产品经理化”。大概率上，设计的工作方案越精巧，实施起来秩序感越强，工作的成效也就越好。这种对结构的欣赏和对秩序的追求使我陶醉。

二、适应“无序”，学会共情

如果说做业务是追求“有序”的过程，那么解读客户意图、转化客户指令，满足客户诉求就是一个应对“无序”的过程。

绝大多数律师都被催过活儿。我印象比较深的一次，入职一年左右，在即将下班之前接到了客户的电话，提出之前的一个项目交易安排发生变化，希望半小时内能收到补充协议，这对于一个新手律师来说确属不易。我硬着头皮赶出一稿发给主办律师审核，主办律师让我先回家等意见。回家路上我一直很费解，这位项目经理怎么能认为半小时就能出一份文件，而且这么重要的改动居然一点提前量都没有设置？后来我想想，那天客户项目现场是一名从财务岗刚转做业务的人员，接触律师少，项目经验也有限，同时出让方为了卖股套现签约也催得很急。加之那一段时间客户实施扩张型经营战略，所以除非有重大的风险，第一时间锁定交易绝对是重中之重。客户后来与我交流，在专业水平相当的情况下，我们相较于他们律师库中其他几家知名律所的最主要优势正是“响应及时”。

这两年和一些年轻律师沟通中，也不难听到认为客户的安排“奇奇怪怪”“匪夷所思”的感慨。可是，公司战略、项目进度、交易诉求，对接人的个人性格、能力、近期所处的情绪等因素，都让我们的客户展现出形形色色的状态。律师是很难控制自己面对的外部环境“常规化”“理想化”的。有的客户并没有配备专业的投资岗人员，给律师的指令可能会不清晰；有的客户为了做好投融资两端的进程匹配，其实希望项目推进慢一点，相应地，律师的工作也慢一点；有的客户即便对于一些合理的指令也会表达得比较隐晦，有的甚至是忘记了向律师表达，不一而足。这林林总总呈现一种无序状态。

可能是为了应对这种无序感，需要尝试去体会客户的处境，去理解客户这么做的合理性，去“聊”出或是推断出客户未能表达出或者忘记表达的需要。在努力成为一名更加合格律师的道路上，我不自觉地在尝试培养同理心和共情力，也希望能够培育一颗更加丰盈的内心。

2.“准合伙人”的“大局”意识怎么树？

高年级律师需要具备一个“准合伙人”的眼界和格局。简单来说，低年级律师要培养法律意识、商业意识、职业意识，而中高年级律师要有事业意识、责任意识、使命意识。

对外，对客户应该体现出专业的高度。把自己实践中磨砺出的法律职业素养，变成为客户提供最优质的解决方案，展现出自己的创新思维和更高的站位。有时候客户追求的并不是个案的成败，或者说有些案子输赢的判断并不是靠最后一纸判决书。尤其当客户出现争议解决的多种需求，高年级律师需要站在客户的角度上，同时又站在旁观者清的角度上考虑问题，认真思考：核心焦点是什么？客户的真实诉求是什么？客户能够获取的最大合法利益的边界在哪里？

带着这些问题，高年级律师“准合伙人”要时常与合伙人沟通，尽量全面、准确地将“干货”给到客户。一般来说，高年级律师会直接与客户打交道。因此，情商的修炼、沟通能力的培养、话术的把控也是高年级律师修炼成为合伙人的必备技能和必由之路。

对内，对自己的团队要有主动的管理意识。这个能力的培养，更多的是需要内功的修炼。在团队中，高年级律师作为“中流砥柱”，肩上承担的任务和责任更重，必须有意识地训练自己的统筹能力、驾驭能力和团队管理能力。既管事，还要管人。不仅要能够个人实施一个项目，而且还要尝试领导一个项目团队，学习怎么去安排不同成员的工作，知道项目忙的时候怎么安排，闲的时候怎么安排，包括对项目的工作量、工作进程要有一定的预见性。同时，高年级律师还承担着指导年轻律师，带领新的团队成员尽快融入团队工作的职能。在项目完成后，高年级律师应该总结团队的工作：每项工作占用多少时间、效果如何，反思如何进行流程优化，找到教训，积累经验。

青梅煮酒 Vol.3

初心易得，始终难守

私募基金与资管部　律师

“不忘初心，方得始终”是当下非常流行的励志金句，而另一句“初心易得，始终难守”不常被提及。带着“想做律师”这个简单又单纯美好的想法，我于2014年离开工作一年半的公司来到中伦，转眼已9年。从不理解复杂交易结构的忐忑、天天做不完事情的茫然、犯下低级错误的自责、被误解的委屈以及被部分甲方虐的酸爽，到现在有信心面对每一天的挑战，我理解，除了持续充实自己，在力所能及的范围内把工作做到完美，不给合伙人和同事留坑，还需要“陪伴”客户，与客户良好地互动。

“甲方虐我千百遍，我待甲方如初恋”几乎已成为乙方从业人员的必备生存指南，我们对客户需要保持“初恋”般的激情，但激情总会因为忙碌和琐碎的工作而随着时间逐渐消逝，“初恋”也可能把你变成“前任”。就工作而言，合伙人要求我们参与某个项目，可不希望我们把这客户变成“前任”，我们得让客户感受到我们一直都在。

有个一直合作做ABS的客户被监管机构采取了一些措施，监管机构发出通知时已经是周五下班时间，多家微信公众号陆续发出了以“重磅”“突发”为标题的文章来报道这个事情。根据交易文件，发生类似的监管事件将触发一连串的事件，而且这些事件在过往 ABS 实践中几乎没有被触发过。看到报道后我主动联系了之前项目上客户的对接人，询问具体背景，并跟客户梳理了一遍交易文件中各项机制与条款之间的钩稽关系，便于客户跟其领导汇报情况并协商解决方案。客户拿到领导拟订方案后，我与合伙人沟通说明情况，确认不同方案的利弊，并给客户逐一分析。那两天也持续关注手机，因为无论多晚或者多早，客户一直在紧张地处理这个事情，他在内部汇报或者会议时，可能随时有疑问，需要得到快速准确的解答。事后见过这位对接人两三次，每次他都会说：真的很感谢你们！

近几年，根据合伙人安排，我参与了不少信用卡 ABS 的项目，为了解每个项目中银行关于信用卡的具体操作流程，也因此申请了不少信用卡。有一次收到银行公众号推送的信用卡周年庆的文章，看上去就是一篇普通的官方文章，但划到评论区时，却看到了几条“感谢银行，用信用卡/贷款实现了买房的愿望”，看完确实能感受到持卡人对银行的衷心感谢，但是人行和银保监会三令五申要求贷款资金不得流入房市，这个公众号文章的受众是成千上万的持卡人，银行存在合规风险。我于是紧急联系客户，说明了部分留言的风险，建议后台筛选留言，并注意日常业务合规性。银行公众号的后台几乎是同时作出了调整。其实我们只是该客户特定项目的律师，并非常法，对客户业务的合规与否并无直接责任，我们不做提示客户不会苛责我们，但是我们不经意的小提示却能让客户感受到我们时刻在为客户考虑，让客户觉得聘请我们不亏。

3. 保持初心有那么难吗？

律师在工作四五年之后，随着执业能力和社会交往的增加，很有可能会面临更多其他工作机会的选择。此时，律师将会遇到成长阶段中一个非常关键的节点，很容易被其他机会吸引而放弃律师职业。举例来说，很多公司的法务岗位都希望招聘到具有一定工作经验的中高年级律师，有一些律师出于综合因素的考虑，故而决定转行做法务。但我们有时会看到，经过几年之后，转行去做法务的律师可能会发现曾经同期工作的律师陆续晋升为律所合伙人，而自己在法务岗位对自己的成长不甚满意，仍然想要再回到律所，但却由于自己与律师实务工作脱节太久，业务差距一时难以弥补，脱离了专属于律师这一职业的惯性，后期想要重新回到律师行业要耗费更多的时间和精力。所以如果考虑转行，或许除了勇气之外，也更需要一些理性和周全的考虑。

能否守住出发时的初心与热情？这个问题没有千篇一律的标准回答，读完下面这两个小故事，可能大家会找到答案。

青梅煮酒 Vol.4

走得慢一些，走得远一些

公司业务部　张丽娜

法学院毕业后，我选择先进入了工信部直属事业单位，成为网络与信息安全建设领域的法务人员。法务岗位的工作基本上就是参与各种采购谈判，审核业务部门根据谈判结果填入合同范本中的内容，因工作内容涉密且专业性极强，相较于技术而言，法律并没有得到充分的重视，更多的只是程序性要求。当时，我的工作很轻松，待遇比同期进入律所的律师还要好很多，但我并不快乐，似乎自己离那个写在曾经小小日记本里的“未来想要成为的自己”越来越远。即使我很想换工作，但从体制内走出去并不是件容易的事，意味着要放弃分配的住房和稳定的生活，面临成为亲友们口中大龄剩女的风险，但三年后，我还是选择了离开，这个决定做得有些晚。

如果你最终会选择做律师，请尽可能早地进入这个行业，因为律师是靠经验积累来提升价值的。如果不得不“曲线救国”，不要绕得太远、不要瞻前顾后、不要忘记初心。当然，我也很感谢我的第一份工作以及当时的领导和同事，给了我很多帮助并且在我决定离开时给予中肯的建议。现在回想起来，其实每一个领域都会涉及法律相关知识，关键在于你有没有自我学习的能力和劲头，如果你在律师生涯前从事其他职业的话，跟专业选择一样，请记得思考、探索所在行业的立法状况、法律需求等，这会给你的律师生涯增加一些行业背景和视角，可能会为职业转型提供契机。

2013 年，我才正式开始真正的律师生涯，感谢中伦给我的橄榄枝，感谢我所在的团队及合伙人，让我能重新出发。坦言之，从法务转型律师，工作量增加了数倍，而做律师后从事的建设工程业务虽与之前的工作经历有衔接和交叉，但更多的是新知识和新方法，要做到最好，就要投入大量的精力和努力，特别是前几年，扎扎实实打好基本功非常重要，知识的储备与更新、良好职业习惯的养成，会让你今后的工作游刃有余。

现在，我已经是一个 3 岁孩子的妈妈，需要在律师角色与母亲角色之间无缝切换，我面临的新挑战是如何平衡工作和家庭，其实也无所谓平衡，就是一个取舍问题，有些时候我会放弃争取一些难度大的项目，保证下班后有更多时间陪伴孩子；有些时候我会放弃本应团聚的亲子时光，完成紧急的工作任务。曾经我会想，我的律师生涯因为职业选择耽误了几年，是否应该全身心投入才不枉以往的种种折腾，但是，又没法割舍孩子期盼的眼神，所以更多的时候，我会在下班后第一时间冲回家喂饭、读故事、哄睡，然后在小小的她睡着之后打开电脑。后来我想，既然把这份职业当成终生的事业，走得慢一点就慢一点吧，希望我的天平，能够在取舍中保持那份平衡，如果我做得不错也没有因此耽误职业发展，可能在5年后、10年后，有机会的话，我再来跟大家分享。

青梅煮酒 Vol.5

厚积薄发，必有回响

公司业务部　涂浩*

8年，对于一个律师而言，应该意味着什么？薪资、Title、客户甚或是一间自己独立的办公室？每个人心中也许都有不同的答案。回顾自己的8年，也许在步入职场之初，并未有过长远的规划；也许有一个宏大的梦想，需要更多的付出才能实现。但我想，我已经在偶然和必然中走出了一条自己的路。

研究生毕业后，我的第一份工作内容是完成各种各样的法律问题研究，并跟踪关注和整理几个主要领域的法规变化。这与我想象的律师生活完全不同，我既接触不到各种“高大上”的项目，也不可能与客户侃侃而谈，甚至鲜有

* 现为中伦律师事务所非权益合伙人。

机会可以看到客户发送的邮件，总觉得有些游离。

这样的工作差不多重复了三年多，让我一度心灰意冷，对自己的发展方向产生了强烈的怀疑和迷茫。所幸在这三年多里，我并未因这种怀疑而草率对待自己的工作，反而因为一种对苦尽甘来的期待而更努力地投身在夯实基础的工作中。

来到中伦之后，我有幸能够与更多优秀的律师和合伙人一起工作，在他们的指导下，我也开始接触一个个具体的项目。直到这时，以前对大量法律研究的积累才以各种各样的方式真正地转化为每一个给客户的建议、每一份草拟的法律文本。我开始感谢自己的不放弃，开始感谢那些因为一个法律条文的含义不清晰，因为一个小问题未能解决而苦思冥想的深夜。

直到现在，虽然因为承担了更多的工作任务而无法将所有精力都放在法律研究上，在面对一个具体的工作任务时，我仍然会想尽办法优先确保法律研究的准确性。律师可能因为工作过于忙碌、时间过于仓促而出现一些细节上的瑕疵（当然这些也是应该极力避免的），客户或许也能有一定程度的理解；可是如果支撑律师建议的基础法律研究结论是错误的，实在是应该让人觉得羞愧和无地自容的，这应该是律师赖以生存的看家本领。每名律师的职业发展路径不同，但我相信对这一点的认可应该是共同的。

虽然出发时的目标并不十分明确，经过这些年的工作，我对自己的选择反而是越来越坚定和清晰。由于我"独特"的职业道路，没能在十分有限的工作生涯中积累更多的项目经验，这是我的欠缺，一定程度上也可能让我的发展落后于同龄人。可是，这个世界上也有后发先至的道理，也许在适合自己的道路上不懈努力才是成功的唯一真义，共勉之。

律师生涯就好比一场马拉松，只有拥有专心、耐心和恒心的参赛者才有可能稳步向前，并且顺利跑完全程。村上春树谈到他对长跑的心得时，在书中写道："现在是坚忍地累积奔跑距离的时期，所以眼下还不必介意成绩如何，只消默默地花上时间累积距离。"正如这两个小故事中的律师一样，律师的成长，往往不在如何出发，重要的在如何行走，如何保持一颗热爱的心，保持一股脚踏实地的劲，保持一副稳重严谨，就一定会走出一条属于自己的大律师之路。

无论是低年级律师、高年级律师甚至合伙人，在职业道路上都会面临不同程度的困惑。如何在平台中快速成长？如何摸索兴趣所在？如何持之以恒地维持这份热爱？这些问题其实始终困扰着所有人，需要大家在实践中探索，在探索中坚持，在坚持中成就自己！

三、化茧成蝶，立功立德立言的大律师

《诗经》中说："战战兢兢，如临深渊，如履薄冰。"律所合伙人的日常和创业家一样，面临工作量大和创收任务重的双重压力。他不仅仅需要是一个"好匠人""好医生"，同时还需要是一个"好开发""好销售""好客服""好风控"。在当下这个竞争日益激烈的中国法律服务市场，任何一个合伙人的成就都没有"定式"，都没有板上钉钉的旱涝保收。很多的时候，需要面对"原创"的风险和走入"无人区"的迷茫。

1."金字塔塔尖"的行业专家

放眼当下国内的法律服务市场，截至2022年年底，中国律师事务所的数量已从1986年的3198家增长到3.86万多家，数量上增长近10倍。除了一、二线城市少数的规模化大型律师事务所和专业化明确的精品律师事务所有清晰、明确的专业分工之外，部分地区的中小型律师事务所都是保持着"混业经营"，既有诉讼业务，也有非诉业务，主业大多是诉讼业务。

我们曾提到，律师的发展应该是"金字塔式"的路线，在法律市场上拥有强大竞争力的合伙人，必须在拥有宽广、扎实的根基的同时专注在某个领域，站在"金字塔塔尖"，在全国乃至世界范围内，成为有影响力的知名人士、领军人物。优秀的律所合伙人不仅要懂得法条、法理、案例和交易，而且更要懂得法律与政治、经济、社会和市场的关系。我们认为现在和未来，曾经的"万金油式"律

师可能不会长期受到市场的垂青，具有专家精神的合伙人们将会脱颖而出。如前文提到，专家型合伙人应当至少具备以下三种能力：（1）熟知相关领域的法律法规，了解不同时期、不同地区的司法尺度；（2）精通境内立法规定，同时还应对境外相关规定有了解；（3）知悉制度设计的“前世今生”，拥有一定预判能力。

专家型合伙人不仅需要在法律上精专，而且需要在行业上有独到的理解和判断，同时能够保持对新鲜的、热腾腾的第一手资讯和知识的兴趣和钻研。如此，才能在犬牙交错的国际政治环境、复杂市场环境中开疆拓土地持续积累，实现客户、团队、律所三方共赢。

一位好律师，需要做到学识、能力和品德三者并重，理顺这一组关系非常重要。以烹饪为例，学识相当于各种食材，能力相当于烹饪的过程，成果是逐渐形成一位大厨的风格和特色。只有学识，如同只有食材却不知如何烹饪，食材再新鲜，也烧不出一道菜。只有学识和技能，却缺乏实战经验，如同普通人与大厨之间的差距，我们可以把菜烧熟，但却不及大厨烧的菜色香味俱全。我们要认清三者之间的关系，戒骄戒躁，正如有食材不一定能烧成菜——掌握了知识不代表具有技能；正如能够烧菜了不代表达到了大厨的水准——具备了技能不代表具有丰富的经验。只有对专业能力、实战能力、沟通能力的综合运用，学以致用，才能成为行业的专家高手，真正帮助客户解决问题。工作之后，要沉稳踏实，意识到积累经验是一个长期的过程，要不断地琢磨、实践，在服务客户的同时，一步步走上通往“大厨”（大律师）之路。

2. 无可替代的专业顾问

没有人天生就是值得被别人信任。“诚者，天之道也；思诚者，人之道也。”赢得信任一直是包括律师在内的、各行各业顶尖专业顾问的希冀。信任的达成一般会经过从专业内容专家到专业领域专家再到被信任的顾问这三个进阶阶段，这个过程需要合伙人将自身的专业能力、人际沟通能力和组织、机构的适应能力有机结合。

一开始合伙人们会在解决某一次特定的“一次性问题”中有出色的表现，充分展现出在该领域的专业能力。在合作过程中，合伙人们会适当向客户展示出其他领域的能力，让客户意识到除了这个“一次性问题”之外，律师们还具有解决其他问题的能力，而不仅仅局限于某一个特定领域。作为律所合伙人，在与客户建立起较为紧密可靠的联系后，也会通过观察，发现一些客户可能日常会忽视的问题，并主动提供建议。长此以往，律所合伙人和客户之间的关系会慢慢从以“服务”“需求”为基础的合作模式转化为以“知己”“信任”为基础的长期战略伙伴。

真诚对信任关系至关重要。在合伙人与客户的沟通中，常常会碰到的问题是“客户的诉求与其可以获得的合法权益并不一致”。有时律师提出的中肯专业意见，有的客户会较难接受，甚至无法理解。在这样的情况下，律师往往需要综合利用自己的专业知识，从过往案例、实操风险等角度，从情、理、法等各个方面仔细、耐心地为客户进行剖析和评估，让客户能够理解真实的合法权利边界所在，不再盲目坚持不切实际的诉求，而是可以进行冷静客观地分析判断，将重心转移到研究制定切实可行的方案上来。

以中伦反垄断团队与高通的多年合作为例。在中伦合伙人的带领下，中伦起到了窗口和桥梁的作用，直接对接政府机关、外国律所和其他相关各方，全方位地提供了不仅限于反垄断领域，也涵盖了资本市场、专利、商业合规等各个领域的全面法律服务。高通全球高级副总裁曾在接受我们采访时说："对于一家公司来说，商业模式被社会认可是成功经营的前提要件，高通调查案等案件最终能够以被各方均接受的解决方式顺利结案，这对于高通公司商业模式的维护，对于高通公司在中国乃至全球各个法域持续、稳定的商业经营来说，意义重大。通过这些案件，也让政府机关、行业相关方乃至整个社会更加认识到了高通技术创新的价值所在，公司也更加致力于为通信行业乃至整个社会更好地作出贡献，取得了诸多成就。"

3. 法治梦想的千书万言

2019 年 12 月，华尔街日报曾撰写过一篇评论，题为《律所合伙人曾是终身职业，如今这种文化已死》。文章提道："当上合伙人就好像是赢得了吃馅饼比赛，最终发现奖品只是更多的馅饼。""律所是盈利机器。""许多律所变得太关注下一个客户、下一个案子、下一笔收入，完全忽视了他们的文化粘合剂正不可避免地逐渐瓦解。"

美国一位诉讼律师博伊斯（David Boies）说："我们干的也不是什么救人性命的大事，与那些同样不用救死扶伤的行业相比，我们赚的钱实在是太多了。"《韩非子·有度》曰："国无常强，无常弱。奉法者强，则国强；奉法者弱，则国弱。"又曰："故以法治国，举措而已矣。”特别强调：“法不阿贵，绳不挠曲。”中华优秀传统法制文化中有一个可贵的基因就是“法不阿贵”，作为一个法律人，应该秉持中华优秀法制文化的正念，奉公平守法度。律师绝不能为资本或利益群体所驱使，自持斧斤利，越理而横断，最后丢失的只能是大律师荣耀光环的无价之尊！

谈到“律师被资本裹挟”，事实果真如此吗？有的律师执业多年，也实现了财务自由，但为何仍然兢兢业业，接到新的案子或者项目的时候，仍然会两眼放光？笔者记得，之前有位前辈提及，每当自我介绍自己是一位律师的时候，自己总有些“自惭形秽”，每每谦卑有余，因为自己和那些企业家、名人或者科学家相比，总觉得自己的工作似乎“乏善可陈”，也就是默默无闻的无名英雄而已。

然而，在一次演讲活动练习中，教练要求大家用一句话描述自己的工作给他人带来的价值，用律师举例，那就是——给别人带来正义。这让他豁然开朗。他之前从来没有这样去想过，自己的每个案子，无论是那些被老板忽悠要去讨回公道的员工，还是被强势的对方逼得走投无路、陷入僵局的股东，抑或为了挽救一个在资金链即将断裂的公司的融资项目，律师所做的，不就是为他人带来正义吗？如果你的生命是在为他人创造价值，是在改变他人的命运，这个世界因为你而变得美好——那么你的工作应该能让你感到骄傲、自豪，你的工作也会源源不断地给你带来能量。

法律是对公平正义、人身自由的捍卫，秉承对每一个平等主体尊严和自由的维护。实现法治是每个执业律师的梦想，每个个案完美实现的过程，就是一个个法治梦想的实现过程。作为提供专业化法律服务的群体，律师社会责任的体现往往凝聚在工作中，付出在个案里。

正如亚马逊的创始人所说，不是你去找到热情（passion），而是热情找到你。律师工作所能给你带来的 passion 一定不是金钱，而是某种意义。这种意义，有的来自你给经历危难的当事人带来正义，有的则是帮助弱小的客户应对强势的、在法律上武装到牙齿的对手，还有的则是帮助中国的企业走向世界，让中国律师同世界一流的律师共舞和博弈，既为中国企业争取到权益，也同时赢得对手的尊重，让国外的合作伙伴以及同行竖大拇指称赞。而所有这些，带给你的快乐，是无法用金钱衡量的。

知识可能会过时，但在律师执业生涯中感悟到的思维方式、社会责任和探求精神，会像血液一样融入生命里。

作为法治国家建设进程中不可或缺的一环，每一名律师以自身的微小而持续的能量，推动整个社会良法善治不断向前发展。作为提供专业化法律服务的群体，律师社会责任的体现往往凝聚在工作中，付出在个案里。例如我们一直在鼓励、践行和坚持的法律援助，就是律师奉献社会的生动实例。目前我国法律援助案件在类型上以刑事案件居多，而刑事案件的裁判结果往往关系到人身自由、生命健康等基本的权利。许多律师每周都会抽出固定时间来专注和参与法律援助工作，在奉献中践行对法律的敬畏和对法律事业的热爱。

在编写本章时，我们试图去归纳和定义“优秀合伙人的要素”，也试图回答心中的问题。我们采访了许多大律师，本章的最后，我们想再讲一讲中伦的发展历程。

在我们的采访中，有许多从业 30 多年的律师告诉我们，虽然他们现在身居律所的管理岗位，每天还是会坚持办理一定的法律专业业务。“作为一名专业人士，除了需要时刻保持精进，对自己高标准严要求，这样做的原因其实很简单，我还是很喜欢律师业务本身，这本身就是一件我非常热爱的事情，从一开始我就已经把作为中伦合伙人看成一项事业。”

中伦律师事务所走过了 30 年的风风雨雨，一代代中伦人见证了中国现代律师行业的产生、变革、发展与创新，参与了中国特色社会主义法治国家和法治社会的建设与创造，未来还要更大范围地参与到全球法律服务市场的竞争中去。在中华民族努力实现第二个百年奋斗目标之际，中伦也走向“百年老店”的传承之路，这是中伦人的梦想，也是激励中伦人发愤图强的信念。这条路能否很好地走下去，取决于合伙人、全体律师的崇法、敬业、向上、奉献和坚持不懈。

对于中国顶尖律所的合伙人来说，自我价值的高光闪亮和律所的欣欣向荣，同时意味着一种社会责任和正义担当。撑起无数优秀合伙人兢兢业业、愿意一生坚守在律师之地的理由，绝不是因为资本和利益的诱惑。这种坚守包含了对法学科学和法律本身的热爱，包含了用法律维护公平正义的信心，包含了热切地实现法治梦想的爱国情结和法治强国的美好夙愿。

拿破仑说：“我真正的光荣，并不是打了四十多次胜仗，滑铁卢一战就让所有战绩一笔勾销。但有一样东西是不会被人忘记的，它将永垂不朽，那就是我的《民法典》。”每每读到这句话，身为法律人的心中就涌起骄傲。

“欲渡黄河冰塞川，将登太行雪满山”，道出每一位大律师的成长道路上遭遇艰难困苦、迷茫逆境的壮怀激烈；“长风破浪会有时，直挂云帆济沧海”，写尽每一位大律师成长道路上不畏艰难、战胜自我的勇气豪情！

每一位大律师的成长绝不是一帆风顺的。他们不断勤奋学习、努力精进；他们踏踏实实起草好每一份法律意见、制作好每一份交易文件、解决好每一个法律争议；他们沿途不吝请教、不惧否定自己；他们用心血熬制出千书万言，用脚步踏遍万水千山，才走出了一条属于自己、也是属于社会的大律师成长之路！

第二部分 律师技能篇

第四章

律师工作方法论

年轻律师的工作方法论

龚乐凡*

《基业长青》作者吉姆·柯林斯请教世界管理学大师彼得·杜拉克：怎样才能成功？彼得说：第一，要问对问题；第二，与其问怎么成功，不如问怎么创造价值。

从法学院毕业，到成长为一名优秀的律师，这个过程对不少年轻学子来说，是具有神秘感的。而这个过程本身，并不是想当然就水到渠成的。优秀的法学院学生和优秀的律师本身并不必然画等号，在努力精进法律知识之外，掌握好工作方法、学习方法以及思维方法就很关键。

举例来说，只要拼命努力，考出好的成绩，就能成为优秀毕业生，然而要成为一流的律师，除了自己的努力之外，你的为人处世、团队合作能力，表达和说服能力，时间管理能力，严谨的分析能力，处理复杂法律问题、快速抓住问题重点以及有创造性解决方案的综合能力等都很重要，不然你可能无法获得客户的信任，拥有骄人的业绩。即便你达到了上面的成功，如果开始沾沾自喜，缺乏清醒的意识、强大的自律和判断能力，那么你可能因为判断的失误踏入陷

* 私募基金与资管部合伙人。

阱或者犯错，遇到无妄之灾，甚至铤而走险，违反法律，身陷囹圄。

这些内容，是关于如何应对复杂的世界，这不是任何法学院能够教你的。你需要的是好的“老师傅”的教练和指导，同时也需要自己举一反三，不断地摸索和学习。

所以，虽然本文关键词是“方法论”，但这种“方法论”并非买一本这方面的书就可以驾轻就熟的。下文将围绕工作态度、沟通能力、方法管理、知识管理与形象管理五个方面，对律师的日常工作提供基本方法论层面的一些参考建议，希望能对年轻律师有所帮助。

一、你需要什么样的“态度”

> 一流律师一定具备一流的工作态度，在工作中，追求做出最高水准、超出客户预期的工作成果。

（一）投入的态度

People don’t care how much you know until they know how much you care.

孜孜不倦、精益求精、追求极致以及不断自我提升的积极态度，这有点像做企业所需要拥有的“匠人”精神。“态度”包含了两个层面，一是针对自己的投入。客户买的不是你作为律师的时间，而是精准到位的分析以及解决方案。而对于律师来说，就是要不断提升自己的能力和修养，把这个工作做到极致，同时给到客户最佳的体验。所以，秉承这一目标，你必须投入热情、时间、精力，不骄不躁，保持强大的自律，让自己能够做到最好。而这个投入，就是一种投资，如巴菲特所说，“人最重要的投资是自己”。如果没有这个心态，再好的工具、方法，放在你面前，你可能也会视而不见，或者不屑学习、使用。

二是针对客户的投入。David H.Maister 在一本关于分析律师事务所的著作中曾经讲道：高端客户在选择律师的时候，会在乎哪几个要件？结论是“仪表”“举止”（style and manner），以及最重要的“态度”（attitude）。客户希望律师敬业的同时，也希望律师能够非常在意他的项目。所以有时，客户并不在乎你真的懂多少，他在乎你是否真正能够投入，能否站在客户的角度为其提供法律服务。

例如，我在执业中，碰到不少的法律问题，超越我个人的专业范围，那么一般人有三种选择：第一，不懂装懂，尝试蒙混过关，毕竟你比客户更懂法律；第二，尝试自己努力钻研，把问题搞清楚，再和客户沟通；第三，“偷懒”一下，找到这个领域专家，了解这个法律问题的关键所在，然后与该专家合作，一同帮助客户设计最符合客户要求的方案。

我往往选择第三种方式，而这也是得到无数客户认可和赞许的方式，因为客户觉得，我这么做就意味着永远会把客户的利益放在第一位；我可以不挣钱，但是绝不会因为多挣一些律师费而耽误客户获得真正的专家的服务。这就是正确的态度！而上面所说的“偷懒”，并不是真的懒惰，你仍然需要积极地帮助客户思考，基于自己的专业领域以及商业思维，给客户提供“金点子”。

对年轻律师来说，可能并没有太多的机会向很多客户展示个人的仪表与举止，95% 的时间可能是在完成工作任务上。因此，在这个阶段，对工作的投入和态度更为重要。只有在平时注意追求最好的工作质量，有投入，有态度，养成良好的工作习惯，才有可能成长为值得客户信赖的律师。

（二）主动的态度

被动地工作，只会限制自身优势与成长空间。

年轻律师应当在工作中保持主动。主动工作体现在多个方面。一是积极完成合伙人交办的事务；二是在完成任务的过程中发挥主观能动性，将自己从仅仅完成单个任务的目标中跳出来，从全局的角度出发，积极思考从整体项目的角度而言，可以如何完善推进现有的工作任务，思考并观察整个项目的运行情况。而后者往往是年轻律师会忽视的工作要点。

具体而言，在日常工作中，年轻律师在完成合伙人交办的某项事务后，可以从工作的起点思考，做什么工作能够对团队有价值？比如，是否能够跟进这项工作的后续流程，是否能思考与任务相关联的其他法律问题等。在这个过程中，表面上看，律师的工作任务被自行加重了，但日积月累，这一习惯往往也会帮助年轻律师更快地接触各项事务，更多地吸收各方面知识和能力，这是年轻律师快速成长的秘诀。

（三）注重细节的态度

决定律师工作成败的，往往是一些小的细节。

优秀的律师往往对细节的要求会达到一种接近苛刻的高度。律师是一个需要非常细致、认真、严谨的工作态度的行业，在工作中，细致、认真在重要性中永远排第一位。这就要求年轻律师在做日常的文案工作时，时刻谨慎注意，小至字里行间的标点、用词，大至整体法律文书的结构与内容，都应细致处理，防止出错。很多时候，要再安排两人校对文稿，避免出错，防止措辞不够严谨。

在格式上，年轻律师要锱铢必较，除了整洁大方之外，还要有艺术感、美感，让客户读起来觉得舒服、省时间。必须站在读者的立场来审视文稿，绝对不能有任何的侥幸心理。

如果非诉讼的项目是这样，那么从诉讼的角度而言，对于细节的关注可能会决定这个项目的成败，也可能会因为一个细小的证据的突破口，帮你赢得整个案子。

另外，在处理成百上千的案件，积累了大量的工作经验后，各项同类型案件的区别，也往往体现在细节问题上，年轻律师只有能对细节问题进行正确地区分与处理，才能成长为职业高手。

所以，你要以一种把自己的产品看作“艺术品”的态度，来对待一切细节。

（四）守时的态度

能否严格守时，可以反映出一位律师的整体工作态度。

在出席会议时迟到、错过约定的 deadline 提交文件、晚于约定时间拨入电话会议等，都会让他人形成“不负责任”“不自律”的恶劣印象，这样的印象对律师的职业形象而言，是有毁灭性的影响的。

从律所内部而言，严格守时是团队合作的基本要素。在许多大型项目中，律师的大部分工作都仅仅是项目的一个环节或者组成部分，如果个人不遵守时间，可能会导致整体项目进展的延迟甚至失败。因此，严格守时，是对团队其他成员工作的尊重与负责。

具备优秀工作习惯的律师一定不会迟到或者拖延，因为对待任何工作时，比起拖延到最后一刻手忙脚乱地给出成果，他们更倾向于使自己的工作安排始终保留一定的提前量，让自己从容不迫地完成。这一点，也反映出一位律师优秀的自我约束和管理能力。

如果给客户承诺要在某个时点发送文件，但是后来确实来不及的时候，应当主动和客户提出要求延缓发送的时间，而不应该闷声不响，等待客户来催要。

二、如何掌握科学和高效的方法

如何做到工作和生活都能够举重若轻，得心应手？有执行力、有能力的人，究竟是依托什么获得客户、领导以及同事的尊敬和信任？除了态度之外，掌握科学和高效的方法、技巧很重要。

这些方法既有快速学习的方法、高效的（法律）研究的方法、“麦肯锡的金字塔”逻辑归纳方法、脉络清晰的法律报告写作和展示方法，也有专业全面的合同起草方法、打动人心的PPT制作和演示的方法以及有效影响和说服他人的沟通方法，等等。

一个非常重要、几乎大多数年轻律师都会遇到的问题是，往往只是带着“问题”给到合伙人。一位做投资的朋友写了一张纸贴在她自己的办公室门上，“你的老板既笨又懒，你有问题，没有三个潜在的解决方案，不要来见我”。我对于给我汇报的年轻律师，也是一样的要求。如果你只是期待老板给你答案，那么你如何才能独立思考，快速成长？你也许一直在寻找“炼金术”式的方法，希望你的老板能够“点石成金”一般地帮你指点方向，如果总是这样的话，会形成惯性的依赖，甚至丧失独立思考能力！所以，方法来自学习，更来自自己积极的实践和思考。在这个基础上，再向老板讨教并获得反馈，才能真正学到宝贝一样的方法。

其他的方面，我再举一些例子。例如，如何脉络清晰地进行说明和阐述，若你能一直习惯注重用图表可视化展示问题，能够“金字塔”式地归纳问题，那么长此以往，你的逻辑思辨能力、快速反应能力就会非常强。思维混乱、表达不清的律师，无法获得客户的信赖。

在法律研究方面，需要关注的是，不要一上来就直接去查法规。很多年前，我在纽约的大型律所工作的时候，一开始的工作就是法律研究，我还记得培训的时候，资深的律师就跟我们说，不要一开始就直接查法规和案例。首先要搞清楚这个法律问题是什么，业界对这个问题是否有成熟的研究（例如工具书、专著、专业数据库中的文章），学习之后再去查法规和案例，这样不仅效率高，而且出错、走错方向的概率也会大大降低。

在撰写电子邮件、报告、PPT 时，对自己要有严格要求，在内容、结构、排版以及美化上精益求精。我会经常把《哈佛商业评论》《麦肯锡季刊》中的文章和排版，拿来作为我的文件、报告的借鉴和参考。如果你把产品当作“作品”来对待，那么你不仅会获得客户和同僚的赞许和尊敬，而且你自己的逻辑分析能力、说服能力也会变得越来越强大，甚至你的人缘也会变好——道理很简单，你学会了永远站在听者的立场思考问题，这是说服对方的不二法门。

对于合同的起草，千万不要满足于使用从同事那里随便要来的某个“模板”，或者网上下载的一个合同版本，这是非常危险的。不同的项目，经过多轮的谈判，不少重要的条款已经经过调整甚至删减，而且站在不同的立场（例如并购中的卖方和买方立场会很不一样），合同的起草角度会决定条款设计的不同。因此，找对好的模板很重要。与此同时，针对某个具体条款的谈判和修改，很可能需要参考多份不同的合同版本，以达到文字的完美。而这个文字的“完美”，不见得是内容越多越好，而是在踩准关键点的基础上，进行巧妙的语言设计和构思。在这方面，可能要花费不少的时间，但是通过自己的钻研和文字润色，最终起草的合同条款既保护了客户一方的利益，也能为对方接受，而自己的起草和谈判的水准也得到了提高，这就是真正的共赢。

我希望在这里强调的是，我们必须不断地改进自己的工作方法，懂得使用先进的工具，而不是通过“硬拼”的方式打疲劳战。尤其是当这个领域超越你的专业范围，虽然自己要做相关的研究，更重要的可能是要和这个领域专业、权威的律师去请教和合作，而不是硬着头皮自己上，这是对客户和对自己的不负责任。

三、高情商的律师应具备什么样的沟通能力

除了具备精进的工作态度、掌握科学和高效的工作方法之外，对于一个律师来说，沟通的能力非常关键。很多时候我们觉得自己沟通能力不错，比如在辩论赛拿到过很优秀的成绩、口才能力很强，但真实沟通情况未必理想。沟通的能力可以自学，也可以仰仗师傅指导，但师傅是可遇不可求的，所以唯一能确定的就是靠自己的能力把这些学到手。

下文将展示律师高效沟通的方式和技巧，并结合具体场景示例，帮助读者理解。

（一）怎样才能做到高效的沟通

1. 理解沟通对象、善用沟通方法

在沟通中，你要能理解别人，别人才能理解你。

以笔者的亲身经历说明：

在一起诉讼案件中，法官在第一次开庭的时候，对我们的当事人（原告）有一个并不太有利的先入为主的印象，而且法官似乎根本没有认真看案卷。我们选择的方法，不是去“怼”法官，而是首先在内心理解法官工作的繁忙，与此同时就事实据理力争，争取到法官同意再增加一份补充意见的机会，在该补充意见中，我们理解法官仍然可能没有时间仔细阅读案卷，所以在意见中就关键事实部分，使

用了图表展示的表达方式，用一张时间横轴图把案件核心发展脉络描述出来，我们将关键争议点浓缩在这张图上，让法官能够在时间不足的情况下，快速理解我方当事人的事实、证据、结论。很快，案件走向了对我们当事人有利的方向，最终以对我方当事人有利的方式达成了和解。

因此，在沟通中，理解对方很重要。无论是你的客户，还是法官，或者是其他需要说服的对象，在沟通过程中，可以因人制宜地调整表达的方式，为对方提供便利，让对方能够用最短的时间来读懂你的意见。

2. 做好准备工作

律师的自信气场，建立在背后日日夜夜的细致工作与准备中。

无论是对外与客户沟通，还是在所内与合伙人沟通，自信的气场能够使你更能说服对方。而自信，则是建立在对案件全面深入的了解上，只要对具体情况有足够的了解，就可以营造比别人知道得更多、更为自信的气场。

回过头来说，只有以极为投入、细致的工作态度来对待项目上的工作，对项目的里里外外了解得非常透彻，在沟通前做好充分的准备工作，才能有这样的自信，而这对于律师来说非常重要。

3. 妥善处理争议

在与人沟通的过程中，双方难免意见不同，出现争议。律师首先应当避免与客户争执，但同时，在争议出现时，以下措施也许能帮助你解决问题：

第一，镇静与冷静。出现争议时，更要注意聆听沟通对象的观点和想法，不要轻易打断对方的讲话，同时在回应和解释自己的观点时，注意放慢语速，以沉着冷静的语气交谈。

第二，展示同理心。在对话过程中使用“我理解”“能感受到”等用词，使交流对象感受到你的尊重与理解。

第三，及时将话题从愤怒、抱怨，引到如何解决问题上。

第四，注意措辞，使用“正能量”字眼，避免任何“负能量”字眼。

第五，在事实没有搞清楚之前，不要轻易承认我们有责任或者过错。你可以承诺的是，“我们会马上了解”“调查”“妥善处理”。

第六，如果是年轻律师，可以立刻告知你的合伙人和负责项目的资深律师及时跟进。千万不要害怕将坏消息传递给你的合伙人或者资深律师；就像拿破仑交代给下属的那样——如果战场上传来好消息，不用叫醒他，但是如果有坏消息，则必须叫醒他。

4. 高效沟通的其他要点

在沟通的过程中，以下要点也同样需要引起注意，贯彻落实以下小技巧，有助于更为高效地使沟通对象明白你希望传达的信息，同时，也有助于在沟通中保持良好的互动氛围。

第一，与人沟通时要思维清晰，强调要点，要用客户能够理解的语言说话，慎用法律术语。确保客户理解了之后再继续你的论述。也可以适当用一些比方，既有利于对方理解，也增加了语言的生动性，也有助于改善律师刻板乏味的形象。

第二，注意语调的控制，运用沉着的声音，从容地说话，同时，注意坐姿、手势、眼神交流的辅助。沉稳和具有权威感的声音是说服力的重要依托。

第三，聆听第一，雄辩第二，必须通过认真地聆听，合适地记录，来让客户感受到我们对客户的尊重，并通过聆听来了解客户真正关心的“痛点”，而轻易地、武断地打断对方的讲话是极不礼貌的。

第四，要学会巧妙地插话，注意对方的需求点和关注点，并给予回应。我建议的插话不是打断对方，而是在对方的表达中间巧妙地附和，并伴以相关的评论或者提问。这一方面让对方感到你在仔细地聆听，另一方面则是通过合适的插话来进行引导，掌控谈话的主动权。

第五，注意维持理性、冷静的形象，永远不要和对方争执——即便你是对的。这点对于年轻气盛的律师来说尤为重要。对于客户可能的错误，没有必要当众去“较真”，和客户“杠上”。你完全可以在谈话中委婉地说，“我们再去核查论证一下”，之后，经过进一步的核实和研究，再和客户私下沟通，这种处理方式既说明了事实问题，也照顾了客户的面子。在面对客户的指摘时，在没有了解事实之前，你可以保持成熟和冷静的态度，真诚地表示歉意，并答应会全面了解和调查此事，给客户一个说法。

（二）你该如何沟通——场景示范

1. 邮件往来

在邮件往来交流中，以下三项要点是需要特别注意的：

第一，注意对邮件主题的编辑。对邮件主题的准确编辑能够帮助收件人快速接收信息，判断邮件内容的重要性。邮件主题应当合适，且与内容相关，主题用词应当简洁、明了，切忌随意为邮件取名，或者发送空白主题的邮件。

第二，注意邮件礼仪。特别是在与客户沟通的邮件中，应当注意使用敬语。与电话沟通、当面交流不同，在邮件中，对方无法根据语音、语调、语气判断你的态度，因此，必须要注意使用一些礼貌用语，让对方感受到礼貌和重视。以英文邮件为例，如果是回复对方邮件，可以在开头加一个问候的语句“Thank you for email”（感谢来邮），在邮件结尾也记得致谢“Thank you”。在中文邮件中，使用“顺祝商祺”“顺祝近安”等敬语。这些细节都能给人留下优秀卓越的印象。

第三，应当及时纠正邮件中的错误。律师一定要非常谨慎地对待对外交流的书面表达，尽量避免在邮件沟通中出现错误。一旦出现问题，也需要及时地纠正。但是，在邮件中承认错误或过失，需要极为谨慎。一个较为恰当的做法，可以是在邮件出现错误的时候，马上重新发送包含正确信息的新邮件，将错误纠正过来，同时，在新邮件中，说明：“请忽略前面的邮件，并以此邮件为准。”一方面，这一行动立即纠正了错误，避免为客户带来麻烦；另一方面，也帮助维护了律师的专业形象。

在邮件交流中，还有其他事项需要引起注意：

- 秒回邮件的律师更能够获得客户的信赖；至少应该立刻回复，“邮件收到，我们会尽快处理……”
- 削减邮件字数，追求简洁高效的交流；
- 涉及多重事项时建议区分内容，分开写邮件；
- 关注抄送人选，不确信是否应该在抄送栏的名字宁可删掉；
- 转发时关注原始邮件是否涉及保密信息与敏感信息；
- 重要的事宜，尽可能将口头与微信交流转移到电邮沟通，但沟通敏感问题时采用电话、语音更为适宜。

2. 电话会议

电话会议也是一项律师常用的与客户沟通的渠道，下面以具体电话会议的场景为例，展示沟通中需要注意的事项。

第一，提前 24 小时确认。如果在一段时间之前就跟客户约好电话会议，那么在电话会议即将开始之前，最好提前一天跟客户再确认一下，确定客户是否有参会的预期，是否有时间参加会议。

第二，提前 5 分钟拨入。参加电话会议的时候应当提前五分钟拨，避免出现因为意外情况，如电话会议的密码问题、线路故障等而导致拨入迟到。在与客户、与其他专业机构等沟通交流的电话会议上迟到，会影响作为一个专业律师的形象，甚至影响到事务所的形象。

第三，在电话会议结束前主动总结。如果在会议结束前，能够对需要推进的事项进行总结，例如，总结“下一步，公司这边需要做 XY 两件事情，而律师这边需要做 ABC 三个事情”，此类表达能够非常直接地向客户展示律师的执行能力，也有助于明确下一步的行动和工作方案。

第四，会议结束以后发送书面总结。如会上要点比较多，为了各方能够更明确分工，也可以通过发送客户邮件，将电话会议内容书面化。这也为下一步的工作内容做了一个书面的确认，避免出现分工不清的“罗生门”。

总结上文，电话会议中的沟通要点如下：

- 在会议前一天再次确认会面；
- 提前几分钟拨入电话会议；
- 电话会议结束前主动总结会议内容，明确下一步行动及工作方案；
- 如有必要，会议结束后可整理会议要点发送客户。

3. 确认时间节点

无论是非诉项目还是诉讼项目，对任务完成的时间节点的判断与处理非常重要。

律师的日常工作量往往很大，积极主动地了解完成任务的时间点（deadline）非常重要，可以帮助律师合理地预见未来的工作进程，做好时间管理。关于时间节点的沟通虽然重要，但往往也很难处理。例如，当客户提问：“什么时候能给我文件”时，律师回复今天压力太大，明天交付客户，客户有可能不高兴。在这种情况下，可以反过来询问客户，“希望什么时间点给您这份文件”，千万不要跟客户说“我最近很忙”，而是客观地征询客户的意见。

在客户给出时间节点后，如果认为办不到的，也要有一个合理的理由。比如说，“文件还需要进一步确认，因为这不仅是涉及公司法上的问题，还涉及税法的问题，要跟所内税务领域的专业律师，进一步协调确认，所以希望能有更多的时间”，这就是一个合理的理由。但是，一旦向客户做出时间节点的承诺，就需要在接下来的工作中坚决执行。

如果发生特殊情况，无法在 deadline 之前完成任务怎么办？此时，应该在 deadline 之前主动跟客户沟通，说明一下特殊的情况。也有可能客户表示理解，此时，就应当根据具体情况，把质量保证好。但有可能客户迫切需要某个项目文件，此时，应当为客户提供备选方案，比如，可以将客户最关心的某方面法律研究的结果先发给他。

总结上述情况，在时间节点的沟通问题上，应当做到：

- 积极主动了解时间节点，善于预见未来的工作进程；
- 承诺截止时间应留有余地；
- 一旦承诺，坚决执行；
- 如有特殊情况须延期，应提前通知客户，给出合理解释以及提供备选方案。

四、21世纪的律师需要什么样的知识管理

在21世纪，年轻人应当同时培养专业的深度与广度，使自己成为“T”字形人才。

21世纪的人才有一个典型的特征：独特性。这是社会对于人才需求的变化。彼得·杜拉克就讲过：我们现在处于智慧工作者的时代。它和工业时代工人“一个萝卜一个坑”的模式不一样，社会越来越需要综合性的人才。

衡量律师工作是否优秀的标准在发生变化。传统观念认为律师打好官司就够了，但在21世纪，年轻人应该立志成为一个“T字形人才”，不仅在专业领域有相当的深度，还要有跨界的广度。律师所面对的客户可能涉猎高科技、区块链等领域，如果年轻律师不懂这些领域的基础知识，即使法律钻得再深，不懂客户的语言，也没法沟通。

另外，就是要懂得建立你的资源库和专家库。有的会计问题，你需要请教会计师的朋友。有的工程方面的问题，你可能不得不请教工程方面的专家。如果你没有这样的朋友，那么很遗憾，你给到客户的“答卷”一定是打折扣的。所以，你要懂得交朋友，懂得给予和分享。当会计师、工程师等向你请教法律问题甚至要一份合同模板的时候，你要懂得真诚地、负责地给予帮助。所以，“知识管理”也是“人脉”的管理。

在知识管理的过程中，应当做到同时兼顾知识的“深度”和“广度”，以下是一些可供参考执行的建议：

- 无论多忙，都要确保充足的学习时间；
- 建立“知识库”，做好专业资料的归档与整理；
- 高效利用碎片时间（如通勤时间）阅读学习；
- 切勿成为“专业傻瓜”，注意综合素养的提升，成为有趣的人。

五、如何打造你的气场——专业人士的形象管理

有匪君子，如切如磋，如琢如磨。

——诗经《国风·卫风·淇奥》

美国前总统林肯曾面试过一位秘书官的应聘者，他的幕僚觉得那人很不错，但林肯却没有录用他。问其原因，林肯给出了令人吃惊的解释：“我不喜欢他的长相。”幕僚不解：“长得不好看，也是他的过错吗？”林肯回答道：“一个人40岁以前的脸是父母决定的，但40岁以后的脸却是自己决定的。一个人要为自己40岁以后的长相负责。”

一个人先天的容貌或许无法改变，但他的形象与仪容却可以通过后天改善，一个有内涵的人，在仪容上自然也不会疏忽，举止得体、落落大方，必是一番君子之态。

如果说知识管理是律师的“内功”修炼，那么优秀的律师也需要提升形象管理的“外功”，做到“内外兼修”，塑造令人印象深刻的职业形象。律师的形象管理左右着律师的个人品牌形象，需要从

仪表、着装与社交礼仪三个方面着手：既需要通过阅读、观察和阅历来提升自己的认知和审美，不时向合适的朋友或者老师请教，也需要观察律所中资深的合伙人、律师的穿着和打扮，加以借鉴和学习。这是一个不断学习的过程，而本书限于篇幅，我们只是选取一些基本内容进行分享，更多还有赖大家的自我提升。

（一）仪表

你的外在能够直接影响你的内在。而你的内在也会帮你产生“气场”，带来能量。所以你的穿衣打扮，绝不是一个简单的“佛要金装、人要衣装”的问题。你的仪表在心理学上，有着直接的自我暗示功能。如果想要成为一名成功者，你首先必须看上去像一名成功者。很多年前我还在美国法学院念书的时候，法学院的老师就建议我们，即便是电话面试，对方无法看到你，你也要穿着正装进行面试，因为你的穿着会影响你的情绪、语音语调，电话那一头的面试官也会感受到。

另外，你的能量能够在你没有开口之前就开始影响别人，而你的服装可以帮助你展示这种能量。就仪表而言，律师应塑造健康、明媚、挺拔、自信的体态，保持优雅的站姿、坐姿。如果能够坚持适度锻炼、充足睡眠，获得最佳的精神状态，则更为理想。

首先，洁净、清爽的脸庞会使人看起来亲切、可爱、精神十足。《礼记·聘义》曾有过类似的讲述：“言念君子，温其如玉。故君子贵之也。”古人很喜欢用美玉形容君子，因为美玉纯粹而干净。时至今日，干净，仍然是人与人交往过程中最好的底牌，更是一个人最佳的气质。男士应当每日剃须修面，有整齐正气的发型；女士应避免浓妆。无论男女，尽量不要有垂在脑门前面的不整刘海，因为会给人留下拖沓而不够精明强干的印象。

其次，蓬松的（而不是紧贴头皮的）头发会给人留下更好的印象，发型的选择可以根据自己的脸型，但要注意避免颜色艳丽的染发，此外还需要考虑到自己的职业、年龄及性格。

再次，男士在正式的场合不建议穿着短袖衬衣（即便系着领带）；从正式场合的规范着装的角度，即便是炎热的夏天，也应该穿着西服。另外，女士不但要经常检查面部，还要检查四肢或腋下不雅的毛发。

最后，适度地使用香水也有助于提升自己的精神状态，避免体味给他人和自己带来的尴尬，但是使用香水不宜过浓，香水浓度如果让人窒息同样会让人感到不适，且无助于你的专业形象。

（二）着装规范

在着装方面，男士与女士的商务着装也有许多讲究。第一，我们需要搞清楚这个讲究是为了什么。你去上班，不是去参加婚礼。所以你的着装和你的身份、工作、场合必须相匹配。第二，你的着装和你的整体仪表，需要适当花些心思。如果我要去见年轻的互联网创业企业的客户，那么我会避免穿着深色的西服和衬衫领带，而是改为商务休闲，目的是和客户合拍。如果是去见年纪相仿或者更为年长的企业家、境外的客户，那么西装领带则是比较合适的选择，即便企业家本人穿着 T 恤。

就男士商务着装而言：男士的职业装以深色西装为宜，如黑色、深灰、深蓝色，竖条纹是华尔街常见的正装款，会彰显力量，但是会给人强势的印象，年轻律师慎用。衬衫以白色、米色或浅色的颜色为佳，应该熨烫整齐，每天更换，为应对突发情况，可以在办公室放一件洗干净、熨烫好的衬衣（长袖）和至少一条领带，以备不时之需。在西装款式的选择上，相较而言，穿着只有两颗扣子的西服比较正式。双排扣的西服有点老式，更建议年长一些的律师穿着。同时，领带以纯色或简洁设计为佳，领带的长度、宽度需和身材配合好，皮带也应该和鞋子的颜色配套，式样应简单无 logo。此外，律师的袜子长度需达小腿，选择纯色、深色和鞋子颜色配套的袜子。

就女士商务着装而言：女士夏天着装避免薄、透、露。就版型和面料而言，穿着应修身而非宽松，衣服面料要挺，避免穿着过于暴露或艳丽的裙装设计，避免佩戴尺度过大或设计浮夸的珠宝配饰。应选择深色或裸色的鞋子，确保鞋面光亮洁净。女士可以用颜色来表达气质：白 + 黑最有气场，以黑为主比较普遍，灰色和卡其色显知性、优雅，藏蓝色则显成熟稳重。总体而言，避免身上的颜色太多，原则上不要超过三种颜色。

（三）社交礼仪

礼仪，涉及我们的行为举止，英文的用词就是“manners”。法学院并没有开立这门课，学校假定这领域属于“家庭教育”的范畴，或者每个人都“自动”应该会。其实不然。

中国有句古话，“仓廪实而知礼节”，意思是先有了物质基础，才有可能开始关注礼节。对此，我不希望大家误会成有了物质财富，就“自动”知道和学会礼节了。我注意到不少的微信文章提到，中国人现在有钱了甚至是很有钱了，但在国外的举止、形象则十分堪忧，自私、粗鲁、无礼，与中国的礼仪之邦和大国形象严重不符。有些礼仪上的问题，很可能只是缺乏认知，所以在认知上迈出去第一步很重要。

常见的比较严重的问题包括，公众场合吵闹、很响地说话，吃饭咀嚼的时候张着嘴（视觉形象）或者吧唧嘴（声音响），自助餐浪费，在需要给小费的情形下吝啬小费。

1. 酒会和社交活动礼仪

参加酒会或者社交活动，有不少需要关注的要点。一方面是妥当的着装，务必关注邀请函上的说明，有的是说“正装出席”，有的也许说“black tie”（正式礼服）。如果你穿着短袖 T 恤出现，那么势必会给邀请你的朋友带来尴尬。在西方有的高档餐厅，如果你不穿着西服是不允许入席的，餐厅会借给你一件西服，穿上之后才能够入座用餐。

另一方面，就是你的举止。你需要主动和人攀谈，而当遇到老朋友的时候，不要冷落在场的其他人，而是要主动帮助互相介绍，否则就是一种不礼貌。如果在场的人来自不同国家或地方，那么就要照顾到所有和你一起聊天的在场人士，不能因为你和其中一位是老相识，就用家乡方言交谈，或者当着外国朋友的面，和中国同胞说中文。

还有，在酒会和社交活动中，免不了有酒水饮料，还有很多点心、小食，你会发现，拿了饮料，就很难手里再拿吃的，如果两个手都满了，握手、交换名片就都有困难了——怎么办？

这个时候，你可能应该问自己，我来这个活动的目的是什么？是来填饱肚子的，还是来交朋友甚至是寻找潜在客户的？我在这种场合，都会考虑一下，自己应该选红酒，还是白葡萄酒，甚至是没有颜色的苏打水。如果酒会的人很多，一旦手里的红酒杯被碰翻，那么红酒就会撒到别人的身上，相比之下，选择无色或者淡色的饮料，就更为安全。

2. 见面和介绍礼仪

在比较正式的场合，介绍他人与自我介绍时：原则上"尊者有优先知情权"，即被介绍的双方中位置较高、更受尊重的人应该首先知道对方的情况。根据这项礼仪原则，我们总结出在不同情况下的介绍规律：向职务高的人介绍职务低的人；向客户介绍自己的同事；向长辈介绍晚辈；向年长者介绍年轻者；向女士介绍男士；向已婚女性介绍未婚女性。

另一个很容易被忽略的一点是，礼貌的目光对视非常重要。如果你走进一间房间，也许你是迟到了，或者你的心情不好，你对于房间里面的人（包括你认识的朋友、客户）都没有主动看一眼，这么做也许你自己都没有意识到，但在别人眼里，你的得分就不会高。所以，当要走进一扇门之前，你必须先调整好自己的心态。如果你当时内心因为某些事情焦虑如麻，不在状态，那么建议你先去洗手间，把自己心态调整好，在镜子里给自己一个微笑，再以良好、积极的精神心态走入酒会的房间。

3. 握手礼仪

握手需要有一定的力度，彰显自信和真诚，而与女士握手时则不可用力过重。需要注意出现以下情况：不可交叉握手，也不可用左手握手；手不干净时不可与他人握手；不可戴手套与他人握手（除非情况特殊，如严寒）；与他人握手后不可立刻用纸巾或手帕擦手；不可出手过慢；与女士握手不宜时间过长，宜握住女士手部的 1/3 位置；不可在对方无意的情况下强行与其握手。

握手时，谁先伸手有讲究：在上下级关系中，上级应先伸手，以表示对下级的亲和与关怀；在主宾关系中，主人宜先伸手以表示对客人的欢迎；根据年龄判断时，年长者应主动伸手以表示对年轻同事的欣赏和关爱；根据性别判断时，女性宜主动伸手，以表示大方、干练的职业形象；根据婚姻情况做出判断时，已婚者应向未婚者先伸手以表示友好；在送别客人时，应由客人先伸手告别，避免由主人先伸手而产生逐客之嫌。

4. 交递名片礼仪

发名片时有很多方面值得注意。首先，要把握好递出名片的时机，尤其应该在对方注意力相对集中且方便接收名片时将名片呈上去。我注意到有一次在一个大型会议中，有一位老兄拿着一沓厚厚的名片，见人就发，犹如是地产中介发放小广告一般。既没有和别人进行积极的交流，也没有花时间了解对方是谁，发名片好像是完成任务，还不断东张西望，似乎到处在找能够改变他命运的贵人。这样的做法其实是很失分的，一方面，这种类似街头发小广告的名片扩散方式，是矮化自己公众形象的表现。另一方面，你如果真的想要寻找“贵人”，贵人的脑门上从来不会写着“贵人”两个字让你去找他的。而你的不佳形象，只会让贵人和你远离。

其次，要选择合适的递出名片的方式，留意自己在这个过程中的仪态举止是否得当。具体而言有以下几点：

第一，交换名片时应起身站立，使用双手或者右手将名片正面对着对方递出；根据对方所使用的语言来决定递出名片时应该让印有哪种语言的一面朝上。

第二，递出名片时应该说一些表示尊敬的语言，如：“请多关照”“常联系”等。

第三，与多人交换名片时应讲究先后次序：或由近而远，或依尊卑先后进行；位卑者应主动把名片递给位尊者。

与递出名片相对应的是接受名片。接过名片后可以说“谢谢”，随后按实际情况选择名片上的主要信息阅读。阅读时可将对方的姓名、职位念出声来，同时注视着对方，使其产生一种受到尊敬或者重视的满足感。在对方离开前，或话题尚未结束前，不必急于将对方的名片收藏起来。如果交换名片的过程中是对方先向你递出的，则在接受了对方的名片后应该回敬一张本人的名片。倘若不巧身上未带名片，应向对方表示歉意。

最后，向各位读者分享两种提出与对方交换名片的方法：

- **明确法：**在交换名片前直接向对方明确交换要求。一般情况下对方不会直接拒绝的。

  例子：“王董事长，您好！很高兴认识您。不知道能不能有幸跟您交换一下名片？”

- **请教法：**此方法比较适合向尊长或上级索取名片时使用。

  例子：“王总，您好！早就久仰您的大名，今天您的讲座让我受益良多，今后该如何向您请教呢？”

需要注意的是，在社交场合遇到的有些尊贵的客人，如名人、政要、企业家，是不适合一上来就索要名片，或者要求加微信的。处理不好只会造成不必要的尴尬。而更为聪明的方式则是，先通过自己合适、有趣的言谈，感染对方，展示自己的价值，让对方能主动提出和你互换微信或者名片，或者至少当自己提出交换微信，对方会很乐意而不是不情愿甚至果断谢绝。

5. 引路礼仪

在引路与走路时，相对的位置需要注意，最主要的原则是“右为尊，为上”。更具体地说，就是要让客人或长辈、领导走在自己的内侧、右侧。

除此之外，关于引路这个话题还有以下两点要留意：第一，三人并行时，通常中间行走的人位次最高，内侧的人位次居次，外侧的人位次最低。第二，单排行走时，引路者应行走在左前方，客人行走于其右后，保持一米左右的距离，以便前者为后者带路。

6. 会议室及电梯进出礼仪

会议室进出时，有一些礼仪要点需要注意。首先，在会议开始前，应站在会议室门口，请客人、领导最先进入会议室。会议中，如需短时间离开会议室，走到门口时，应面朝与会人员退出门外。

电梯进出时，也有一些礼仪要点需重视。和长辈、客人、领导乘电梯时，自己应先进入电梯，按住“开门”按钮，并用手拦住电梯门，以防夹伤客人，再让长辈、客人、领导进入电梯。和长辈、客人、领导出电梯时，应按住“开门”按钮，并用手拦住电梯门，以防夹伤客人，先请长辈、客人、领导走出电梯后，自己再离开电梯。

办公室送客，也有相应的技巧。当来宾提出告别时，主人应当在对方起身之后再站起来。在宾主双方握手道别时，应由客人先伸手，主人随后伸手。如果与对方常有来往，主人可以送到办公室门口或电梯门口；如果对方是初次来访，主人应适当送远些，至少由接待人员送至办公区域之外。

***

无论是掌握高效的工作方法，还是拥有超强的沟通能力和讨人喜欢的言谈举止，这都是一个不断学习和提升的过程。松下幸之助在选拔人才的时候，采用了一个有趣的标准——讨人喜欢且运气好。如果你做到了本章的所有内容，相信你至少会成为一个“讨人喜欢”的律师，做到了这一点，那么，我相信“好运气”离你应该也就不远了。

律师的营销之道

龚乐凡*

> 我始终坚定地认为，亚马逊之所以成功，是因为我们不是执迷于竞争对手，而是我们执迷于客户。
>
> ——杰夫·贝索斯（亚马逊创始人）

一、为什么律师需要营销

在美国电影《造雨人》（*The Rainmaker*）中，主角 Rudy Baylor 是一名刚刚从法学院毕业的律所新人，他不是“造雨人”——那些能呼风唤雨，通过自己的口舌为律所带来很多客户的大腕律师，他还在为自己的生计寻找机会。带他的师傅为了开拓案源，与他一起在交通事故发生时，追逐救护车里的当事人，或者向医院里的卧床病人分发名片、竭力推销自己。Rudy 不喜欢这样开拓案源的方式，但他的师傅却告诉他：“不营销，就只能等着挨饿！”

法律服务是一项业务，律所也是营利性质的组织。这一点是刚从学校毕业步入法律行业的同学和一些低年级律师容易忽视的。不论你是哪一级别的律师，都需要有一些契合现实情况的意识，即

* 私募基金与资管部合伙人。

要积极考虑：如何为事务所创造收益，确保事务所能正常运转？在这一问题上最关键的，就是要学会利用合理的营销策略，创造更高的商业价值。

美国营销协会给“营销”一词的书面定义是：一种对思想产品和劳务进行设计、定价、促销与分销的计划和实施过程，从而产生满足个人和组织目标的交换。通俗地说，营销就是把自己所设计的产品销售出去。服务业的营销要有一种说服力，即怎样让客户相信你提供的服务正是他所需要的，并心甘情愿地支付对等的费用。成功的法律咨询服务也离不开这样一种把自己的产品卖给客户的能力。

说到营销，我们还可以从一个实际的问题入手来理解它的重要性：

年轻律师在开始执业的时候，究竟应该花多少时间在营销方面？

我记得我在纽约的大型律所开始执业的时候，合伙人就跟我们年轻律师说过，你们都不要把时间花在营销上面，因为你们不可能拉到业务。大型律所的客户比较高端，如IPO、大型并购、投融资项目，客户要么是像高盛、摩根士丹利、大都会保险之类大型金融机构，要么是上市公司，这样的客户资源，一个职场小白是不可能接触到的。所以，在大型律所中的年轻律师，就是要埋头把业务做好，把基础打扎实。等到六七年以后，你的同学和社会关系也已经变得资深，在中大型企业担任一定职位，如法务总监和法务副总监，那么才有可能把真正有价值的机会（leads）转给你，你才有可能去参与获客。

当然这不妨碍你在工作之余，慢慢开始搭建人脉，对于引进新的客户，做一些有意义的尝试，即便最终没有签单，也是能学到不少东西，尤其是从合伙人那里耳濡目染如何高效沟通最终说服客户、获得客户的方法，这对于未来职场的发展有着很大的意义。

然而，你如果供职的是小型律所，那么你可能随时随地都要关注业务机会，需要投入一定的时间进行营销，因为很有可能律所的业务并不那么饱和，合伙人也鼓励你到外面获得业务。各类民事、商事的小型项目，因为费用的缘故，不一定会找大型律所，这些小型的客户，并不像大型机构客户那样对于律所有规模和专业分工上的要求，更多的是在于要找到足够尽心、负责能够把案子办理好并且律师费适当的律师。那么即便你是年轻的律师，也可以在时间允许的前提下，进行一定的营销。

但是我需要提醒大家的是，律师就像医生，埋头苦干进行临床一线工作的经历是必不可少的，所以千万不要没学会走，就想要跳、跑。否则，你很可能辜负客户对你的信任，就像没有经验的医生最后误诊了病人。而且，我也建议，年轻律师在进行营销的时候，尽可能和资深的律师一起，因为一方面，这是让有经验的律师帮助一起分析案情；另一方面，也是学会保护自己。有的当事人可能诱导你做违法的事情，你可能无知无畏做了不该做的事情，最后引火上身。

二、律师营销的特点

很多行业都会用到营销技巧，但不是所有方法都适合被律师采用。律师营销最大的特点是，这是一个涉及信任度的过程，不同于纯粹的产品营销。如果你的营销目的仅仅是增加一种实体产品的销量，那你很可能只需要给产品配一套华丽的包装，再对应设计一套容易被广泛传播的理念，只要顾客信任这个产品你就算是成功了。而律师营销则取决于多方面的因素。不仅推出的产品（法律咨询服务）要有足够高的质量，本人也应该是值得信赖的。客户会在和律师交往的过程中考量律师的专业素质、道德观念以及待人接物的方式。

总结起来，律师提供的服务跟一般行业提供的服务或者商品相比更为特殊与全面，所以就决定了他的营销方式与其他的行业常用的营销策略（如卖手机、卖口红）很不一样。

一个本质的差别在于，客户必须先要对律师的专业度、气质建立起一定的信任，之后对平台、事务所进行考察和了解，然后判断律师的工作是否会令其满意，能够解决客户关心的问题，并且也能够接受律师费的价格。这和买卖商品很不一样，网上可以下单买手机、电脑、营养品、化妆品，不需要见到销售员本人，甚至都不需要打电话沟通（除非产品出了问题）。但是咨询顾问、律师，没有见面（或至少通过电话）就决定签约的，我还没有碰到过。当然，如果当事人在拘留所，你是家属委派的律师，这也许算是一个例外。所以，信任的建立对于律师成功获聘来说非常重要。

美国的营销专家研究表明，如果要签下来一位新的客户，平均你需要和他（她）有至少 7 次接触，当然这 7 次“接触”包括见面、电话、网上搜索信息，打听口碑，看过你的书或者文章。

所以，你的专业度对于是否能够赢得客户非常关键。卖车、卖口红、营养品、电脑、手机这类商品的，不需要销售员是做这个领域的。但是律师不行。这也是我在前面反复强调的，必须把律师的基本功打扎实，不然没有专业度，想要说服客户找你，真的就降格为耍嘴皮子、忽悠客户了。

除了专业度，另外就是自己的气质和外表，要和律师的身份相吻合。因为客户就是以此来对你进行判断的。同时，要格外留意自己的言谈举止，营销方式是否妥当。举例来说：

假设你受邀参加一个很正式的晚宴，身边的与会者都是身价过亿的潜在客户，你应该选择什么时机、以什么方式呈上你的名片向他们介绍自己？

在与新客户初次互动时你需要注意两点：第一，不要过于刻意地和身边的重要人物接触。高端客户往往已经厌倦了过于殷勤主动、带有一定冒昧侵犯性质的营销手段。如果你一味追求推销自己，你在高端客户心中的第一印象很可能会不那么光鲜。第二，在恰当的时候不要因为自己的犹豫不决而错失了和更多高端客户互动的机会。出席有些场合时应该顺势与更多的与会者建立联系。如何把握住这两点之间的平衡是最关键的问题，需要依靠实际经验积累进行判断。

三、律师营销的常见误区

（一）误区之一：谁都是客户

律师在保持良好的专业能力的同时，兼顾开拓能为事务所创造收益的新业务是值得赞赏的。但并不是所有级别的律师都应该在发展客户关系上花费大量精力，也并不是任何客户关系都是有必要发展和维系的。漫无目的地“广泛撒网”招揽客户、做营销看起来是勤恳的投入，实际上往往只是消耗时间的无用功。

寻找客户和做自我介绍（推广个人品牌）有一个相通之处在于，完成这两种过程都需要用到极强的洞察力并带有清晰的针对性，以此保证你的付出和期望得到的收益足够对等。近年来有很多律师会选择参加一些电视节目，希望通过提高自己在公众面前的出镜率获取知名度和被信任度。如果是为了树立自己的名气，这样做是可以的，但要论将这种名气转化为客户，这很可能算是一种高投入、低回报的营销方式。

虽然现在电视节目已经不再是大多数人获取资讯的主要方式了，但试想一下如果你在一次电视节目中表现不佳，举止谈吐不够稳重，你面对的就是被潜在客户留意到后对你乃至整个事务所产生反感的风险。另外，你或许需要投入很多时间来为参与这个节目的录制做准备（如准备发言或访谈的稿件等），即使你提供了高强度的付出，也不能保证获得相应的回报。

还有一种低效率、低回报的拓展客户关系的方式也是要避免的，即找一个潜在客户集中的场所做一味追求提高新认识客户数量的营销推广。有些人会为了递一张名片专程跑到客户所在的写字楼，最后也只是匆匆和客户见了一面，并不能达到理想的建立业务关系的效果。值得注意的是，更有效的营销方法通常是把客户邀请到事务所的办公室来谈业务，而且这种操作反而更容易提高签单率

(从心理学的角度分析就是主场效应带来的好处)。另外,发展业务时也务必注意找客户公司里合适的、有较高决策权的人对接,避免在不利于促成业务往来的人身上浪费时间和精力。

综合上述营销技巧点拨,给低年级律师的总体建议就是:

在刚步入法务咨询行业的前几年不应该过度关注如何发展业务,或在打理客户关系方面过度投入。有太多的实际案例表明一年级到四年级甚至是五年级律师都不适合去外面跑营销(除非得到合伙人的支持,并在其指导下进行),其应该专注于团队已经拿到手的业务,耐心积累各类实操经验,多花心思提升自己的专业技能和职业素养。但这并不意味着低年级律师就不应该掌握基本的营销知识。营销能力的培养其实也是一个需要长期投入的过程。现在适当接触一些营销方面的核心概念和技巧正是在为未来做准备,以便开始用正确、有效的方式建立之后会用到的人际关系网络。

(二)误区之二:只专注法律不关注市场热点和其他学科

雄厚的法律知识背景和全面的法务业务能力是成为优秀律师的必备元素。但律师是否应当一门心思只扑到法律上?想必很多律师都有去国外留学攻读硕士、法学博士学位的经历,也有很多律师时不时会考虑是否要选择这种方式提升自己的专业技能。坦率地说,站在一个合伙人的高度,回首过去念书的经历就会发现,早先读过的法律类书籍和学术资料对今天的业务成绩和实践操作并没有太大的直接帮助。

什么样的经历才能为胜任优秀律师乃至合伙人这一角色打下

稳固的基础？这个问题的答案主要涉及两个方面：一是丰富的工作经验，尤其是在国际化的大平台上工作所获得的阅历；二是极强的自我学习、知识迭代能力，即能对热点话题保持密切关注，并在敏锐的洞察力辅助下形成与众不同的见解。

要想做到第二点，一个最基本的方法就是：养成阅读国内外知名媒体产出的优质咨询的习惯。像《哈佛商业评论》《华尔街日报》《纽约时报》《经济学人》等通常都是国外高端客户必读的材料。除此之外，还可以选一些美国商业类的畅销书籍作补充，围绕一些常见的话题重点提升自己的综合素质（如领导力、团队协作能力、时间和任务管理能力等）。如果平常不注意增加和法律业务息息相关的各领域的知识储备，就很难在非业务方面给客户留下深刻印象。

有一点需要铭记，即律师在打好法律基础的同时也一定要努力让自己成为博学而有趣的人。一位优秀律师的广博学识和独到洞见可以帮助他赢得客户发自内心的赞赏和尊敬，有利于客户放心地把业务交给他。

（三）误区之三：认为只有低价才能赢得客户

经手业务的律师或者合伙人应该都遇到过这样的情况：

律师事务所接了一单业务，报了价给客户；但与我们竞争的其他事务所却向客户开出了更低的价格，有时甚至是我们提出的报价的一半或者三分之一。在这种情况下，客户通常会回到我们事务所和我们再次沟通，希望我们能适当降低价格。

这类情景乍一看不太好处理，因为我们一方面想留住客户，另一方面又不想给我们提供的高端法律咨询服务贴一个低于合理值的价标。低价的竞争最终不是牺牲质量，就是牺牲自己的健康。更为关键的问题是，客户通常难以对法律服务质量进行鉴别，无底线的低价竞争，最终很有可能扰乱正常的法律服务市场秩序，因为无论什么样的法律服务，总有更低价格的服务产品出现。长此以往，行业的健康发展势必受到影响。因此，从保障服务质量、维持市场良性竞争的角度来说，我们通常不建议降价。

“价格战”永远做不成大品牌，和恶性循环的“价格战”死磕到底将会导致全局崩盘。要明白，不是所有品牌都是你的竞争对手，只有坚持自己的产品价值，坚持自己的商业价值，在品牌、定位等方面做到更出色，外加专业的营销和真诚的服务，才能深入客户心中。

另外，从客户心理体验的角度来说，我们也不建议直接降价，因为这会给客户一种原来瞎开价的印象。因为最初的报价是有理有据的，是与我们提供的专业能力和服务质量相匹配的。倘若我们在客户的降价提议面前有所动摇，传递的信息就是我们对事务所提供的服务的价值把握不准，客户很可能因此质疑我们的定价方式。这无疑是我们营销方面的失误，也不利于我们建立良好的品牌形象。

对于价格，虽然客户都希望“低”，但是客户真正的诉求不是低价，而是在获得满意的服务前提下的合理价格。如果服务不让人满意，哪怕就是免费的，换成你，你敢“享用”吗？理解了客户的这个心理，你就知道如何自信地和客户合理谈价了。

四、律师营销的方法

（一）明确定位

营销的第一个关键方向是定位。举一个国内凭借比较准确的定位在品牌推广方面取得卓越业绩的例子来说：加多宝之所以能从中国众多软饮料公司中脱颖而出，其业绩甚至超出了可口可乐在中国市场的表现，正是因为它采用了适合自身特质的定位理论。

定位理论的运用无论是对企业的发展，还是对个人的职场发展，都是不可或缺的。这个理念同样适用于法务行业。不仅律师事务所要找到清晰的定位，事务所里各个级别的律师们也要注重个人品牌的定位。即使是刚加入事务所不久的低年级律师，也不能忽视这个过程。

关于事务所层面的定位，我们可以两家拥有深入人心的品牌形象的美国知名律所——Wachtell，Lipton，Rosen & Katz（以下简称Wachtell）和 Wilson Sonsini Goodrich & Rosati（以下简称 Wilson Sonsini）为例。

Wachtell 是一家位于纽约曼哈顿的顶级律所，多次蝉联全球律所人均创收、权益合伙人人均利润第一的宝座。在这超强盈利能力的背后，是 Wachtell 区别于其他众所的品牌路线。究其要点，Wachtell 主要从以下几个方面着力打造其品牌特征：第一，只做并购业务，尤其专长公司收购与反恶意收购领域，其创始合伙人 Martin Lipton 正是“毒丸计划”的发明者。第二，与其他律所按时计费的收费模式不同，除了前期启动律师费外，主要按照项目交易标的总金额的一定比例收取律师费——这样的定价方式为Watchtell带来了令人惊叹的业绩表现。而之所以能以这样高的价格进行收费，与其在相关领域的耕耘、塑造自己唯一性的专业化能力形象有着密切的关系。第三，不像其他大型律师事务所通常在全球各地设立几十家办公室，动辄吸纳上千名律师，Wachtell走极端的精英化发展路线，只有位于纽约的唯一一间办公室和260名律师，且只招全美最顶尖法学院的最顶尖学生，被认为是“全美最难得到工作机会的律所”。第四，律所网站、品牌宣传的风格崇尚极简、恪守神秘，与同行刻意保持区别。其通过发表文章、出版图书、为上市公司董事会提供沙龙分享等方式进行销售，以达到高度精准。正是这样极端专业化、精英化的定位，在其目标客户、最优秀法学院的毕业生以及众多律师同行的心中留下了深刻的品牌印象。

另一家知名美所——Wilson Sonsini律师事务所于20世纪60年代缘起硅谷，在科技行业发展方兴未艾之时创立，并制定了“与科技公司一同成长，提供全生命周期的法律服务”的品牌定位。在这一定位指导下，Wilson Sonsini为处于各发展阶段的科技公司以及他们的投资者提供商事法律服务。无论是企业初创期的融资问题，还是后期的IPO、并购、反垄断问题，以及在经营过程中涉及的公司治理、知识产权、诉讼、监管和税务问题，Wilson Sonsini都能提供高质量的法律服务。这份专注与相伴，也最终让Wilson Sonsini成为目前美国科技公司法律服务领域的翘楚，许多市值万亿元、全球领先的科技企业都是其服务对象：1980年，协助苹果进行IPO；2004年，协助谷歌进行IPO；2016年，代表领英参与了微软对其的收购（这是微软史上规模最大的收购交易）。

说到定位，另一个相关的话题是如何做高质量的自我介绍。

最精炼的自我介绍应该精准地映照你的个人品牌，而且全部内容应该能在 20 秒内充分传递给信息接收方。

想象你在一个聚会上刚认识新的潜在客户，别人问起你是什么方面的律师时，你最不应该做的就是絮絮叨叨地给对方一些碎片化的介绍。不带目的性地介绍只会让对方失去耐心。要想在短时间内根据实际情况输出高质量的自我介绍，就需要对自己的定位有足够清晰的认识。针对这个要点，一个很有效的练习方式就是：

想象自己在一个电梯间里认识了一位潜在客户，怎样在极其有限的时间内给客户留下深刻的印象，方便日后拓展业务？

20 秒时间很短，与其说要对症下药猜测别人是谁，不如讲一个让对方听了感觉很有趣想跟你继续聊下去的介绍或话题。

（二）树立品牌

品牌这个话题可以延伸出很多层面的分支，下文着重讲解建立和维护个人品牌和事务所品牌的方式。

在事务所内部，个人会有一个品牌，这也可以理解为个人在所内的美誉度或者知名度。

举例来说，如果现在有一位客户需要找人代理一个与知识产权相关的诉讼业务，而你刚好在这方面有相对丰富的积累，你身边的同事就很可能找到你接手这个客户。

通俗地讲，个人所代理的品牌就是：你处理某一领域的业务质量很高，专业度已经在所内小有名气，就会有合伙人或者同事慕名而来，邀请你接一些相关业务。相反，如果你曾经在一些业务方面表现不那么出色，这些板块的品牌就背负着负资产，别人就不放心把类似的案件交给你。

总之，所谓打造品牌主要做到两点：第一，要保证能高质量地完成工作分内的事情；第二，要逐渐培养出个人在事务所内的专长。

说完个人品牌，还可以谈一谈律师事务所这个平台的品牌。事务所层面的品牌概念也涉及服务质量和美誉度。

比如，有一位电商客户想做上市，当他听说某大型电商的相关业务就是你们完成的，可能会大大提升与你们合作的意愿。

这个例子正说明了品牌的重要性以及所产生的马太效应。当你在和潜在的客户沟通时，适当地提出律所在类似领域的成果，就能帮助你借早先建立的业绩效应赢得新机遇。

（三）培养客户黏度

在处理好定位和品牌方面的事项之后，就应该关注如何从到手的机遇中获得收益，一个有长远目光的律师不仅仅要将专业服务售卖出去，也要让未来客户在选择法律服务的时候就想到要找你。如何培养客户黏度？这就需要进行有质量的客户服务，洞察客户的真实需求，赢得客户的信任，进而培养客户的选择惯性。

1. 提供超出预期的服务

从营销角度而言，拿到业务初步签单只是众多环节中的开头，是万里长征的第一步。接下来应该思考如何把业务做好。能否为客户提供高质量的服务，不仅与专业水平相关，也与执行力密切相关。好的法律服务不仅是让客户满意，还应该有超出客户基本预期的良好发挥。

2. 洞察客户的真实需求

律师的终极目标是通过和客户的多轮沟通和互动充分了解对方的需求，哪怕是那些对方尚未意识到的，或者是未能清晰传达的期望效果。倘若律师能捕捉到这些细节，体察到客户的真实需求，从客户的角度为他办实事，向客户提供相应的解决方案或专业见解，必然可以赢得客户的信任，提高现有客户的黏度；从长远来看，也必然会成为领先于竞争对手的新行业标准，有助于巩固个人及律所的高端定位和优秀的品牌口碑。

3. 赢得客户的长期信任

如何赢得客户的长期信任？如果当客户把事情交给你之后，完全不用操心后续，你肯定能落实，就算最终结果不在你控制之内，也能及时给他一个回馈——这种做事风格，就能为客户带来安全感，赢得客户的长期信任。这样的人，不一定是最聪明的人，但能留下靠谱、诚实守信的印象。做一个人品好、靠谱的律师，自然会有客户愿意与你长期合作。

如何让客户觉得你靠谱？可以注意在做事时，执行一种“闭环思维”。闭环思维强调的是，如果有人发起了一件事，你无论做得如何，都要最后反馈到这个发起者。我们可以通过以下两点具体说明闭环思维的执行：

第一，注意在与客户约定的时间内给到反馈，且注意反馈传达的形式。客户提出法律问题，作为律师，应当竭尽全力为客户解答问题、提供方案，且最后不管完成的情况如何，都应当在约定的时间内给客户一个反馈，这就是闭环。此外，在将方案发送客户的同时，如果能通过口头或者电话方式告知客户已发，等客户有时间时对方案进行解读并征询客户的修改意见，将极大提高律师在客户心目中的信任感和靠谱度。

第二，注意与客户及时沟通，做好阶段性反馈。很多时候，律师面对的可能是一个需要很长时间周期完成的工作。在中间过程中，也许客户暂时忘记这件事，但与其等着客户想起来问进度，不如自己阶段性地向客户汇报现有工作进展，掌握沟通中的主动权，在客户心里留下“积极主动”的好印象。

（四）建立人脉

发展人脉的关键是有比较准确的看人识人的能力。要想知道一个人是否值得交往或者与他进行业务往来，关键是通过观察他一言一行里的细节来判断他的身份与格局，想办法与有优秀品格的客户建立联系。

对年轻律师来说，关于积累人脉问题，还有以下四个要点值得注意：

第一，发展人脉时不要操之过急，要在与自己目前工作身份和经历相匹配的层面完善人脉。如果你目前还是低年级律师，就不要好高骛远地急着和大客户的法务总监互动以便马上开展业务往来，因为和他们做业务是需要有足够的阅历和成熟度作支撑的。

第二，以身边的资源为起点，与同级的、日常和你互动的同事们保持良好关系。就算他们目前与你一样刚起步，还没有做出特别光鲜的业绩，也不可忽略和他们合作、共同成长的机会。这样你的同事在日后获得了合适的发展机会时才愿意带你提升。

第三，同时发展多个圈子的人脉，并巧妙地增加不同圈子间的交集。这样可以使你的人脉有更丰富的交织度，提高你接触到新客户和新业务的概率。

第四，随时准备迎接难得的机遇，因为运气只会眷顾有准备的人。这句话的意思是，你可能会碰巧遇到一个贵人，他的某个小决策就能对你的事业发展起到巨大的推动作用。或许他是一位客户，抑或一位萍水相逢的长者。你由此获益的前提是你善于辨识哪些人可以在短时间内给你带来极大的助推力，并借助这样的机遇成长。

涉外律师的成长秘诀

王 勇*

所谓“兵无常势、水无常形、运用之妙、存乎一心”，这不仅是用兵之道，也是做任何工作的最高境界。

由走出校门、初入律所、一无所知的“菜鸟”，到成为能够独当一面的优秀涉外律师，需要走过多少路程、经历怎样的曲折和磨炼？一个具备优秀涉外律师潜质的新人，怎样才能在短短的几个月内就表现出自己的与众不同？原本站在同一起点的律所新人，为什么最终只有少数人能够到达职业生涯的高峰？在本篇中，笔者将尝试解开优秀涉外律师的“成长密码”。

为方便表述，本文使用一位虚构的人物“小明”为例，讲述其成长道路。

“小明”可以是国内或者国外法学院毕业生，可以持有中国律师执照或多国律师执照，也可以是还没拿到执照的律师助理或实习生。无论如何，“小明”的主要特征是：

刚进入一家以非诉讼业务为主的中国律所，服务于大企业客户，几乎没有任何工作经验。

---

* 公司业务部合伙人。

但在短短的几个月内，小明以其无可挑剔的专业表现，迅速征服了合伙人、客户、同事在内的所有人，成为大家眼中的“明日之星”，小明是怎样做到的呢？

小明的工作表现，可以用下列九个关键词来概括，也可以说是其“成长密码”。

一、主动、独立、负责

小明从进入律所的第一天起就具备这样的工作态度。

主动有两层含义。一是主动工作，把律所的事情、客户的事情当成自己的事情，把自己当成职业生涯的主人翁，是“我要干”而不是“要我干”。二是主动学习，开动脑筋、不断总结经验教训。因为律所跟学校不同，学校里有老师每天讲课，律所里大家都很忙，不可能有人每天把你叫到一块黑板前，花上几个小时给你耐心地讲解甲乙丙丁应该怎么做。年轻律师要进步，主要靠自学，靠观察和模仿。小明从来不会说“我只拿这点工资，没人叫我干我就不干”，也从来不会觉得多干多学会让自己吃亏，因为学到的知识和技能是自己的。而且在漫长的职业生涯中，总会有很多未知的机会在前方等待着自己，说不定所在律所业务扩大，自己将来也可能成长为合伙人，并且服务于同一批客户。

独立是指摆脱依赖思想，凡事先尽自己最大努力解决，再去问别人。从经济学的角度出发，在涉外律师计时收费的制度下，合伙人和资深律师费率较高，低年级律师的费率较低，如果低年级律师能够尽可能地把自己能做的简单事情做好，避免让合伙人和资深律师浪费时间，就等于为律所降低了成本、为客户提供了性价比更高的法律服务。小明走进律所的第一天，资深律师说："你刚来，没什么经验，有什么不懂的，要多问人啊。"小明笑了笑，没有回答，但他心里知道，不动脑筋遇事直接就问等于是放弃了锻炼的机会，简单的问题问得越多，大家会越发觉得你是"菜鸟"。所以小明向别人提问之前，无论多难的问题，首先都做足功课，形成自己的看法和建议的答案，即"带着答案问问题"。即使答案是错的，也能知道错在什么地方。由于小明要么不问，要问一定是复杂问题，很多时候资深律师也被他问倒，因此渐渐地就没有人再把小明当"菜鸟"了。

负责是指完成任何一项工作后都要仔细检查核对，自己要对工作产品的质量把关，不能指望上级替自己把关。上级按照工作流程必须复核，那是另外一个问题，但低年级律师自己不能想着"我是新人，出错也无所谓，反正有人给我把关"。一名优秀的涉外律师，不是被师傅填鸭式教育出来的，而是从自己日复一日对文件的仔细检查中成长起来的。与其他人不同，小明从不会诚惶诚恐地担心自己出错，盼望"上级"来检查，实际上他并不喜欢别人检查。他将任何作业发给上级之前都自己检查过很多遍了，像一些拼写错误、笔误或者查字典就能找到答案的简单错误，在小明的"作业"中是绝对不会出现的。因此他相信"小明出品，质量上乘"。谁要是从他的"作业"中挑出了毛病，做了任何修改，他甚至还会很生气。当然，气的是自己为什么没有检查出来这些问题。对于师傅批改后的作业，他会如获至宝，珍藏起来仔细琢磨、直到完全弄懂。而且他也不会盲目迷信师傅，他能够独立思考，有的时候还能提出与师傅不同的意见，甚至说服师傅采纳自己的意见。

比如，低年级律师常做的法律研究、写备忘录，小明也从来不会遇到复杂问题直接扔给上级了事。他坚信，在将问题抛给上级之前，自己必须做到“正常人类能够做的我都做过了，该看的法规、书、文章我全看过了，该打的电话我也都打过了，如果我还找不到答案，那就是没有答案，别人也肯定找不到，而不是我不行”。

小明读过一本书，是阿里巴巴集团某原总裁的传记。原总裁说过，在大企业工作，秘诀就是“吃着碗里的、看着锅里的”。原总裁刚毕业时在企业里当秘书，除了做好秘书该做的工作、管好文件之外，一有时间他就主动去研读那些文件，把自己想象成老板，思考老板为什么要那样做，如果换成自己是老板应该怎样决策。有朝一日机会终于来临时，这个“秘书”就能表现出老板才有的知识、视野和决策能力，后来，这个秘书就真的一步一步坐到了总裁办公室里。

小明知道，从事任何职业，道理都一样。现在只有把自己当成资深律师，每一件小事都致力于达到“我做的事不需要任何人把关”的境界，自己才会不断地被委以重任，成为不可替代的角色。反过来说，一个不主动、不独立、不负责的年轻律师，可替代性太高了。

二、严谨、细致、周到

要做到独立和负责，不能靠说大话、蒙运气，而要靠严谨、细致、周到的工作。

严谨指的是任何法律文件，都必须清楚、精确、合乎逻辑、前后一致、经得起推敲。

细致指的是法律文件在细节上必须完美无瑕，一个标点符号、一个字母的大小写、一个空格、一个序号甚至一个段落的缩进等，都不能有任何差错。与学校里考试不同，顶尖律所的产品质量必须是100分，即使99分都是不合格的、不能接受的。

周到指的是法律意见必须考虑到所有风险、所有可能性、最坏情况，同时包含了能够采取的一切解决方案，没有任何遗漏。

一个项目成功了，律师只是幕后人物，站在台前的永远是商业经理，法律只是保障商业成功的手段。但是，一旦出现任何法律风险，承担责任的肯定是律师。由于律师工作的性质就是防范风险，特别是对于低年级律师而言，必须在工作中养成风险厌恶的性格，必须假定所有人都是不可信的，所有最坏的情况，哪怕概率再低，都有可能发生，不能有任何疏忽和遗漏，不怕喋喋不休说得太多，就怕疏忽大意没有说到。一个没有强迫症的律师，不是好律师。所以在提交任何答案前都要再三拷问自己“确定、肯定以及一定吗”。

在发出英文文件或者电邮之前，用软件自带的“拼写检查”功能检查一下，这本来是很简单的一件事，但实践中很多人并不这么做。要知道，任何一个小小的语法错误，都体现你作为律师是否有严谨的工作态度，都能影响老板和客户对你的印象。

一名优秀涉外律师，必须具备极高的中英文字功底，阅读文件的速度应比常人快至少3倍，而且在一目十行中还能无一遗漏地发现哪个地方少了一个逗号，多了一个空格，“和”被写成了“或”，大写字母被写成了小写之类的问题，对于这些细节应具备一种本能的高度敏感。英文尤其如此，有时候一个逗号的位置改变，就能带来整句话意思的根本改变，所以说“English is a dirty language”。在外人看来，这好像是在玩文字游戏，但这就是律师的工作，这就是客户聘请你的价值所在。不要小看一句话、一个词、一个标点符号的差异，这背后可能就影响到数以千万元甚至亿万元价值的财产归属。如果是国际条约表述不清，在古代甚至可能导致两国刀兵相向。所以，负责文件工作的律师怎能不慎重呢？

顶尖律所生产的法律产品，就像顶尖匠人为顾客量身打造的作品。那些“纯手工打造”的世界名牌皮鞋、西装，为什么那么贵？绝不仅仅是他们投入的广告费用多、牛皮吹得大，而是因为一针一线的精细做工、严丝合缝，不怕摔打、不怕水泡、不会变形、经久耐用！小明知道，其实律师干的就是“匠人”的活，一笔一画、一词一句都是仔细斟酌、反复论证出来的，对自己的手艺要有自信，要有匠人的职业荣誉感，经自己的手交出去的文件要经得起质疑和考验，要让客户感受到“一分钱一分货”。

小明曾经看过一档日本的美食节目“铁厨挑战赛”（Iron Chef），深受启发。其实这是厨师们的烹饪比赛，但小明发现节目没有一点轻松愉快的感觉，相反每个厨师脸上都显得庄严肃穆，给人的感觉就是这些厨师都将做菜视为自己神圣的终身职业。从简单的煮米饭、炒鸡蛋学起，几十年日夜苦练、精进技艺，一生的追求就是成为“一代厨神”，闭着眼睛也能随手将一个南瓜、一块豆腐做成一道无可挑剔、“值得顾客用一生去等待的”绝世好菜。

小明在工作中也充分实践了“匠人精神”，他从不会眼高手低，从不挑活。他知道那些看似简单的工作，如翻译、查法条、设WFOE、给政府部门打电话咨询，都有技术含量，都是涉外律师的基本功，首先应该一丝不苟，将这些简单的事情做到极致、完美，再来谈其他。

三、灵活、权衡、实用

随着经验的增长，一名优秀律师在严谨之余，还需灵活运用、大胆创新。细致之上，还需具有宏观视野、权衡利弊。周到之外，还需正确判断、解决问题。

灵活是指要根据每个项目、每个客户的具体情况举一反三、灵活运用、大胆创造，不能照搬照抄法律、书本或者文书样板。正如“世界上没有两片完全相同的叶子”，律师也不可能办理两个完全一样的项目。每个项目都必然有其特点和难点，打交道的双方当事人的地位、需求和性格也各不相同，所以必须根据具体情况设计独特的法律解决方案。更进一步，在法律风险可控的前提下，律师也可以创造性、颠覆性地提出全新解决方案。做到这两点，才能体现律师工作的技术含量。所谓，“兵无常势、水无常形、运用之妙、存乎一心”，这不仅是用兵之道，也是做任何工作的最高境界。反之，如果照搬照抄就能解决问题，客户自己也能做，或者开发一个人工智能的电脑程序，就能完全取代律师。

权衡是指法律执业是一门需要权衡和判断的艺术，而不是可以机械重复的科学。与法律相关的标志常常有一个天平，除了意味着公平，还意味着法律对社会、对企业或个人也是一门“生意”，不是非此即彼、非黑即白、不是零和游戏，而是需要权衡各种不同的考量，帮助客户做出正确的判断和抉择。

实用是一切法律服务的根本价值所在。律师不是学者，更不是学生，必须要解决客户面临的实际问题，或者建议如何防范风险。空谈什么学术、理想、核心价值，对于客户来说都是浪费时间。律师不应该说“这事应该怎样，如果怎样就好了”，而应该习惯于说“应该这样做，就可以解决这事”。

小明在所有法律意见、邮件的结尾，都不忘加上一段“建议的解决方案”，说清楚到底让客户怎么做。没有这段法律意见的邮件，都是不合格的产品。客户不是来学习法律的，而是要解决实际问题的。

很多律师都会经历一个“否定之否定”的过程。刚入行时，越细越好，越啰唆越好。但是，成为独当一面的主办律师后，就必须要有“大局观”，不能再拘泥于细枝末节，而必须要权衡轻与重、缓与急、次要与重点、表象与本质、枝节与主干、风险与收益、客户的需求与律师的执业风险。世界上的任何事物、任何决策，都不可能完美无缺，关键时候总得有个取舍，在怎样做出正确的判断、在各种需要考虑的因素之间取得平衡，并且最大可能地化解和防范不利因素，就是一门艺术。

例如，各方对交易文件谈判和修改了很多轮，马上就要签约了，你就不能再在无关大局的问题上继续纠缠、浪费各方当事人的时间，如文件格式、拼写、语法中的问题，或者一些理论上有风险、实际上风险可控的问题。

一年后的小明

小明进入律所后每天都很努力，但作为“低年级律师”的他，始终没有太好的表现机会。一年后，他跟着合伙人和资深律师出差，去向一家外国客户的管理层汇报一个外资并购项目的尽职调查情况。作为新人，小明没有任何任务，参加会议主要是以学习为主，但他却十分珍惜这次机会，把自己当成了主讲人。会议前夜，小明在酒店房间里主动加班。窗外就是灯火辉煌的海港夜景，无数白领下班后正在酒吧里开怀畅饮。但此时的小明却在埋头苦读，他把尽职调查报告和所有相关的法规和资料读了一遍又一遍，设想着如果自己是客户，可能会提出什么问题，自己应该怎样回答，直到对所有问题都了如指掌。

第二天，客户全球董事会的十几位高管全部出席，问了很多细致的问题。突然，客户的亚太区总裁问了一个刁钻的问题，是合伙人和资深律师万万没有想到的，两人一时语塞、场面尴尬。这时候，正是小明从无人注意的角落里站了出来，不慌不忙地给出了自己的详细答案。亚太区总裁听得频频点头，一边还认真地做着笔记。从合伙人和资深律师回头看着自己的眼神里，小明看到了惊讶和赞许。两位合伙人和资深律师在所里是出了名的要求高、脾气急，平时对很多人都看不上。但从此之后，两人对小明刮目相看。在小明今后的职业生涯中的多次关键时刻，这两人也给予他很多帮助。

渐渐地，关于小明这个“低年级律师”“深思熟虑、做事靠谱、一个顶俩”的名声在所内不胫而走，小明也成了所有合伙人眼里的红人。他开始忙不过来，重大项目都少不了他，甚至很多合伙人为了“争抢”小明还需要提前协调预约。项目多、人手不够的时候，小明甚至被当成了资深律师使用。

第五章

法律执业基本功

——从研究、写作到沟通谈判

研究力：法律人思维方式的磨炼进阶

龚乐凡*

> “当两人之间存在分歧，有一个人很可能是错的，确定谁是错的并没有价值，知道如何深刻思考分歧是无价的……最重要的是，你的目标不是让对方相信你是对的，而是要找出哪种观点是正确的，并决定该怎么做。”
>
> ——［美］桥水基金创始人　瑞·达利欧

笔者在面试候选人的时候，都会问一个问题，用来测试这位候选人的一项重要能力。这个问题具体是什么，会在后文提及。我们不妨先探讨这么一个问题：“律师的核心竞争力究竟是什么？”是对于法条的烂熟于胸，还是能够唇枪舌剑的伶牙俐齿？客户找律师主要是为了解决与法律相关的问题，仰赖的是律师的专业能力，那么律师的所谓“专业能力”又是什么？最为精华的归纳，有观点认为是“判断”两字——通过判断以辅助客户“决策”。而更为完整地描述律师应该具备的“专业能力”，则可以包括：针对复杂问题的分析和归纳能力，对于事实敏锐的洞察能力，针对孰是孰非、青红皂白的判断能力，针对法律难题的创造解决方案的能力，有效说服乃至化

* 私募基金与资管部合伙人。

解僵局的沟通谈判能力，能够打动他人的表达能力与写作能力，针对大型法律项目（如并购、IPO、大型复杂的争议解决项目等）的综合协调和管理能力，甚至还有对未来法律风险的预见和阻断能力以及分析能力等。

那么这些专业能力背后的驱动引擎是什么？笔者认为是“研究力”。所谓研究，就是对于某个特定事项、问题或者疑问，进行系统和科学地调查和探究，以获得新的知识、发现和见解的过程，用以对现有知识的扩容、论证测试假定以及解决实际的问题等。而上面提及的专业能力，除了基于项目经验，绝大多数也都离不开研究。

这就像你要去寻医问诊，有两位医生可以选择，他们的从业年限相同，教育背景相同，所属的医院相同，其中一位在一线诊疗之外，还从事了大量的研究工作，发表了文章，而另一位尚未形成具体的研究成果。在无法了解两位医生对病人的疗效数据以及病人的反馈和口碑的情况下，可能大部分人会倾向于选择既有实践经验，又做了大量研究的那位医生。研究成果丰富的医生可能涉猎广泛，了解国外最新的医疗发现以及国内最新的诊疗案例。通过该医生的研究成果，可能还可以了解到他能结合实践，举一反三运用突破性的诊疗方法，甚至还会告诉你，某些病症还可以采用食疗和运动的方法以及运用人体的“自愈力”缓解等。

法律人也是如此。真正要做到大咖级的律师，其研究能力、研发能力必须也要达到相当的水平，否则你就是在靠“天才”能力和自己纯粹的经验执业，这其实是一种非常危险的“吃老本”加“碰运气”的做法，因为你面对的问题，很可能在你的已有认知范围之外。

这还仅仅是针对具体项目的微观方面。在宏观和战略的方面，律师还要面对的是自己的业务定位、发展方向、如何获客、如何收费以及应对竞争（内卷）等一系列问题，如果没有“研发能力”，那么律师业务可能会出现负担大、收费低、“吃力不讨好”的现象。

日本著名的企业家稻盛和夫曾分享过他的成功方程式：人生·工作的结果 = 思维方式 × 热情 × 能力。在这个“成功方程式”中，他并没有将能力放在首要位置，而是着重强调“思维方式”对成功的重要性。高效的思维方式是学习研究的基础，也是法律专业人士的基本功。

此外，一篇对象明确、论证严密以及主题连贯的法律研究报告同样也能帮助法律人更好地梳理问题，输出观点。芝加哥大学荣誉教授韦恩·布斯（Wayne C. Booth）在他的《研究是一门艺术》一书中提出，研究首先要建立对象感，也就是首先要了解目标读者是谁，他们期待从文章中看到哪些内容。在预判读者类型的基础上，再去限定选题范围，清晰明了地告知读者研究的价值。相对应地，法律人在撰写研究报告、文章时也同样需要了解，这篇文章是给谁看的，是企业家、企业法务还是其他的法律领域专业人士？从而有的放矢，更好地进行选题研究与创作。而在研究形成研究成果初稿后，也务必要关注文章整体架构和主题连贯性，跳出局部，从整体上驭文谋篇，要做到既能说服自己，也能说服读者。在本文的第三部分，我们也会对具体的法律研究方法及逻辑展开探讨，以期能对法律人的法律研究，乃至日常的学习工作都有所助益。总而言之，通过研究，律师可以清晰地梳理思路，探究案件背后的真理，更能够有效提升自身的思维方式，真正磨炼律师收集信息、判断信息、输出信息的能力，以及和自己业务发展有密切关系的法律产品研发能力、开拓能力、管理能力等。

那么，法律人的研究能力究竟有什么特点？我们该如何培养和磨炼自己的研究力？该养成什么样的研究习惯？法律人缺乏的又是什么方面的思维、能力？

一、研究问题，不如先研究如何问问题

学会提问是一项非常关键的“研究力”。曾出版《从优秀到卓越》等系列商业管理经典著作的知名美国学者柯林斯（Jim Collins）在年轻的时候，曾请教著名管理学大师彼得·德鲁克，“我如何才能成功”。德鲁克给他的回答很简单，但却起到醍醐灌顶的作用：“要想成功，必须学会问对问题，正确地提问。正确的问题不是‘我该如何成功？’，而是‘我该如何帮助别人成功？’当你能够帮助别人成功，你自然也就成功了。”

所以，问对问题，是研究能力中具有导航功能的核心“部件”。在一次律师的交流分享中，有位年轻的律师在听我演讲之后，问了这么一个问题：“为什么有的客户总是那么固执、不愿意听我作为专业律师的意见？”针对这个问题，我们也许可以换个角度来提问，改为“我该怎么做，才能赢得客户的信任，让他能够听取专业律师的意见？”当把这个问题改换了，答案可能自然就有了。例如，对于新的客户，我们要善于聆听和观察，让客户感受到我们对他（她）的尊

重。同时，也要问问题——挖掘出背后的事实真相和客户真正的担忧，这样才能对症下药开出正确的方子，而不是想当然地将自己的结论尽快地“推”给客户（即便你的结论是对的）。另外，信任的建立需要时间，所以才需要见面之后的暖场，和客户唠嗑，通过讲故事（如自己过去的成功案例）来让客户对自己的专业能力和判断建立信任。

选择讲什么故事（案例），怎么讲，也是“研究”和“研发”的一部分。最好的故事，往往有转折，但最终展示自己的实力（如如何不辱使命、成功完成委托）和性格（如不屈不挠、坚韧不拔），既要有故事的精彩细节，又要掌握火候，做到简明扼要，不会因为各种复杂人物关系让客户听得稀里糊涂。然而，部分律师可能会滔滔不绝讲很多“富有逻辑”“头头是道”的大道理，虽然客户很难质疑你的专业能力，但是却因为律师的表达缺乏生动的故事和案例，最终难以打动客户。

例如，在著名咨询公司麦肯锡，因为咨询师面对的往往是 CEO 级别的高管，他们自己拥有多年的行业经验和卓越的管理能力，往往并不喜欢被“说教”。所以在麦肯锡的文化中，咨询师会避免“说教”客户，而是通过问问题，让客户自己发现问题的所在。这也是高手咨询师所必须具备的能力之一。怎么问问题，如何避免“说教”味道，如何表达能够让客户自己找到“答案”——这也一样需要“研究”能力。

所以，总结一下，这个“提问”的能力，就像研究能力的导航装置，既包括问自己的问题（“我该如何，才能做到 ××？”），也包括问客户的问题（发现探究事实的真相、确认客户的关注点、挖掘可能的遗漏点等），但这些都需要“研究”，需要做足功课。

二、高效研究背后的四个思维模式

律师的研究不同于纯粹的学术研究，其注重效能，也就是要有积极的、有价值的结果。同时还需要关注性价比，不能无限制投入时间，产出的却是“看上去很美”但是起不到什么实用价值的研究结果。所以，律师的研究会非常注重高效性。那么要做好这个“研究”（包括研发），笔者认为要具备以下几个“思维”。

第一，律师应当具有“产品经理思维”。

乔布斯是公认的伟大的产品经理，他能够面对研发实验室里千奇百怪的各种先进技术和产品模型，选择并设计出让客户着迷的产品，并且通过巧妙的包装、展示和路演，让客户为之震撼。这就需要对客户的需求的研究和深度感知的能力，比如在 iPhone 手机问世之前，客户不会告诉你“我要一个 iPhone”。这同样也包括了极好的表达和展示能力，例如在首部 iPhone 手机问世的发布会上，乔布斯先说我有四个产品送给大家——一个 iPod，一台 Mac 电脑，一台照相机，一部手机，然后说，其实我要给大家的是一个产品，它将这四个产品合而为一，一按下 PPT 下一页，新产品 iPhone 精美绝伦，这时全场观众为之震撼鼓掌。

那么律师该怎么做？如果没有产品经理思维，就只能被动地等待客户给你业务。例如，一家私募基金客户打电话，说有个项目要律师去做尽调，但表示："现在预算很紧，很多律所都想拿我们这里的业务，你价格能否便宜一点？"你如果硬杠坚持不降价，那么估计这单业务就要给竞争对手了。最后你只能降价，因为你的产品和服务同质化较高，实在没有什么亮点可以让客户必须用你、无法离开你。

而假如你倒过来思考，花心思研究客户的需求，可能会发现新的天地。例如，你发现私募基金行业有个共同的头疼问题——私募基金的资金一旦投到企业之后，可能会存在管理上的问题，投资方无法有效管理企业，而被投企业又常常存在一系列问题，导致无法在预期的时间内 IPO，基金无法及时退出，投资人的资金也可能面临打水漂的下场。而恰恰你的诉讼合伙人近年来做了好几单代表私募基金与被投企业的诉讼争议，围绕的就是因被投资企业的违约行径，基金要求赎回退出，却无法得到配合的情况。于是，经过"研究"，你决定和诉讼合伙人安排一个讲座，讲述私募基金与被投企业之间常见的争议和诉讼（仲裁）问题，并分析如何在尽调和交易文件阶段更好地加强对基金方、投资方的保护，你可以邀请私募基金客户来听。

一场交流活动下来，客户加深了对你的印象以及你的诉讼合伙人的印象，愿意在更多的项目上进行合作，因为你在讲座中提到，有一系列的合同条款的改进方法，有助于未来在发生争议的时候帮助投资人占据优势。有的客户可能本来打算把某个项目交给别的律所，现在决定和你进行合作；还有的客户已经存在和被投企业的潜在争议，正打算要选聘律师，当场决定要约你和你的诉讼合伙人见面探讨如何采取行动。

律师可以通过这种方式，经过一定的“研发”，把同质化的产品打造成一款竞争对手还没有的新产品，虽然还不足以让客户震撼，但是至少能够“想其所想”，提前布局。而且当此类产品不容易找到市场的同质化替代品时，你也就有了定价优势。

这就是产品经理思维，这也是“研究”的力量。

第二，律师在进行研究时，需要有多元思维和“拥抱分歧”思维。

律师往往更擅长于单兵作战，但是面对复杂问题，多元视角有助于挖掘不同人看到的不同的信息，有助于重要信息在群体内的分享，做到集思广益。有一项预测未来经济发展的速度的实验，让 6 个来自不同专业领域的预测者和一名经济学专家的预测进行比较，结果发现，6 个人的集体智慧所做出的预测平均值，比经济学专家的预测还要更准确。一个人再优秀，所掌握的信息依然有限；相反，有着多元视角的一群人，可以带来更多重要的新的信息，让我们对复杂问题的分析更清晰，也更全面。①

所以笔者发现，自己在和不同业务部门的合伙人（如知识产权、争议解决、IPO 等）进行合作的时候，共创出综合解决方案，从短期角度来看，能够快速给到客户最全面的解决方案，而从长期角度来看，也有利于增强客户粘度，建立稳定的长期客户合作关系。所以，律所的发展，不是为了规模而规模，背后的逻辑是为了更多的合作，通过多元化创造更好的客户解决方案，这就是中大型律所的规模化

① 吴晨：《超越乌卡：不确定时代的长期主义思考》，浙江大学出版社 2022 年版，第 197 页。

优势所在。

另一个角度，欧美的一些大型律所在自己的本国之外，进行了全球化的布局，开设办公室，这种“多元化”的目的，一方面是更好地跟随客户的国际化脚步，为客户提供相应的法律服务，另一方面也是避免自己因为无法服务到重要的、关键性的客户，被竞争对手蚕食市场份额，然后竞争对手又在国内市场反噬自己。所以，律所必须要进行“多元化”布局，哪怕没有到国外开设办公室，也必须要有在国外的律师网络，确保客户不会因为在海外被竞争对手服务之后而被“抢走”。所以，从这个角度上说，“多元化”的思维并不是一个可有可无的选项，在当今国际化的市场中，这是一个“必选题”。多元化思维，对于律师和律所来说，有点像把传统的“单兵作战”的模式，升级为“狼群作战”模式，战斗力可大大增强。

对于律师来说，除了多元化思维，还需要高度关注一个与之相近但有所区别的思维——“拥抱分歧”思维。

著有《原则》一书的美国桥水基金的创始人瑞·达利欧有一个很具个人标签的概念——“深思熟虑的分歧”(thoughtful disagreement)。律师也许是非常难接受不同观点的职业，笔者在一本美国谈判专家的书中曾看到，“律师通常都不是谈判高手，因为他们都喜欢在自己的观点立场固执己见”。在多年的各种谈判过程中，笔者也发现律师（包括曾经的自己）跟对方讲法律和规则上的“道理”，希望对方能接受这个“道理”，从而顺从地牺牲自己的利益。这其实在谈判中是很难实现的，因为本质上，利益的分歧，不是通过讲道理可以“抹平”的。

律师受过专业的法律训练，容易形成自己的观点，并坚持自己的立场，不轻易动摇。那么这也给我们带来某种“路径依赖”，我们可能因此不愿意听取不同的观点，但这实际上是非常危险的。

与谈判中的“分歧”不同，在法律研究中，必须要有“拥抱分歧”的思维，否则你难以接近真相。在美国的法学院，教授往往通过判例教学，在课堂上不断丢出问题，让学生来分享自己的观点。经常好不容易一位同学得出一个看上去正确的观点，教授又拿出一个判例，刚刚听上去像是正确的观点，又好像不正确了。笔者还清楚地记得在纽约的律师事务所刚开始工作时，除了非诉业务之外，还参与了一个诉讼项目，在这个诉讼项目上，合伙人不断地让我挑战他的观点，因为我们不挑战，对手方的律师会挑战，法官会挑战，所以我们必须对于来自各个不同角度的“子弹”，都要有所预判和应对。

瑞·达利欧建议，面对分歧，你得养成先思考，后反应的习惯。而不是先反击，事后再思考。达利欧在自己的桥水基金有一个“两分钟规则”。假如双方出现分歧，一方先安静两分钟，另一方来说，两分钟后角色互换。这是为了避免你一言我一语的应激交流，给双方更多的思考时间。

所以，律师在进行完一项法律检索和初步研究之后，通常也不应自己立刻就发给客户，而是和合伙人或者资深律师就这个研究结果进行讨论，从而发现“分歧”，或者“第一版”研究结果中所忽略的“盲区”，开放式地发现和理解不同的角度和观点。笔者自己也时常会要求让资历更浅的实习生阅读研究结果，从中挑毛病。如果实习生无法理解其中的部分内容，那就说明文字深奥难懂，仍然需要修改，否则客户也可能无法理解或者产生误解。只有经过这样多维度、多角度的打磨之后形成的研究报告或者备忘录，才能经得起考验。

瑞·达利欧有一个“进步公式”，就是“进步＝痛苦＋反思”。当我们遇到分歧，自己的观点无法被接受时，一开始可能很痛苦，但是经过一段时间的反思后悟到了，那就意味着进步。而未来再遇到分歧，尤其是在遇到需要“深思熟虑的分歧”时，也不会再那么的“痛苦”。

第三，律师在进行研究时，也需要有“差异化”思维。

美国顶级律所 Wachtell, Lipton, Rosen & Katz（以下简称 Wachtell 律所）在成立之初只有包括四名创始人在内的 7 名律师，当时在规模上相较于其他竞争者并不具备优势。但创始合伙人之一的 Martin Lipton 非常擅长对法律问题的研究学习，并首当其冲地关注到当时市场中部分上市公司频频遭受“门口的野蛮人”——从事恶意收购的投资公司的突然袭击，饱受恶意收购问题的困扰。Martin Lipton 针对这一痛点问题，经过反复研究设计，发明了著名的股东权益计划（又称“poison pill plan，毒丸计划”），意思是你可以恶意收购，但当你收购成功的那一天，就无异于吞下了一颗“毒丸”。“毒丸计划”的发明让 Wachtell 律所以及 Lipton 本人名声大噪，也进一步推动了律所积极主动地帮助上市公司阻断恶意收购。该计划也于 1985 年经由特拉华州大法官法庭 (Delaware Chancery Court) 的判决合法化，至今仍然被全球的企业和法律人士参考学习，Wachtell 律所也逐渐成长为如今美国最负盛名（也是收入最高）的顶尖律所之一。由此可见，在专业领域中想要独树一帜，不断研究解决方案、精进服务产品，对于任何专业人士而言都是至关重要的。

再举一个例子，美国的昆鹰律师事务所（Quinn Emanuel Urquhart & Sullivan，“昆鹰律所”）成立于 1986 年，和很多老牌美国顶级律所相比，资历尚浅。但这家律所多次被美国 National Law Journal 评选为“最让人畏惧的原告律师事务所”，它的差异化竞争的战略决策是——主动放弃为大银行、大型金融机构和会计师事务所提供法律服务的机会，不担任这些机构的律师。这个决策是大胆的，但是却富有智慧。大银行、大型金融机构背后一般已经有无数顶尖律所在进行服务，要争取一块蛋糕非常不易。但是市场上，却有很多被这些大型金融机构“欺负”的投资人、客户需要主张赔偿，却可能找不到合适的律所——因为传统的头部律所常常因为已经为这些机构提供法律服务而由于“利益冲突”无法代表他们。于是，昆鹰律所主动采取了这一经营策略，主动放弃这些特定的大客户，从而能够代表其他客户针对这些机构提起诉讼。而这些金融机构、会计师事务所，往往实力不菲，面临诉讼，美国陪审团可能会对它们开出天价的赔偿裁决金额，或者迫于压力选择和解，支付高额的赔偿。很快，昆鹰律所在美国法律业内声名鹊起，无疑这是一个“差异化”的赢家策略。

在今天，昆鹰律所的美国网站上显示：昆鹰律所曾经 14 次帮客户获取 10 位数（数十亿美元）的和解赔偿金，27 次帮客户获得 9 位数（数亿美金）的和解赔偿金，5 次帮客户获得陪审团的 9 位数（数亿美金）的赔偿裁决。

所以，没有研究和思考，也许能够获得“小富则安”，但可能无法获得巨大的成功。而在擅长法律研究的同时，还需要具备高效的思维方式，在将法律研究快速转化为面向客户的作品、产品之外，还要时刻关注自己的“定位”、标签，进而形成自身独特的竞争优势，在“内卷”中胜出，用坚实的口碑和业务水平在竞争激励的法律市场中“乘风破浪”。

第四，律师在进行研究时，需要有跨界（跨境）思维。

律师的研究，是否仅仅局限在法律的框架之内？做好律师的工作，学问很多，法律本身可能仅仅占到一部分。所以，必须要抱有“终身学习”的态度，学习新的领域的知识，获取法律之外的能力，例如说服力、沟通力、领导力等。

在 ChatGPT 横空出世，人工智能日新月异的时代，我们应该掌握什么样的能力才不会被机器取代？传统的律师工作模式，将受到什么样的冲击？

不妨笔者讲一个自己的亲历故事。笔者曾经代表一位法国设计师客户向她的房地产公司的老板追讨其故意不兑现的数十万年终奖金。在法庭上，被告方的律师却玩起了“文字游戏”，说奖金是否给予，是要看原稿作为设计师参与的建筑设计合同的总金额是否达到或超过了 2000 万元人民币，而根据原告提供的证据材料，建筑合同、设计合同以及建筑设计合同相加的金额的确超过了 2000 万元，但是“建筑设计合同”金额却只有数百万。而合同的文字，代表了双方当事人的意思表示，写的就是“建筑设计合同”，据此被告方的律师辩称，合同需要“建筑和设计同时满足”才算，所以原告的主张不应该得到支持。

我方安排的诉讼律师很有经验，在法庭上对被告方律师的这个主张进行了纠正，强调“建筑设计合同”包含了建筑合同、设计合同以及“建筑＋设计”合同，但是他觉得法官对这个关键点似乎有所犹豫，所以也争取了提交《补充意见》的机会。

诉讼律师回来之后，笔者就和他开始了“研究”：这个《补充意见》该怎么写？因为之前该写的都已经写了。但是无论文字材料写得多么丰富，法官因为时间紧张等原因不能仔细研读，那还是没有效果。所以，我们果断做了一个决定，制作一个图表，用可视化的方式展示最关键的争议点，即究竟“合同”仅仅指的是“建筑＋设计合同”，还是包含了建筑合同、设计合同和建筑设计合同这三类。

在这个图表中，笔者展示了一个时间的横轴，勾画了被告房地产公司和我方当事人签署 offer、劳动合同，就合同奖金的电邮沟通，公司的财务发送的合同金额计算的 Excel 表格，以及之后进一步电邮沟通在内的所有时间节点，展示出所有的电邮往来、公司提供的 Excel 表格等内容，“均未显示被告曾经对合同包含的内容仅仅限于建筑＋设计合同”这一点有过任何意思表示，这个观点仅仅是在被告被起诉至法院，由其律师首次“创新性”地提出。图表下方，我们写了加粗体的一句话：“为什么这个‘新奇’的观点在整个时间流程中从未提出，却仅仅在被告被起诉之后才由其律师提出？”

笔者当时就跟出庭的这位诉讼律师同事打赌，法官即便很忙，也许不会逐字逐句地看完整个《补充意见》，但是这张图表，他一定会仔细看。果然，48 小时后，我们收到了法官的电话，征询我方是否愿意接受和解，和解金额与我们主张的金额十分接近，征求客户同意之后，这个案件以有利于我方当事人的方式画上了圆满的句号。

回想起这个案例，自己之所以能够做出这个判断，以及画出这张 PPT 的图，源于长期以来对于沟通、演讲、路演等方面的学习和训练，以及对受众体验的重视。因为如果受众无法理解你的观点，这绝对不是受众的问题，而是你的表达的问题。

同样，你是否能够有同理心、慈悲心和利他心，来对待受众、读者？假如你发现法官没怎么看你提交的案卷材料，你这时有两个选择，一是选择愤怒和抗议，二是选择内心首先理解法官的繁忙，用同理心感受法官的不易，然后用利他心去想尽办法、不遗余力地让自己的文案能够简单易懂，降低法官的审阅负担——你的选择，就在一念之间，你会怎么选择？笔者很庆幸，当时选择了后者，最后果然轻松获得了圆满的回报。这就是“利他心”的力量。但是，如果没有跨界的阅读和学习（乃至修行），我们可能就无法达到这样的心理境界，能够在遇到挫败时保持清醒的头脑，还能让自己看到就摆在眼前、能让你轻松走出困境的选项。

采用可视化的方法这一判断也源于笔者平时阅读《哈佛商业评论》、《麦肯锡季刊》以及其他商业杂志的习惯。当现代人已经习惯了各种设计精美的版式，各种图表后，千篇一律白纸黑字的陈述也可能会变得难以忍受。

这就是跨界的力量。如果仅仅把头埋在法律的文件堆里面，不采用这样的生动的表达方式，前面的诉讼很可能难以达到我们希望看到的效果。

关于跨界，我们再顺带提一下“跨境”，也就是了解境外的法律与实践，这不一定意味着你要做一名专精于国际业务、涉外业务的律师，而是通过学习欧美的法律和实践，了解是否我们的“方法”有改进的空间。笔者在20多年的法律执业生涯中，发现太多的法律业务领域都曾或多或少借鉴了其他国家法域的法律实践操作。中国的《公司法》《证券法》《信托法》《反垄断法》《个人信息保护法》等，都对别国的法律和实践做法有所参考，而律师在了解别国的做法之后，也更能清晰地整理思路，从新的视角来分析和解决手头的问题。

笔者以自己的业务经验举例。在并购、投融资交易业务中，从《意向书》到法律尽调到转股协议（或投资协议）的谈判再到最后的“交割”（closing），这套流程管理和风控的模式，协议的模板和条款，很大程度上都来自欧美的并购/融资交易实践。再以家族信托为例，在设计信托架构、审查信托公司提供的信托协议文本的时候，律师的海外家族信托的经验和实践就有相当的借鉴意义，我们对照这些更为成熟的做法，就能够对于才起步不久的中国境内的家族信托实践，提出专业的观点和修改意见，既帮助国内的信托公司开阔了眼界，更深地理解信托的原理，同时也保护了作为信托设立人的个人客户的权益；既赢得了客户的认可，也获得了对家的尊敬。

三、研究方法和逻辑的三个注意事项

《论语·为政》有云："学而不思则罔，思而不学则殆"，这句格言的意思是，只一味地读书学习而不主动思考问题，就会迷惑而无所得；只空想却不去学习钻研、积累知识，也会陷入困境而无所获。法律研究最忌讳的就是不经思考，没有重点地随意收集信息，最终就可能落入漫无边际的"知识海洋"，迷失在海量信息之中。因此，法律研究也需要掌握正确的方法，在磨炼思维方式的同时，逐步找到适合自己的法律研究"输入输出路径"和模式。

有关于具体的法律研究以及法律研究备忘录的制备，本书另有专门部分进行探讨。本部分则是从律师研究素养的角度，探讨一些基本的法律研究要素。

第一，我们需要掌握一些基本的研究方法和逻辑。例如麦肯锡的 MECE（Mutually Exclusive Collectively Exhaustive）分析法，意思是"相互独立、完全穷尽"，即所谓的"无重复、无遗漏"。这样整理出来的思路，才结构清晰，富有逻辑。衡量一位律师是否敏锐，分析和归纳问题是否有逻辑，相当关键。如果你的陈述很混乱，你的专业水平就可能会被怀疑，而一旦你的专业水平被人怀疑，那么你会一下子在客户眼中失去信任和地位。所以，掌握逻辑以及归纳演绎的方法是非常关键的。建议找一些这方面的书看来提高这方面的能力，可以试着做一做美国 LSAT 的练习题。作为律师，你可以反应慢一些，说话缓一些，哪怕可以有些口吃，但是绝对不能没有逻辑。

而撰写和发表文章则是一个培养自己的逻辑和思辨能力的重

要方法。笔者在大学和研究生时期都在专业法学期刊上发表文章，深知进行研究和撰写文章是一件既快乐又痛苦的过程。快乐之处在于发现和整理“新知”，痛苦之处则是在于要把不同的观点从大量资料中梳理和过滤出来，厘清本来混乱的观点和意见，最终整合成自己的观点和文字。但是这个过程却能够让你在逻辑思维和归纳表达上有一个“质”的飞跃，不知不觉中，你也就培养了自己的批判思维和独立思考能力。

所以，笔者在面试候选人的时候，经常会问候选人是否有发表过专业文章，自己是否喜欢写作，是否有自己的写作参考作品（writing samples）。

第二，掌握便捷和高效的方法很重要。“捷径”时常可能被认为是一个贬义词。“捷径往往通向你不想去的地方”——这句话始终让笔者印象深刻。但是在当下 ChatGPT 兴起、万物互联的时代，笔者很难想象，现在进行一项研究会不去尝试进行 Google 或者百度的搜索。懂得使用工具只是一个方面，更重要的是具备敏锐的思维和有效率的方法。

例如，当新法规出台，你会选择直接看法规的条文，还是先阅读新闻报道或者简报文章以了解法规出台的背景以及立法的用意，也就是背后的 WHY（为什么）？后者是更为高效的方法，因为理解了为什么，你就可以判断这个法规和你的业务、你的客户是否有关联，重要性如何，而不是花费大量脑力尝试理解条文背后的涵义。另外，当你理解了立法的背景和用意，也能更高效地理解法规的条文。

笔者早年在纽约一家大型律所执业，当时的律所合伙人在分享法律研究方法时就指出，做法律研究可以先从经编撰整理过的“二级资料”(secondary sources)开始，而不是直接先去查法律法规和判例。“资料”可以是这个领域的专著、不时更新的法律执业文献、律师的专业文章等。这些“二级资料”能够帮助律师快速了解一个法律问题的大致方向和框架，也就是所谓的“参数”(parameters)。在快速了解法律问题的框架趋势之后，再去查法律法规和判例，看看是否有更新的内容，或者此前“二级资料”尚未反映或解答的难点问题等。这样做能够更有针对性地梳理法规判例，更快速高效地回复客户提出的法律问题，大大提升法律研究的效率与准确度。如果一上来就查法规，查案例，可能不仅会花费数倍的时间精力，也可能会因为检索不够深入遗漏一些重要的要点。例如在针对某项具体法规中可能不会触及的跨行业问题时，就往往可能出现“丢了西瓜捡了芝麻”的情况。比如合资项目中的转股问题，可能涉及《公司法》《民法典》等，同时也可能会涉及税务方面的问题。如果律师首先搜索法律法规，而忽略“二级资料”，就很可能仅仅只会查到《公司法》，而忽略、甚至根本考虑不到税法上的潜在问题。

第三，如何呈现研究成果也很关键。不少年轻律师跟我提到，自己做了十分辛苦和努力的工作，但是并没有得到客户的认可和感谢。那么这就是另外一个重要的课题，如何让客户感受到你的专业？

律师的法律服务时常是无形的，而不是有形的、具象化的，无形的服务的确更难让客户感知到你的价值，你的专业。我们需要思考和研究如何将“无形的”服务“有形化”。

我们发给客户的电邮、法律工作报告、法律尽调报告以及法律意见书，都是承载了律师“无形服务”的“有形产品”。所以，律师要在这个“形”上做足功夫，给客户最佳体验。

心理学研究显示，一本装帧考究的精装书，要比一本装帧普通、印刷质量一般的书，更能获得读者的青睐和认可——哪怕书里面的内容一模一样。因此，笔者会在文案的写作格式、PPT的美观度等方面尽量做到尽善尽美。

所以，律师应该懂得一定的审美和品味，对自己的“作品”严格要求，尽可能地避免向客户、向外界公众展示不养眼的研究成果。在今天快节奏的社会中，如果展示的研究成果无法获取客户、读者的“注意力”，甚至带来“不专业”和“不严谨”的印象，那么你就会失去观众，丢失影响力。

* * *

法律研究作为解决法律问题的第一道“关卡”，是任何领域的执业律师都必须思考、磨炼的基础技能，是执业生涯这座摩天大楼不可忽略的“地基”，也是律师成长出自身竞争优势不可或缺的“土壤”。更为重要的是，思考和研究会大大提升律师的综合素养，例如前文中提到的如何“学会提问”，拥有“产品经理思维”、“差异化思维”、“跨界（跨境）思维”乃至拥抱“深思熟虑的分歧”的思维，这些不仅能让自己成为一位思路清晰、反应敏锐的优秀律师，也会有利于自己未来职场上的任何转型，成为一个有独立思考和判断能力，能够帮助自己和他人做出高效决策的有智慧的人。

法律研究与备忘录写作

周　洋*

第一部分　法律研究

> 无论是初出茅庐还是经验老到，法律研究都将贯穿律师的执业生涯全程。

无论是工作了10年的资深律师还是初出茅庐的新人律师，在法律研究上，大家都是一样的。法律研究检验一位律师对法律知识的理解和对法律的分析，因此，法律研究更倚重律师的法律思维，与执业经验的关系反而不那么大。

例如，刚毕业的一年级律师，或者是法学院的学生，也可以理解这些美国最高法院的判例和解释。这说明法律思维跟经验没有太大的关系，只要受过系统的法学教育，就可以具备一定的法律思维。因此无论面对的是客户还是合伙人，无论你是一年级还是三年级律师，也要有信心能够做好法律研究。本部分将为大家介绍法律研究的要点和方法。

* 知识产权部合伙人。

一、要点：明确需要解决的法律问题

在启动法律研究时，应当先准确记录与认真研读背景信息，基于对背景信息的理解，全面思考本次法律研究可能涉及哪些领域的哪些问题。

以一个土地延期开发纠纷诉讼时效问题的法律研究为例：

> 某地土地部门与房地产开发企业于 2012 年签订了土地出让合同，合同约定 2012 年底竣工，如果延期竣工，每延迟一天要按出让金的千分之一来征收罚款。该项目最终在 2016 年延期竣工。土地部门于 2016 年向法院主张房地产开发企业支付延期竣工违约金。

这时候进行法律研究，存在三种观点：第一种观点，强调时效问题，认为 2012 年至 2016 年已过去 4 年，土地部门主张违约金，可能已经过了两年的诉讼时效。第二种观点，认为诉讼时效应当独立计算，除非房地产开发部门明确表示违约，否则独立的状态一直在持续。第三种观点，该案法院当时采取的观点，将每日的违约金视为一个新的合同，今天的就是今天的合同，明天是明天的合同。

因此，在新律师着手研究前，可以和合伙人或者高年级律师再次确认需要研究的问题，以免方向出现偏差。

二、法律研究的工具

1. 检索相关法律法规

法律法规检索是律师必备的日常技能之一。目前大部分律师经常使用的网络检索工具多是 Westlaw、北大法宝等法律法规数据库，这些网络检索工具也有效提升了检索速度。但要注意的是，除了这些数据库外，还可以去中国人大网、最高人民法院的网站或者相应的主管部门等国家部委官方网站上去核实相关的法律法规或者规范性文件是否还有效。

2. 检索相关司法案例

虽然我国不是判例法国家，但最高人民法院也会发布指导性案例。譬如上述关于土地开发纠纷诉讼时效问题的三种观点，假如该项目是在上海，首先要检索最高人民法院有没有关于延期履行的判例，如果没有找到，再检索上海高院是否有此类判例。如果仍然没找到土地开发延期的问题，可以去检索别的地方的法院判例。例如，最终检索到北京高院的一个类似案件的指导意见和审判案例，该案例和判决对于法院和律师而言，还是有参考价值的。

律师的法律研究不能仅仅停留在法条层面，还应当再去检索相似判例。当然，也会出现不同的法院对同一个问题出现了不同的判决，此时，律师需要考虑已有判决与现有案件的相关性，选取更为相似的案件的判例，在对相关性的论证方面也加强判例的说服力。

同时，在判例的检索过程中，也要注意做到检索判例的全面和充分。对相似判例的充分检索可以支持律师对相似案件中法院的不同观点进行充分比对和选择，从而出具最具说服力的观点。

3. 电话咨询相关部门

什么情况下需要电话咨询？一是法律法规规定不明确；二是法律法规之间存在不一致；三是确认理论与实践是否一致。

电话咨询需要注意什么？一是确认对方所属政府部门；二是适当处理我方身份和客户信息；三是咨询结束后及时整理、记录咨询结果；四是养成收集、整理常用政府部门有效咨询电话的好习惯。

电话咨询是一把“双刃剑”，一方面，咨询可以确认律师对法律问题的理解。有时仅根据法条无法确认实务部门的具体实践操作，因此就需要律师电话咨询进行确认。在给客户解答相关法律问题时，就可以强调：“根据我们电话咨询，某某单位答复如下……”但另一方面而言，仅根据电话咨询做出的结论效力较弱，律师不应当以此为依据，对客户解答：“依据某部门的咨询……我们得出如下结论……”电话咨询本质上是被咨询人的个人观点而不是部门的正式答复，电话咨询能够帮助律师理解实践操作，弄清楚在具体的法律问题中应该关注哪些方面，有一定的参考价值，但不能作为做出法律意见的依据。

因此，尽管电话咨询是重要的环节，但是在咨询完毕后，不能过度依赖咨询得来的结论。低年级律师要注意的是，在法律研究某个问题时，不能仅根据与相关部门的电话咨询就做出结论，而忽视对法律渊源的检索，这样的法律研究方法往往增加了返工的可能性，从而降低了工作的效率。在法律咨询后，正确的表述应当为："根据某法条的规定，问题是怎样的，之后我们与有关部门进行了内部的咨询，有关部门确认了我们的观点。"

4. 善用互联网搜索引擎，高效获取专业经验

除了上述法律研究的工具，善用互联网搜索引擎也非常重要。面对陌生领域的相关名词和法律问题时，别忘了除了常用的法律专业数据库之外，还可使用互联网搜索引擎，挖掘前人的观点及见解作为参考。搜索引擎有助于快速拓展认知的范围，高效抓取一些法律问题的关键要点，比如一些前沿的学术观点、其他专业人士针对相似问题发表见解的文章、著作等。这些都可以帮助我们厘清概念、快速理解问题、了解相关的行业动态等，从而帮助我们更高效地回应客户的法律需要。

5. 充分利用所内资源

由于律师执业方向的不同，其专精的业务知识也会有所偏重。例如，作为一名公司部律师，尽管日常业务中涉及外资并购比较多，但是其可能也对上市公司的某个披露规则有所了解。然而，如果向一名争议解决律师咨询外国人的工作许可问题，他就可能答不上来了。在中伦律所，遇见上述情况，一方面可以发所内邮件进

行征询；同时，可以利用所内知识管理平台，研读同事之前的法律研究结论；另一方面还可以就已有的研究结论和所内同事进一步讨论。

三、法律研究的方法展示

中国内地A公司于2005年接受了一笔来自法人股东的现金捐赠，形成资本公积。2016年，A公司欲将该笔股东捐赠形成的资本公积转增为注册资本，那么，A公司的股东香港公司是否会因A公司的本次转增而被税务机关征收企业所得税？

就上述案例，以如下的法律研究思路为例，向大家展示一次法律研究的具体方法：

1. 明确问题：公司将股东捐赠形成的资本公积转增注册资本，其股东是否会被纳税？

2. 提取问题中的关键点："资本公积转增""股东捐赠形成的资本公积""现有股东为法人"。

3. 法律法规及其他相关资料检索：根据《国家税务总局关于贯彻落实企业所得税法若干税收问题的通知》（国税函[2010]79号）的规定，被投资公司将股权（票）溢价所形成的资本公积转增的，股东不缴纳企业所得税。

4. 进一步细化问题：股东捐赠形成的资本公积与股权（票）溢价

所形成的资本公积在会计制度上是否存在区别?

5. 进一步检索法律法规与相关资料:根据《会计制度》第四章所有者权益,“资本(或股本)溢价”与“接受现金捐赠”分属不同的资本公积科目。

6. 初步结论:A 公司的资本公积来源为股东捐赠,无法适用 79 号文的规定,股东有被相关税务机关纳税的可能。

7. 电话咨询:分别咨询北京、上海的税务部门,详述该情况,进一步确认结论。

四、总结

法律研究是律师必备的基础技能,切不可掉以轻心:法律法规检索方面,我们除了使用常用的法律法规数据库以外,还应检索全国人大、最高人民法院、政府主管部门的官方网站;相关案例检索方面,我们应该利用判例,但也不要迷信判例。在大陆法系国家,判例虽然有用,但本质上来讲,除最高人民法院发布的指导性案例或其他非指导性案例外,其他判例缺乏权威性,仅可以作为法律研究中的参考;电话咨询同样也是检索的有效手段之一,但不要仅依赖电话咨询就做出法律研究的结论;另外,善用互联网搜索引擎探索抓取其他专业人士或学界的观点见解。虽然搜索引擎可能无法直接告诉我们法律问题的答案,但是能拓展我们的认识,帮助我们快速了解问题的重点要点以及相关的前沿动态等;除此之外,也可以充分利用所内的各类资源,可与所内同事进一步讨论研究结论。

第二部分 法律备忘录

> 一篇好的法律备忘录应该是非专业人士也能看懂的、深入浅出的，并且是言之有据、层层推进、言之成理的。

法律备忘录是律师工作中常用的法律文书，律师和客户除了面对面交流，更多的交流方式是以书面形式进行的。法律备忘录客观上是律师体现专业素养和水准的载体。因此，掌握法律备忘录的写作方法、写作规范和写作礼仪是每一位律师应当具备的基本技能。法律备忘录写作的特点首先是权威性：不仅要言之成理，更要言之有据；好的法律备忘录还具有易于阅读性：结构清晰、格式规范、深入浅出，尽量避免使用晦涩难懂的语言或表述方法；法律备忘录的格式规范应当具有"一致性"：格式规范不必采用相同体系，但同一体系的格式规范应做到内部一致。下文将对法律备忘录的写作方法做进一步说明。

一、法律备忘录的基本写作框架

以具体场景为例：

一家英国公司想进入中国的电商市场。作为外国客户，该公司对中国这个行业的情况和规则一无所知。他们向中伦律师事务所请教进入中国电商市场的法务事项，主要想了解有哪几种符合中国各项规定的经营方案。基于上述情况，如何写一篇优质的法律备忘录帮助客户迅速获取相关法律背景信息并实施他们的商业计划？

写这样一篇法律备忘录有很多框架可用。这里着重介绍两种：构建型框架与比较分析型框架。

关于上述场景中的案例，可以从宏观的角度入手（构建型框架），先列出一个外商进入中国市场所涉及的法律程序清单，再由此细化到几个主要的问题，比如：该公司在中国应该设立对应的分公司还是代表处？设立公司的时候应该选择独立出资的方案还是合资的方案？可供选择的方案有哪些优点和不足之处？

完成这份法律备忘录的另一个思路是使用比较分析型框架。这里需要运用到灵活地观察独立场景的相似之处的能力，以便横向借鉴不同客户的情况，综合考虑并作出周全的决策。举例而言，上述场景中的英国客户进入中国市场后可能会举办一些活动。什么样的活动可能会被定义为商业贿赂？为了帮助客户合理规避违法的风险，可以用把客户的情况和相似的例子作比较的方法来判断应该给客户什么样的建议。比如：倘若是一个中国公司有很多经销商和零售商，这个中国公司打算请这些经销商、零售商去欧洲开一个年会，这样的活动是否构成商业贿赂？

写法律备忘录会用到很多不同的框架。万变不离其宗的一点是：在分析问题的时候，需要清晰地表述出所分析的问题是基于什么样的契机和背景，明确手头掌握的基本事实，再依据这些基本信息来确定我们的分析所需要覆盖的范围。

二、IRAC——法律备忘录的“万能钥匙”

“IRAC”是法律备忘录写作中一种常用的法律分析方法。“Issue”，即问题，明确界定、提炼出法律问题是法律分析的前提；“Rule”，即法律规范，法律分析应当有法律渊源，对法律规范的构成要件逐个解析；“Application”，即应用，将法律规范应用到具体案例中，将案件事实与法条的各项要件逐一进行分析比对；“Conclusion”，即结论，法律分析应有明确、清晰的法律结论和建议。优质的法律备忘录基本都会涉及这几个方面。但有时，这四个部分的顺序也可以结合实际情况和备忘录的架构进行调整。

法律备忘录的读者众多，其中包括时间安排紧凑的公司高管。因此，展开详细的论述前通常要交代一下案件的背景（lay out the facts），同时提出最主要的结论和观点。写法律备忘录时切忌把关键结论和观点隐藏在冗长的段落间。最重要的信息都应该简洁而清晰地写在备忘录的第一页，以便读者第一时间了解这些信息。

以具体场景为例：

在一个涉及“酒驾”的案件中，一位车主因“酒驾”受到处罚，该车主对处罚结果表示质疑，遂来函询问其行为是否的确构成“酒驾”。针对上述情况应该如何写一篇法律备忘录提供给客户？

首先，概括一下案件的基本事实（facts）。描述相关事实的过程其实可以带有一定的选择性。换言之，在做描述的时候可以考虑一下案件中的哪些细节是相关的，判断一下哪些要素是必须涵盖的，哪些要素是可以选择省略的。

Issue——这一部分的功能是基于案件的事实梳理出相应的法律问题，同时总结提炼出和案件相关的法律要点。Issue 的写作体现出律师对事实和相关法律问题的理解，在上述场景中，根据对事实的理解，备忘录写作的范围也随之划定为“酒驾”以及相关规则和法律问题的分析。

Rule——Issue 板块通常会和 Rule 板块相结合。顾名思义，Rule 部分的作用是追溯回法律写作的原点，即回归具体的法律条款和原则。法律从业者最基本的职业规范就是言之有据，言之有法律渊源。给客户做法律咨询的时候，要依照现行有效的法律法规或者规范性文件来提出适当的建议。例如，以上述场景为例，我们可以发现《道路交通安全法》第 91 条对酒驾行为进行了规定，“饮酒后驾驶机动车的，处暂扣六个月机动车驾驶证，并处一千元以上二千元以下罚款”。此外，《道路交通安全法》第 119 条规定：“‘道路’，是指公路、城市道路和虽在单位管辖范围但允许社会机动车通行的地方，包括广场、公共停车场等用于公众通行的场所。”

Application——意为把法律条款运用到实际情境中。通过介绍法律规范、分解法律规范里的要素，我们需要进一步将法律规范逐步地运用到案件的事实当中，最后才能得出结论。以上述场景为例，我们可以将法条做一些分解，得出“酒后”“驾驶”“机动车”等要素，同时，也要考虑到《道路交通安全法》规定的“场景”——“道路”。本案中，在分解出四个要素后，还需要将案件事实与这些要素逐一进行分析比对。如果有一项事实与有关要素不符，则车主的行为就不应认定为“酒驾”。由此可见，写 Application 板块的要领是在抓住案件关键信息的前提下，将法律规范应用到具体案例中，将案件事实与法条的各项要件逐一进行分析比对。

Conclusion——在法律备忘录的最后，还应有明确、清晰的法律结论和建议。

三、法律备忘录的格式

撰写法律文书应注意字体、字号、行距、缩进、注释、编号体系等格式规范。以中伦律师事务所的具体格式要求为例，呈现给客户的材料每一页都要有中伦的标志。字体也需要统一，选择中规中矩、整齐的字体方便客户和同事阅读所整理的资料（中文通常是宋体或者楷体，英文则常用 Times New Roman 字体）。

四、其他注意要点

给法律备忘录文档命名时，应尽可能提供多一些包含基本信息的词条（中英文均可），以便客户和同事能迅速根据这些词条联系到相关人员或者查找到相应的材料。

遇到需要通过邮件发送材料的情况，要仔细考虑实际操作过程中涉及的细节，比如：与客户联系时需要把邮件抄送给对方什么部门的哪些同事？发邮件时也要遵循一个对等原则，即双方负责邮件往来的同事的级别要大致相当。发邮件时还要尤其注意对一些重点信息进行保密处理。

在法律备忘录中载明参考文献的方法也需注意。美国有一本介绍参考文献记录规则的“蓝宝书”（业内通称 The Bluebook），书中就介绍了一些参考文献的记录规则。整理参考文献条目的目的是方便法律备忘录的读者找到作者引用的法律条款或相关出版物原文。具体的格式和操作规范一般都可以在类似于“蓝宝书”的手册中查询。

法律意见书撰写指南

孟聪慧 *

> “心态”无形，但是，不同的心态所带来的工作方式、工作成果等的改变，却是真实可见的，在法律文书的写作中，保持敏感与谦逊，潜心领悟，从而达到日益精进。

释义：

本文中，除非文意另有所指，相关词语的含义如下：

表 1 相关名词释义

名词	释义
法律意见书	指在 IPO、M&A 等资本市场业务中，需要由中国律师主笔起草或参与修订的法律文件的总称，主要指 A 股 IPO 项目中的法律意见书 / 律师工作报告等，及境外 IPO 项目中的（总体 / 物业）中国法律意见书等；但虑及本文所选用的示例性质多样，为简洁行文，我们将重组备忘录 / 专题备忘录、法律尽职调查报告、针对有关特殊事项的访谈问卷、相关信息汇总记录表格以及载述实质性法律意见的邮件正文等也包括在其中。
读者	指一切有机会接触、使用法律意见书的读者，包括但不限于：证券审核监管机构，保荐人、审计师及境内 / 境外律师等中介机构，本律师团队内部的资深律师 / 合伙人，以及任何可以获知、阅读、质疑或挑战法律意见书的其他机构或人士。

* 资本市场部合伙人。

续表

名词	释义
特殊事项/瑕疵事项	指构成律师及相关各方关注焦点、需要各方倾注时间和精力去解决和跟进的事项。以 IPO 业务为例，包括但不限于：相关公司曾经受到过的行政处罚、未决诉讼/争议、未能按照原有预期顺利完成的有关政府部门审批手续等。
安全	指法律意见书的初稿发出后，能够使读者在初次阅读时，即可确信：其中所述内容均证据确凿充分，律师核查全面到位，判断意见精准恰当；对“披露无（重大/实质性）遗漏＋仅尚有【 】特殊事项需要跟进处理＋其他方面均合法合规”形成清晰印象。
好用	指读者在阅读到法律意见书中的信息 ABC 时，如果按照通常的思维逻辑惯例/业务操作惯例，还需要了解与之相关的信息 ABC，则会发现信息 ABC 或者“已经出现在眼前”，或者有明确的阅读指引去寻找信息 ABC，而无须翻遍整本法律意见书、更无须翻查工商底档等基础资料去查找信息 ABC。
示例	本文中所选用的示例，均选取自公开可查的有关 A 股 IPO 项目的法律意见书/律师工作报告，或来自我们在办理境外 IPO 项目过程中的有关经验，惟相关敏感信息已经进行技术性处理。 虽然 A 股 IPO 项目与境外 IPO 项目的上市地及各自所需遵循的上市规则不同，但就“境内主体在中国法律语境下的合法合规性”而言，中国律师在境内/境外 IPO 项目中的工作方式、思维逻辑等并无实质性差异，可以互相参考借鉴。因此，本文并未对示例来源作出明确区分。

另外，本文的主旨并非意在探讨类似于“怎样做 IPO 业务/怎样做尽职调查/怎样写法律意见书”这样的宏观性话题，而仅是立足于微观层面上，很个性化地聊一聊我们自己对法律意见书等律师文件的一些体会。文中所谈仅是一家之言而已，并无任何权威性，因此，其中若有任何不够严谨或有失偏颇之处，相信也易于得到谅解。

一、法律意见书的语言风格

（一）多“客观”、少“主观”

表2　示例一：客观表达

<table>
<tr><td colspan="3">事实背景：A公司以“出让”方式取得了一宗国有土地使用权，需相应缴纳土地出让金。公司中国律师在法律意见书中须述及相关事宜。</td></tr>
<tr><td>原文表述</td><td>反馈修订意见</td><td>修订后表述</td></tr>
<tr><td>A公司已经足额缴纳了土地出让金。</td><td>请公司中国律师披露：
1. 缴纳土地出让金的具体金额及具体时间
2. 土地出让金已经缴足的证明文件</td><td>根据【收款机构名称】开具的《单据名称》（编号：【 】），A公司于【年月日】已经缴纳了土地出让金【 】元，土地出让金已经缴足。</td></tr>
<tr><td colspan="3">反思与分析：
首先要明确：原文表述方式并没有“错”，该示例也并非意在讨论“对/错”的问题。
其次，读者的反馈修订意见其实并不需要中国律师进行任何“中国法律”专业角度的逻辑分析或判断，而只是要求中国律师将相关客观信息（如付款证明文件的准确名称/编号、付款日期、付款金额等）进行全面、准确地披露，即在文档中补充录入少许文字即可。
但是，深入一层来看，未述及该等客观信息的“原文表述”，在性质上是律师的“主观判断/主观意见”；而述及该等客观信息后的“修订后表述”，在性质上则是“让证据讲话”的“客观事实”，即这些“客观具体信息”，实质上起到了验证和支持“A公司已经足额缴纳了土地出让金”这句话的作用。借鉴“谁主张、谁举证”的诉讼举证原则来说，“主观判断/主观意见”未必切实成立、最终未必得到支持和认可，但有充分客观证据验证和支持的“客观事实”则无可辩驳、不容置疑。
经验领悟：
为了强化法律意见书的信服力，从制作法律意见书的初稿开始，就要有意识地尽量少采用“主观判断”的风格、多采用“让证据讲话”的风格。特别是在披露客观历史证据资料信息时，尤其要注意这一点，即使有时需要多录入一些文字、延长一些篇幅，也是值得的。从效果上来看，对客观证据及信息“一次性披露到位”，读者就不会有疑问，律师就会省去重复翻查原始文件、搜寻及补充相关信息之劳，所省下的工作时间远远超过当初多录入几行文字的工夫。</td></tr>
</table>

我们注意到，在 A 股 IPO 项目法律意见书中，对境内公司的“历史沿革”等客观情况的披露普遍要简洁一些，概括性强；而在境外 IPO 项目中，境外中介机构对中国法律意见书在披露详细程度方面的要求普遍比较高。这或许是由于境外保荐人、境外律师等的执业法域不同，所有关于中国法律事项的披露完全依赖于公司中国律师及中国法律意见书而导致。但无论怎样，“让证据讲话，让事实讲话”的原则是一致的，律师制作不同 IPO 项目的法律意见书时的内在要求应并无实质性差异。

表 3　示例二：精准表达

事实背景：B 公司原由股东甲持股 60%、乙持股 40%；之后，乙将其所持 40% 股权全部转让予丙，即 B 公司的股东结构变更为甲持股 60%、丙持股 40%。（相关股东会决议等历史文件均由公司当年自行制作。）中国律师在法律意见书中须述及相关事宜。		
原文表述	反馈修订意见	修订后表述
2010 年 3 月 1 日，B 公司股东会通过决议，同意乙将其合法持有的 B 公司的 40% 的股权转让给丙。 2010 年 3 月 1 日，B 公司股东会通过决议，同意乙将其合法持有的 B 公司的 40% 的股权转让给丙，并据此变更公司章程。	请公司中国律师说明： 针对乙、丙之间的该次 40% 股权转让事宜，为何 B 公司股东会在同一日作出两次决议？	2010 年 3 月 1 日，甲、乙作出《股东会决议》，同意乙将其合法持有的 B 公司的 40% 的股权转让给丙。 2010 年 3 月 1 日，甲、丙作出《股东会决议》，同意乙将其合法持有的 B 公司的 40% 的股权转让给丙，并据此变更公司章程。

续表

反思与分析： 首先，要明确原文表述方式并没有“错”，该示例也并非意在讨论“对/错”的问题。 其次，读者的反馈修订意见其实并不需要中国律师进行任何“中国法律”专业角度的逻辑分析或判断，中国律师只需要将“甲、乙先作出第一份股东会决议，乙方随之退出股东组合；之后，甲、丙作为新的股东组合，于同日再作出第二份股东会决议”这个关系说明白即可。 再深入一层来看，通常情况下，“B 公司股东会”这种表述是容易理解的。但从该示例可以看出，就“表述精准度”而言，“B 公司股东会”这种表述，在性质上仍然是律师的一种主观归纳性的、笼统的表述。当法律关系所涉及的主体在某一时点发生实质性变更时，这种“笼统的主观归纳”产生混淆的可能性就比较大。该示例中，即是由于原文将新、旧两组不同的股东组合均称以“B 公司股东会”、而未列明各自所涉及的具体股东分别是谁，导致读者除非亲自查阅工商底档，否则即容易产生理解混淆。由此来看，对于看似“放之四海而皆准”的某些惯常表述，比如“某公司股东会”等，真的就可以“随时使用，皆无问题”吗？我们是否需要想一想，有没有其他更好的表述方式，能够让读者“一读就明白”？ **经验领悟：** 为了使法律意见书的文意更清晰、准确，律师需要根据实际情况灵活调整文字表述，而不宜囿于所谓常规/惯例/模板。从便于理解的角度来说，文字表述越直接、越浅显、越贴近于客观信息的原本面貌，效果越好。 （当然，这个示例仅是从文字表述方面做出了提醒，其实在分析问题、构建思维逻辑脉络时，同样的原则也是适用的。）

由上述两个示例，联想到一个有趣的现象：A 股 IPO 项目中常用的一个概念是“工作底稿”，根据中国证监会、司法部等机构制定的有关规则和要求，工商底档（其中包括设立批准证书、营业执照、合同、章程等文件、变更文件或者该等文件的复印件）等客观资料均构成工作底稿的组成部分。

而在境外 IPO 项目中，境外中介机构则多使用“验证文件 / 支持文件”这个概念。当其对中国法律意见书中的某些结论存疑时，会直接要求中国律师提供相关验证支持文件，该等文件大多须是客观历史性证明文件，如工商底档、物业调档资料等（当然，支持文件有时也会是某些第三方出具的“证明函 / 确认函 / 说明函”等资料，但其性质和使用要复杂一些，我们在此暂不详细探讨）。

比较而言，我们理解，“验证文件 / 支持文件”的说法，或许更能凸显那些来自外部第三方的客观证据资料的作用，即其对律师在法律意见书中所记述的情况以及结论性意见提供“验证和支持”，而只有让读者直接从法律意见书中看到该等支持文件的具体信息，读者才能确信其存在，相应的“验证和支持”的效能才真正得以实现。反过来讲，能得到这些客观证据资料验证和支持的法律意见书，才是客观的、是无可置疑的；否则，法律意见书很可能会被作为律师的“主观认为”而受到质疑和挑战。

上述就是我们所说的：法律意见书中的信息披露语言风格，宜“多客观 / 少主观”，并“自带验证功能”。

（二）具备检索功能

表 4　示例三：关键词检索

事实背景：C 公司之前持有日期为 2015 年 6 月 1 日的《营业执照》，目前持有的最新版本则是日期为 2017 年 6 月 1 日的《营业执照》；两个版本的《营业执照》中所记载的“经营范围”并不一致。中国律师在法律意见书中须述及公司“经营范围”等相关事宜。

续表

原文表述	出现的问题	修订后表述
根据C公司现行有效的《营业执照》，其经营范围为【 】。	由于这个段落原文并没有明确是依据什么日期的《营业执照》，也没有写明证照的号码，公司中国律师在2017年后半年更新法律意见书的相应部分时，忽略了修订这个段落。	C公司目前持有于2015年6月1日核发的《营业执照》（统一社会信用号码：【 】），其中记载的经营范围为【 】。
反思与分析： 首先要明确：原文表述方式并没有“错”，该示例也并非意在讨论“对/错”的问题。 但是，必须要考虑到：IPO项目普遍耗时较久，尽管有些境外IPO项目仅用数月时间即可完成，但大部分境外IPO项目还是需要1年或更长一些的时间完成的；A股IPO项目则普遍需要3年或更长时间才能完成。在漫长的工作过程中，中国律师需要对法律意见书进行多次补充、更新。而为了避免遗漏和冲突，在起草初稿过程中，其实可以巧妙地为后续工作留下“提示性标记”。即如本例，如果原文直接采取了“修订后表述”的风格，那么，在后续进行信息更新时，律师很容易通过搜索“2015年6月1日”或此处的“统一社会信用号码”等关键信息而安全地找到所有相应段落并进行统一更新。退一步讲，即使仍有遗漏，起草律师自己在读到“2015年6月1日”时也可以自行发现此处信息需要更新。但是，诸如“现行有效”这样的原文表述方式恐怕就难以起到自我提示的作用了。 再深入一层来看，无论是境内还是境外的证券监管机构，普遍对中介机构制作的IPO申报文件的质量要求越来越高，诸如“信息更新出现遗漏/同样内容前后矛盾”等质量问题一旦被注意到，即使没有实质性降低项目成功系数，也必然会影响相关证券监管机构对中介机构/经办团队的评价。所以，对工作成果的内在素质，必须时刻予以关注，办理IPO及涉及上市公司业务的中介机构/团队更是要随时保持警醒。 **经验领悟：** 为便于对法律意见书进行精准的修订和更新，在起草初稿时，就要尽量在文字中留下具备“检索/搜索”功能、能够进行信息准确定位的标志性关键词作为线索。		

下面仍以C公司为例，再提供两个示例供大家参考（见表5）：

表5　关键词检索参考

原文表述	建议的修订表述
【年月日】，C公司在【 】市工商行政管理局办理完毕设立登记事宜。	【年月日】，C公司在【 】市工商行政管理局办理完毕设立登记事宜，领取了《营业执照》（统一社会信用号码：【 】）。
C公司曾经的股权结构如下：【 】	于【年月日】至【年月日】期间，C公司的股权结构如下：【 】

二、关联信息布局设计

"动线"完整、清晰，且尽量最短。

"动线"是建筑与室内设计领域的一个用语，意指空间使用者在某个空间里因为某个目的而移动位置时，按照先后顺序将其所经过的各个地点连在一起，所形成的那条"行动路线"。

举个例子，假设晚餐要炒一盘青菜，那么一般的操作顺序和行动路线是：先从冰箱里取出食材——在水槽清洗——在台面进行斩切——放入灶台上的锅具里进行烹饪——将美食装盘放上餐桌。将"冰箱—水槽—台面—灶台—餐桌"各自的位置连起来就是"动线"。显然，动线上具备不同功能的各个位置不仅要齐全完整，而且相邻位置之间要尽量靠近，这样厨师在操作时才能没有阻碍，行云流水般地完成烹饪。

法律意见书，其实恰似构筑了一个无形的空间：当律师希望读者接受某项法律意见时，需要为读者依次呈现相关基础信息，并按照合理的逻辑思维脉络将这些信息串联起来，形成一条"信息—思维动线”，最终使读者理解和接受律师的意见。因此，律师在起草法律意见书初稿时，如果能贴合这条“动线”，对所述及的相关内容和信息进行合理布局，自然会使法律意见书信息充分、分析严谨，读者在阅读和使用时也会感觉清晰顺畅。

表 6　示例四："穿透到底"的信息披露原则

事实背景：D 公司为一家成立于 2008 年的外商投资企业，注册资本为 5000 万港元。中国律师须在法律意见书中述及出资相关事宜。		
原文表述	出现的问题	修订后表述
一、关于 D 公司 （一）历史沿革 1.1　设立 2008 年 6 月 1 日，【 】市对外贸易经济合作局作出《关于外资企业【 】公司项目的批复》（文号：【 】），批准设立 D 公司……注册资本为 5000 万港元，投资者应按照公司章程规定的期限出资完毕…… …… 2008 年 6 月 5 日，D 公司领取了《企业法人营业执照》（【 】号）。 1.2　第一次增加实收资本 2008 年 10 月 8 日，【 】会计师事务所出具《验资报告》（【 】号），确认截至 2008 年 10 月 3 日，D 公司已经收到股东【 】缴纳的第一期注册资本港币【 】万元，均以货币资金出资。	这个示例中的原文表述是有实质性缺陷的，直接导致了对一次“逾期出资”瑕疵事项的漏查——由于当时外经部门在批复中并未明确写出资期限，而是直接指向了公司章程；但公司中国律师在制作法律意见书初稿时，并未相应进一步摘录章程的条款，从而使读者仅凭阅读法律意见书正文根本无法发现股东出资存在逾期；之后，因其他中介机构一边审阅工商底档、一边审阅法律意见书，才发现了问题所在。	一、关于 D 公司 （一）历史沿革 1.1　设立 2008 年 6 月 1 日，【 】市对外贸易经济合作局作出《关于外资企业【 】公司项目的批复》（文号：【 】），批准设立 D 公司……注册资本为 5000 万港元，投资者应按照公司章程规定的期限出资完毕（即投资者认缴的出资额在领取营业执照后 90 天内缴纳 30%，第二期于领取营业执照后 1 年内再缴付【 】%，第三期于领取营业执照后 2 年内再缴付）…… …… 2008 年 6 月 5 日，D 公司领取了《企业法人营业执照》（【 】号）。

续表

…… 1.18　结论 基于上述，本所律师认为： 1.D 公司系依法设立的外商投资企业……D 公司注册资本已经足额缴纳并取得了验资报告……		1.2　第一次增加实收资本 2008 年 10 月 8 日，【 】会计师事务所出具《验资报告》(【 】号)，确认截至 2008 年 10 月 3 日，D 公司已经收到股东【 】缴纳的第一期注册资本港币【 】万元，均以货币资金出资。 基于上述，D 公司股东本次出资时间与经主管部门批准的出资期限不符，但因【 】，本所认为，该等逾期出资情形不影响 D 公司的有效存续 / 不构成本次上市的实质性障碍。 …… 1.18　结论 基于上述，本所认为： 1.D 公司系依法设立的外商投资企业，除前述“一 /(一)/1.2”部分所述的逾期出资情形外，D 公司的注册资本均已依法按时足额缴纳……

续表

反思与分析： 这个示例，其实是一个关于关联信息的“动线是否完整”的问题。 很显然，这里的“信息—思维动线”是：明确经批准的出资时限的截止日期——明确领取营业执照的日期——明确实际出资日期——判断是否构成逾期出资。但是，由于律师在进行尽职调查、审阅基础文件时不够细致严谨，在起草法律意见书初稿时未准确核查及披露出资时限的截止日期，导致对关联信息披露不完整，以至于读者（包括律师团队的其他高年级律师或是合伙人）在阅读、修订时，除非也去全面审阅工商底档，否则难以发现瑕疵事项，进而造成披露时的遗漏。 当然，为了便于行文，我们仅是以“历史上的逾期出资瑕疵”这种相对简单的情形作为例子，在实际项目中，这种遗漏相对来讲可能并不是性质和结果最为严重的。但是，“审阅基础资料不够细致充分，关联信息披露不完整”，是完全可能导致漏查“关联方 / 关联交易 / 同业竞争”等其他性质严重的瑕疵事项的。 结合相关证券监管机构的审核态势来看，特别是结合有关证券业务中介机构之所以受到处罚来看，中介机构的工作成果不够严谨、细致，实质性遗漏了重大瑕疵事项等情况，已经成为证券监管机构的关注重点。这也正是我们为什么说，首先要确保自己制作发出的法律意见书对自己及读者来说是“安全”、可以信赖的，如此才能确保项目的顺利、安全以及中介机构本身的执业安全。的确，没有什么比“安全”更重要了。 **经验领悟：** 在审阅基础资料和起草法律意见书初稿时，同样要奉行“穿透原则”，“彻查到底 + 披露到底”，在某些容易存在瑕疵的方面尤其要如此处理。毕竟，IPO 规则及证券监管机构对大部分特殊事项 / 瑕疵事项的考量原则，并不是绝对的“零容忍”，而是要求主动彻查到位、诚信披露，那么其结果往往不会影响项目的安全和成功；反之，如果特殊事项是“被动曝光”的话，则往往会受到“诚信”方面的质疑，那可能就会成为实质性危险因素了。

表 7 示例五：关键信息的布局

<table>
<tr><td colspan="2">事实背景：E 公司为一家外商投资企业，原注册资本为 1000 万港元（已经缴足）；其于 2008 年增资 1000 万港元，当时商务部门批文中明确记载缴纳增资的出资方式为外汇现汇出资；但在实际出资时，股东系以实物（机器设备）出资 1000 万港元（且已取得《评估报告》）。中国律师须在法律意见书中述及相关事宜。</td></tr>
<tr><td>原文表述</td><td>修订后表述</td></tr>
<tr><td>一、关于 E 公司
（一）历史沿革
1.1 设立
……
1.5 2008 年 6 月，第一次增资
2008 年 6 月 1 日，【 】商务局作出《关于外资企业 E 公司增加注册资本的批复》（【 】号），同意 E 公司增加注册资本 1000 万港元……均由外方股东以现汇方式投入，自领取营业执照之日起 1 年内全部到位……
2008 年 9 月 1 日，【 】会计师事务所出具《验资报告》（【 】号），其中记载外方股东以实物（机器设备）出资 1000 万港元，本次增资已经缴足；累计注册资本实收金额为港币【 】万元。
……
1.16 结论【此处与“1.5”部分相隔约有 8 页内容】</td><td>一、关于 E 公司
（一）历史沿革
1.1 设立
……
1.5 2008 年 6 月，第一次增资
2008 年 6 月 1 日，【 】商务局作出《关于外资企业 E 公司增加注册资本的批复》（【 】号），同意 E 公司增加注册资本 1000 万港元……均由外方股东以现汇方式投入，自领取营业执照之日起一年内全部到位……
……
2008 年 9 月 1 日，【 】会计师事务所出具《验资报告》（【 】号），其中记载外方股东以实物（机器设备）出资 1000 万港元，本次增资已经缴足；累计注册资本实收金额为港币【 】万元。
基于上述，E 公司本次增资时的出资方式与经主管部门批准的出资方式不符，但因【 】，本所认为，该等出资瑕疵不影响 E 公司的有效存续 / 不构成本次上市的实质性障碍。
……</td></tr>
</table>

续表

<table>
<tr>
<td>基于上述，本所认为：
1.E 公司于 2008 年 6 月增资时的出资方式与经商务部门批准的出资方式不符，但因【 】，该等出资瑕疵不影响 E 公司的有效存续……</td>
<td>1.16 结论【此处与“1.5”部分相隔约有 8 页内容】
基于上述，本所认为：
1.E 公司系依法设立的外商投资企业，除前述“一 /（一）/1.5”部分所述的出资瑕疵外，E 公司的注册资本均已依法按时足额缴纳……</td>
</tr>
<tr>
<td colspan="2">反思与分析：
原文表述其实并无错误，其所述及的基础信息及法律意见也是完整的；即使不做任何调整，也没有任何问题。
但是，“瑕疵事实”与“法律意见”这两部分之间的距离隔得太远了，而且没有适当设定阅读指引来及时提示两者之间的关联性。不难想象这样一幅情景：当保荐人等中介机构在依据法律意见书草拟招股书相应章节的时候，他们在看到“1.5”的原文文字时很可能会以为该次增资行为是没有瑕疵的；而只有在翻过 8 页之后，当看到“1.16”的原文文字时，才会突然得知原来当时的出资行为是有问题的……为了起草招股书的文字，他们就只有向前回溯将近 8 页的内容去寻找当时的情况信息了。
进一步讲，这其实就是一个关联信息布局的动线是否“最短”的问题：最好将“披露客观基础信息 + 判断是否构成瑕疵事项 + 评析该等瑕疵是否构成本次上市的实质性障碍”等关联内容适当集中在一处进行表述（这三个部分，其实是读者了解瑕疵事项的一个通常的逻辑思维顺序），令读者能够一气呵成地看到全貌，并在必要时能够在同一处提取所有关联内容制作其他相关文件。这就是我们所说的“好用”。
经验领悟：
在起草法律意见书时，在遵循必要惯例的同时，也要适当进行“换位思考”，从“如果我是读者，我觉得这份法律意见书怎样读起来更顺”的角度，来灵活调整信息布局和表述，尽量避免“过程 / 事实部分只写过程 / 事实，结论部分只写结论，过程 / 事实与结论相隔十万八千里”的割裂感。如果确实不适合将全部内容都写在一处，则至少要留下清晰的阅读指引来明确各部分内容之间的关联关系（如“关于【 】，详见后文【 】部分所述”）。</td>
</tr>
</table>

由此说开来一些：在 IPO 业务中，尽管中介机构都希望能够向证券监管机构和投资者表明拟上市公司是一个多么优质的投资标的，但在工作过程中，真正占据中介机构工作精力和经验智慧的并不是公司那些合法合规的方面，而是特殊事项 / 瑕疵事项。因此，对于瑕疵事项的核查和披露要做到严谨、完整、顺畅、清晰，法律意见书的“信息—思维动线”要能够让读者“一看就明白”。

三、关联信息的组合与拆分

“化零为整”与“化整为零”

表 8　示例六：化零为整

<table>
<tr><td colspan="2">事实背景：F 公司曾有 21 个股东，包括甲公司及另外 20 位自然人股东（分别以 a、b……t 来表示）。2010 年 6 月 1 日，该 20 位自然人股东统一将其所持有的股权一次性全部转让给甲公司，并各自分别与甲公司签署了一份《股权转让协议》（合计 20 份协议）。中国律师须在法律意见书中述及相关事宜。</td></tr>
<tr><td>原文表述</td><td>修订后表述</td></tr>
<tr><td>2010 年 6 月 1 日，a 与甲公司签署了一份《股权转让协议》，约定 a 将其持有的 F 公司【 】% 股权转让予甲公司，对价为人民币【 】万元。
2010 年 6 月 1 日，b 与甲公司签署了一份《股权转让协议》，约定 b 将其持有的 F 公司【 】% 股权转让予甲公司，对价为人民币【 】万元。
……
2010 年 6 月 1 日，t 与甲公司签署了一份《股权转让协议》，约定 t 将其持有的 F 公司【 】% 股权转让予甲公司，对价为人民币【 】万元。
（注：20 个结构完全一样的文字段落，占用了数页篇幅。）</td><td>2010 年 6 月 1 日，a 等 20 位自然人股东（各自作为转让方）分别与甲公司（作为受让方）签署了一份《股权转让协议》，将其各自所持有的 F 公司股权均转让予甲公司，具体情况如下表所列：</td></tr>
</table>

续表

转让方	受让方	《股权转让协议》编号	转让的股权比例	股权转让对价（人民币，万元）
1. a	甲公司	【 】	【 】%	【 】万元
2. b		【 】	【 】%	【 】万元
……		……	……	……
20. t		【 】	【 】%	【 】万元
合计	/	/	【 】%	【 】万元

反思与分析：

首先要明确：原文表述方式并没有“错”，其所述及的基础信息也是完整、准确的；即使不做任何调整，也没有任何问题。

只是，20 个文字段落所占用的篇幅确实太长了。这 20 项股权转让，由于事项性质完全同质，协议样式完全一致（仅是股权比例、对价金额等数字不同而已），只要适当采用表格、加序号等方式进行“化零为整”式的处理，就可以大幅精简篇幅，令读者阅读体验更轻松、印象更清晰。

经验领悟：

在起草法律意见书时，在确保不会产生混淆、客观基础信息要素（如主体名称、具体日期、确切文件名称、共涉及多少份文件等）齐备的前提下，要有“合并同类项”的概念，合理精简文字和篇幅，避免冗余。

表 9　示例七：化整为零

事实背景：G 公司在上市前将近 8 年的时间里，一直在构思和推进股权激励计划，但在相当长的时间里并未完全明朗。因此，数年间先后签署的相关文件均不似规范的股权激励文件那样清晰、确定，大股东对有关公司股权调整的安排也稍显复杂、迂回。中国律师须在法律意见书中述及相关事宜。

续表

原文表述	修订后表述
【原文较长，暂略】 （原文表述用大概 5 页文字的篇幅，按照时间顺序，翔实披露了数年间签署的有关文件以及进行的多次股权架构调整，但难以清晰辨认出“股权激励计划”的路线图。）	根据拟上市公司提供的相关资料，股权激励方案的相关形成及实施过程如下： （1）股权激励方案的背景情况 早在 2006 年年初…… 但于 2006 年时，尚未明确决定具体方案。 （2）股权激励方案的调整及实施阶段 该方案在自 2006 年年初直至启动本次上市工作的几年中，先后经历了以下五个不断调整、修正及实施的阶段： 第一阶段：【 】 第二阶段：【 】 第三阶段：【 】 第四阶段：【 】 第五阶段：【最终确定股权激励方案】

反思与分析：

首先要明确：原文表述方式并没有“错”，其按照时间顺序所述及的基础信息也是完整、准确的；即使不做任何调整，也没有任何问题。

只是，由于这确实不是一次“谋定而后动”、路径设计及文件制作均规范而清晰的股权激励计划，如果按照通常做法，即按照时间顺序一段段写下去，读者即使看到了相关事实及历史文件，仍难以厘清头绪。客观地说，这部分的法律意见书文字的确比较难起草。

中国律师在后续修订过程中，通过与公司深入沟通，了解公司在不同时期的意图，最后调整了表述方式：坦然承认公司在最初时确实很多事项都还没有完全考虑成熟和确定（这也是公司在成长过程中的正常情况），而是在之后 8 年的时间里，经历了五个阶段，在不断地调整、修正后，才最终确定并实施的。如此，将一个庞大的“信息 / 资料组合”进行归纳整理及“化整为零”式的“切分”，通过划分阶段、归纳标题并分别加上序号的方式来呈现，使多项文件及股权变更的“信息—思维动线”清晰起来，层层递进，读者的阅读体验自然变得轻松。

进一步来看，起草法律意见书时，有时候单纯地“看到一就写一，看到二就写二”是不够的，还需要律师对公司所发生的事项进行深入剖析和整理，从庞杂的信息和资料中提炼出逻辑脉络，便利读者的理解过程。这或许很像文学艺术作品与真实生活的关系：一方面“艺术来源于生活”，但同时“艺术高于生活”，即一定要有一个“提炼”的过程。

续表

经验领悟：
遇到过于庞杂的“信息 / 资料组合”时，可以将分析、确认相关当事方的行为背景、意图等作为切入点，善用章节设置、标题序号等行文布局的技巧，提高法律意见书的表达清晰度。

配合对信息的拆分或组合，“适时进行小结”也是减轻读者的阅读压力和记忆压力的一个技巧。我们来看一个例子。

表 10　示例八：适时小结

<table>
<tr><td colspan="2">事实背景：H 公司为一家内资企业，注册资本为人民币 1000 万元，分为三次缴足，且均以货币方式缴纳。中国律师须在法律意见书中述及相关事宜。</td></tr>
<tr><td>原文表述</td><td>修订后表述</td></tr>
<tr><td>一、关于 H 公司
（一）历史沿革
1.1　设立
【述及公司于 2015 年 6 月 1 日领取营业执照，即正式设立；注册资本须以货币方式缴纳。】
1.2　2015 年 8 月，第一次增加实收资本
【述及相关出资证明文件，及股东以货币方式缴纳第一期注册资本 500 万元。】
……
1.5　2015 年 10 月，第二次增加实收资本
【述及相关出资证明文件，及股东以货币方式缴纳第二期注册资本 300 万元。】
……</td><td>一、关于 H 公司
（一）历史沿革
1.1　设立
【同原文表述】
1.2　2015 年 8 月，第一次增加实收资本
【述及相关出资证明文件，及股东以货币方式，按时、足额缴纳了第一期注册资本 500 万元；并小结“至此，合计已缴纳 500 万元，占当时登记的注册资本总额的 50%”。】
……
1.5　2015 年 10 月，第二次增加实收资本
【述及相关出资证明文件，及股东以货币方式，按时、足额缴纳了第二期注册资本 300 万元；并小结“至此，合计已缴纳 800 万元，占当时登记的注册资本总额的 80%”。】</td></tr>
</table>

续表

1.8　2015 年 12 月，第三次增加实收资本 【述及相关出资证明文件，及股东以货币方式缴纳第三期注册资本 200 万元。】 ……	…… 1.8　2015 年 12 月，第三次增加实收资本 【述及相关出资证明文件，及股东以货币方式，按时、足额缴纳了第三期注册资本 200 万元；并小结“至此，合计已缴纳 1000 万元，即当时登记的注册资本已缴足”。】 ……

反思与分析：

首先要明确：原文表述方式并没有“错”，其所述及的基础信息也是完整、准确的；即使不做任何调整，也没有任何问题。

但是，“修订后表述”在每一期出资完成后都做了一个简单的小结，有助于读者在读过之后，可以安全地得出“公司本期 / 历次出资无瑕疵”的结论，进而可以将本期 / 历次出资的有关信息从大脑记忆中清除，以“空杯状态”轻松进入下一个段落 / 章节的阅读和理解。

不妨换位思考一下，假设我们是读者：我们是否能够做到将眼前读到的每一项信息都强制储存在记忆里，以免后文万一提到与眼前内容相关的特殊事项时“读不明白”？还是说，我们希望能够根据法律意见书的文字，一眼就看明白眼前述及的这个事项的确是没有瑕疵的，然后放心地将有关该事项的记忆全部“清空”，轻松地进入下一个部分的阅读？

一个很实际的考虑出发点是：对于 IPO 等资本市场业务而言，其实律师终极的工作标的不是“标的公司”，而是标的公司存在“特殊事项 / 瑕疵事项”的那些特定方面。保荐人等中介机构也是一样。

例如，假设已经确切查明，拟上市集团只存在一项瑕疵事项——即曾经受到过一次税务行政处罚，其他方面完全合法合规。那么，之后在每次工作会议上，各方中介机构不会再讨论其他方面，而是会聚焦于“公司受到的那次税务行政处罚，基础事实是什么？违规原因是什么？是否涉及诚信问题？法律后果及可能的罚则是什么？目前状况怎样？是否已经处理完毕？已采取的补救措施是什么？未来应怎样强化内控措施、避免重蹈覆辙？……”(这种“聚焦”的工作方式，其实与诉讼业务中法官会随时调整、

续表

归纳案件的"争议焦点"是一个道理。)从这个终极的工作标的出发,"安全、好用"的法律意见书意味着:一开始就全面、细致地筛选出所有的瑕疵事项(至少,不能有重大遗漏),及时、明确地作出"危险提示",引领读者的注意力聚焦于此、高效工作;而对于确查没有问题的事项,则及时、明确地作出"安全提示",让读者踏踏实实地放下心来、清空记忆负担,不必再对该等事项耗费精力。 **经验领悟:** 法律意见书的文字表述要适当灵活,及时、明确地作出"安全提示/危险提示"。

四、文字背后的心态

保持敏感与谦逊,潜心领悟,日益精进。

"心态"无形,但是,不同的心态所带来的工作方式、工作成果等的改变,却是真实可见的。

就此,我们以一份表格的样式演变作为示例。这份表格,是我们在办理境外 IPO 项目的过程中,用来记录(由工商、税务、劳动/社会保险/住房公积金、外汇等多个政府主管部门开具的)"合规证明函取得情况"的清单。在工作过程中,我们通过体会各方提出的要求、琢磨其他各方设计的有关记录表格的特点等,而不断对这份清单进行调整改进,先后更新过多个版本,不妨暂且分别称为 1.0/2.0/3.0 版本。

先看 1.0 版本——这是我们十多年前使用的最传统的表格样式,采用的也是最传统的记录方式(用"√"表示已经取得)。

表 11　示例九：1.0 版的记录清单

Project【 】：政府部门合规函取得情况清单 （【年月日】，中伦制作）				
序号	主管部门	A 公司	B 公司	备注
1	工商	√		
2	国税	√		
3	地税			
……	……			

但我们慢慢注意到，1.0 版本太过简单，内在缺陷比较大。比如，有时合规函虽然开具出来了，但时间上可能没有涵盖完整报告期，或是文字上没有明确“无违法违规情形”等，即“取得合规函”并不等于“取得了满足要求的合规函”。而这些问题是单纯使用“√”所无法呈现出来的。

几年前，我们开始采用 2.0 版本。这个版本的表格式样对比于 1.0 版本并无实质性变化，但改进了记录方式，即不再简单地标记“√”，而是以文字较为详细地记载开具日期、内容要点是否充分等，便于中介机构及时安排后续修订或更新等工作。

表 12　示例九：2.0 版的记录清单

Project【 】：政府部门合规函取得情况清单 （【年月日】，中伦制作）				
序号	主管部门	A 公司	B 公司	备注
1	工商	（1）20160701：日期未填写，待补充 （2）20160710：日期已补充 （3）20170201：无问题		

续表

Project【 】:政府部门合规函取得情况清单 (【年月日】,中伦制作)				
序号	主管部门	A 公司	B 公司	备注
2	国税	(1)20160701:未包括“合规性”确认意见,待修订、补充 (2)20170201:已补充“合规性”意见,已无问题		
3	地税			
……	……			

而前不久,我们升级到了 3.0 版本。3.0 版本的表格设计与 2.0 版本完全不同,可以一目了然看到每份合规函版本所涵盖的期间、开具日期的新鲜度以及信息记载存在的问题等。相应地,很容易看出来哪几份需要更新日期再次开具、哪几份需要补正内容重新开具等,极大地避免了工作过程中的疏漏瑕疵,安全度大大提升。

表 13 示例九:3.0 版的记录清单

Project【 】:政府部门合规函及访谈情况清单 (信息更新至【年月日】,×× 制作)							
一、公司名称	二、主管部门	三、合规函名称	四、(历次)出具日期	五、涵盖期间		六、是否需要访谈	七、备注
				自【年月日】	至【年月日】		
1.A 公司	1. 工商	《【 】》	1-20170701	公司设立	20170630	否	
			2-20180101	公司设立	20171231		
	2. 国税	《【 】》	1-20180101	20150101	20171231	是	
	3. 地税	《【 】》					
	……						

续表

Project【 】: 政府部门合规函及访谈情况清单 (信息更新至【年月日】, ×× 制作)							
一、公司名称	二、主管部门	三、合规函名称	四、(历次)出具日期	五、涵盖期间		六、是否需要访谈	七、备注
				自【年月日】	至【年月日】		
2.B 公司	……						

坦白地讲, 3.0 版本并不是我们自己领悟后创新出来的, 其是由境外 IPO 项目中的境外保荐人制作、要求律师填写的表格样式。尽管 3.0 版本初次填写时要复杂一些, 但对征途漫漫的 IPO 项目而言, 可以避免后续反复翻阅合规函、查找信息、了解是否需要更新等的重复工作。可以说, 一次性填写到位后, 即可一劳永逸, 并且其严谨程度、安全程度、好用程度等均远远超越了 2.0 版本。我们初次见到这个表格样式后, 就感觉很好用, 于是直接践行了"拿来主义", 仿而效之, 为我所用。

对律师而言, IPO 等资本市场业务是很有内在活力和外在张力的一个工作领域。尽管其在法律、财务等方面有很多刚性要求必须恪守, 但我们在熟悉掌握了其中的内在逻辑之后, 不难发现在那些"刚性底线"之上, 其实是一个广阔的、可以自由发挥的空间。中介机构在艰辛的工作过程中, 更是处处都可能创造精彩和收获惊喜。

法律写作技巧小议

邱 建*

翁曰"无他，但手熟尔。"
——欧阳修《卖油翁》

律师在工作中需要撰写、审阅和修订大量的法律文件。这些法律文件，短至寥寥数语的短信、微信、电子邮件，长到成百上千页的法律意见书、法律备忘录、交易文件，都需要律师一点一滴精心制作方可完成。法律服务是无形的，法律文件则是这一无形服务的有形载体。甚至，法律文件在一定程度上可被视作律师生产的产品，其用户既包括律师的客户，也可能包括律师客户的相对方、第三方中介机构等。一旦法律文件出现"产品责任"，律师及其律所均可能面临经济风险和声誉风险。另外，法律文件也是律师与客户等外界相关方沟通的重要媒介，其在向读者传递律师的法律观点的同时，亦向读者展现律师的专业技能和职业素养。

无疑，要成为合格的律师，应具备扎实的法律写作能力。而要练就扎实的法律写作能力，可从以下几方面努力。

---

* 私募基金与资管部合伙人。

一、专业技能

律师对于客户的核心价值是能为其提供专业的法律建议。因此，暂且不论法律文件的文字是否优美、格式是否规整，律师应首先确保法律文件传递的法律建议是专业和行之有效的。为此，律师除了应在法学院建立的基础知识体系之上不断完善自己的法律专业知识储备，还特别需要在具体工作中培养法律专业技能。

在具体的法律服务中，我们对法律问题的研究和解决不同于在法学院学习时所做的形而上的学术思辨和批判，所有的研究和解决方案必须围绕如何为客户解决实际问题而展开。故而，我常常建议我的同事在分析具体法律问题时，暂且“忘却”自己在法学院学习的法律条文、法律逻辑和法学常识（尤其是不能在未经调研的情况下想当然地阐发自己对法律的理解），把自己当成一个“小白”，从零调研、推演、印证自己将要传递给客户的思路、观点和方案。在这个过程中，法律调研能力是检验律师法律专业技能的核心要素。

在检验法律调研结果是否合格时，我通常要求自己和律师回答以下三个程序性问题：

（1）是否已经“穷尽”了对相关法规数据源的检索、查询？不论是从风险控制还是对客户负责的角度出发，律师提供的法律建议都一定要尽可能地基于“白纸黑字”的相关法律、法规和规章，而不能是“我认为应该如何如何”。考虑到不少规章或规定等的发布渠道比较隐蔽或者传播比较滞后，甚至在有些情况下是属于“内部”和“不公开”的，我们在实践中除了查询常用的法规数据库，还应该检索主管政府机关的网站和行业网站等，以免挂万漏一。

（2）是否检索了既往案例、实践？虽然中国不属于案例法系，但法律是一个具有高度实践性的领域，只有清晰地掌握过往案例和实践方可透彻地理解有关法规，特别是对一些不甚清晰的法律规定，过往案例和实践对于理解该等法规在实践中的尺度具有重要意义。

（3）是否就有关法律观点、实践适当寻求行业专家的确认？由于具体的法律问题往往与行业监管乃至商业模式等交织在一起，仅凭律师自己对法规和案例、实践的调研未必准确。特别是对于某些具体的操作规范和行政要求，法规检索和案例检索未必真能穷尽，咨询专家是一个非常有用的补充印证机会。因此，在法律调研中，还应尽可能地向相关行业专家询证。这些专家既可以是主管机关的官员、办事机构经办人员，也可以是有关领域的学者，甚至是律师的同行。

只有通过上述几方面的谨慎调研，将不同角度的调研结果汇总整理、相互印证之后得出结论和法律观点，并就此达到内心的“高度确信”（“高度确信”的标准是，假设客户、相对方等对于律师的观点进行百般质疑、挑战，律师仍能坚持自己的观点而毫不动摇），方可将之形成文字、呈现在法律文件中。

二、商业思维

律师开展的虽然是法律业务，但是服务目的、服务内容却与客户的商业活动及其经济效果高度相关。客户支付高额律师费购买法律服务是为了解决其商业问题、获得经济回报（或者是降低商业风险、避免经济损失），而不是出于对法律知识的热爱。因此，律师不应试图去做客户的法律老师，其提供的法律建议核心目的是为客户分析、评估有关问题的法律 / 商业后果，寻找风险可控、商业可行的解决方案。换句话说，客户想听的不是有什么法律规定和有什么法律问题，而是这些规定应该如何遵守、这些问题应该如何合法有效地解决。例如，在并购项目中代表买方进行法律尽职调查时，律师不仅要谨慎查找标的公司、资产的各种法律瑕疵、法律问题，还应该将该等瑕疵、问题的法律后果尽可能地量化（如能货币化，尽量货币化），并从推进、完成交易的角度思考如何控制和化解风险，即虽然标的公司、资产存在疵瑕和问题，这些风险能否通过要求卖方扣除部分交易价格、做出赔偿保证、设定尾款或者设置整改等交割先决条件予以控制乃至消除。

律师的商业思维还体现在其法律建议中对商业可行性和商业后果的适度考虑。律师撰写的法律文件，不论是法律备忘录、商业合同还是其他文件，均应围绕客户商业目的展开，不能舍本逐末地追求法律角度的完美。一份法律文件，不论其措辞多么优美、逻辑多么严密、格式多么美观，如果不能满足客户的商业诉求、不具备商业可行性，那么它就毫无价值可言。同时，律师提出的法律建议和解决方案中要充分考虑商业后果，并始终坚持在合理风控的前提下尽量提高客户的商业回报的原则。举例而言，在并购项目中，买方律师设置交割先决条件时，应透彻理解客户商业意图（交易的目的、交易的时间要求等），综合评估有关事项的风险高低、完成可行性和预计时间等多种因素，仅将对客户商业目标存在实质影响的事项作为先决条件，对其余事项应通过陈述、保证和交割后承诺的方式控制风险。买方律师如果为交割设置过多的交割先决条件，不仅可能致使交割的确定性降低、时间表延后，也可能因此引发卖方的反感甚至导致其放弃交易。

此外，律师的商业思维还体现在其提供服务过程中应秉承务实的态度，抛却个人胜负心和荣誉感。作为受托人，律师的思维和行动均应时刻围绕客户的商业目的，不应将自身的胜负心、荣誉感或情绪带入工作。例如，在撰写和谈判法律文件时，对于交易对方提出的修订意见可多考虑其是否影响客户的权益和商业目的，而不能因为对方对自己的文字进行了修订就一概反对。又如，有的律师在交易文件谈判中咄咄逼人，带着一种誓将对方杀个人仰马翻的感觉，这种做法往往无助于双方共同推进交易，反而会激起对方的对抗心理、破坏双方交易的“化学气氛”。实践中，抛却律师个人的胜负情绪，以友好磋商、合作共赢的方式推进交易谈判工作，往往会取得更符合客户商业目的的结果。

三、文字表达

法律文件具有很强的功用性，其价值在于向客户或者其他相关方传递法律意见、建议和方案。因此，法律文件的文字表达无须（甚至不应该）追求辞藻华丽、别具一格，其标准更应当从其功用性角度出发，做到以下四点即可：用词准确、通俗易懂、行文简洁、逻辑顺畅。首先，法律文件的文字表达应该确保用词准确，不管是一词一字还是标点符号，均需特别严谨、仔细，不能有一点错误甚至是笔误，不能让人产生误解。客户对律师的信任很大程度上基于律师不会犯错误的假设前提，而法律文件由于属于书面形式，天然具有很强的证据性，因此律师应该尤其谨慎，才可维系乃至不断加强客户对自己的信任。其次，法律文件的文字表达应该通俗易懂，尽量使用浅显（但确保准确）的语言，尤其是在读者（包括客户和其他相对方）并非法律专业人士的情形下。对于初步写就的法律文件，如果律师能够切换一下自己的思维，站在读者的角度审校法律文件的内容，相信会有所增益。再次，法律文件的文字表达要尽量简洁（当然，追求简洁应以准确为前提），行文尽量直接、清晰，避免使用繁复庞杂的表达方式。例如，能够使用短句的就不要使用长句、从句。最后，法律文件的文字表达一定要逻辑顺畅、推理严密，将法律规定、实际问题、解决方案的相关讨论环环相扣，使读者能清晰透彻地理解律师的法律观点和建议。

在实践中，我认为可以通过以下“三多”来提高文字表达能力：

第一，“多看”。由于法律文件的功用性，大量的法律文件在文字表达、结构安排、逻辑顺序等方面都具有相似性，因而律师可在很大程度上依赖已有的模板和范本。为此，律师亦应当注重在执业过程中对好的模板、范本、例句的收集和整理。这些模板、范本、例句，既可以是律师所在律所提供的，也可以是律师在执业时与相对方的交流沟通过程中向对方借鉴获得的。

第二，“多练”。律师在法律写作中的文字表达能力与其他技能一样，是可以通过多练习而不断提高的。正如《卖油翁》所讲的，

“无他，惟手熟尔”。

第三，“多想”。在“多看”“多练”的基础上，律师还应该多想。很多法律文件虽然看起来大同小异，但魔鬼往往在细节中。文字表达的细微差异，可能导致法律文件传递的含义、后果大相径庭。因此，律师必须要对法律文件中的措辞多多思考，斟酌使用最为恰当的词汇、标点乃至表达顺序。在律师成长的过程中，其撰写的法律文件往往需要由更资深的律师修改，也会在谈判中被对方修改。在这个过程中，律师应该细心揣摩别人修改的目的、所采用的措辞和表达方式，并取长补短，将好的措辞和表达方式用于自己未来的法律写作之中。

四、团队协作

与文学创作不同，一份法律文件的写作很可能需要多人、多方协作才可以完成。这既包括律师团队内部从初级律师到资深律师的协作，也包括律师团队与客户团队之间的协作，还包括律师团队与客户相对方及其律师团队的协作。例如，在一宗大型股权并购交易中，全套收购法律文件除基础的股权转让协议（其篇幅可从数十页到数百页乃至数千页不等）之外，还可能包括公司章程、股东协议、股权激励文件、决议文件、重组文件等。整套文件从最初起草、谈判、修订到最终定稿，时间跨度可从数月长至数年，工作量非常大。在整个过程中，买卖双方和标的公司等相关方的团队（包括商务团队、律师团队、财务团队、财务顾问团队等）既需要为各自利益而“对抗”，也需要为了完成交易这一共同目的而协作(甚至很大程度上可以说协作多于对抗)，共同将全套交易文件从无到有、逐步细化直至定稿。因此，一份制作精良的法律文件与顺畅高效的团队协作密不可分，而律师的法律写作能力与其团队协作能力亦是相辅相成的。

为了提升协作能力，律师可从以下几个方面努力。

(1)程式化写作：律师在写作法律文件时，采用的词汇必须全文统一(不仅包括同一份协议，还包括整套文件中的其他文件)，既方便读者阅读、避免混淆和误解，也方便该文件的其他参与作者(不论是律师所在团队、客户团队还是相对方团队)调整和修改。律师制作的法律文件还应该格式整齐划一，字体、编号方式、行距、缩进等均应全文保持一致，并且尽量利用 Word 等编辑软件的自动编号等功能。律师设计的法律文件结构、行文还应该高度模块化，便于根据交易结构的变化和交易进程的演进对文件进行调整和修改。律师行文的风格、表达方式还应该尽量符合行业惯例，多走寻常路，不要标新立异，否则别人不好修改和更新。

(2)“用户友好”：法律文件从初稿到定稿往往需要反复、多方修改。例如，在复杂的并购交易中，并购协议从初稿到最终定稿可能历经数十稿，且并购各方的律师均需要在同一套文件中反映自己的立场和观点。因此，律师在制作和修订法律文件时应考虑其他编辑者的需求，这样既方便别人的编辑，也方便自己未来进一步修订。律师在成稿时，对于需要团队其他律师、客户、相对方特别关注、确认或者提供信息的部分，可以考虑用不同颜色标注，节约读者的时间，也方便查漏补缺。

（3）团队精神：在法律文件的写作过程中，通常需要多名律师相互配合。对于写初稿的律师而言，其应该尽量把“初稿”当成终稿来写，减少审稿律师的工作量和工作难度（尤其是减少错别字等低级错误），尽量让自己对团队“有用”。对于审稿律师而言，其一般比初稿律师要资深，因此要把好最后一道关，为写作初稿的队友查漏补缺、尽力完善文稿，同时也要积极指导初稿律师、使其能够在未来的工作中进步更快。因此，团队的资深律师和年轻律师如果都能够抱有上面的心态，加强团队精神，一定能让团队协作能力不断提高。

（4）沟通意识：律师在法律文件的写作中，从准备到实际写作都应该积极与相关方沟通。例如，如果客户要求律师提供一份备忘录或者法律意见，那么律师应该首先与客户沟通确认这份文件的阅读对象是谁（客户的商务负责人、法务负责人还是客户的上级主管部门等）、文件要起到的目的和效果是什么（为客户普及法律法规、揭示法律风险、提供解决方案还是其他）等问题。如果资深律师要求初级律师起草一份协议初稿，那么初级律师在动笔之前应该与资深律师讨论确认协议采用哪种模板、深度如何、客户的要求是什么等等，在写作的过程中也不妨多向资深律师汇报进度、工作思路，以少走弯路。再如，在一宗交易中，一方律师负责起草初稿协议，那么其不妨在启动之前与另一方律师适当沟通协议的语言文本、大体架构等，避免成稿后双方再在一些基础问题上产生难以解决的分歧。

五、责任意识

近年来，律师、律所因提供法律服务而承担经济责任、名誉损失的案例并不鲜见。法律文件作为律师服务的有形载体，也是一把锋利的“双刃剑”。好的法律文件可能给客户带来可观的经济效益，从而赢得客户对律师的信任和嘉奖；不好的法律文件，也可能因为“产品责任”而给客户或者其他相关方造成惨重的经济损失，进而导致客户、相对方或是行政机关追究律师的执业责任。如上文所述，相比于律师经常给予客户的口头建议而言，法律文件由于其书面性而具有很强的证据效力，并且一旦发出就是“覆水难收”。因此，律师不论从业时间长短，都需要在法律文件的制作过程中时刻保有高度的责任意识，谨慎行事，降低执业风险和责任。

***

此文系我基于 2018 年为中伦律师事务所一年级律师入所培训所做的“法律写作”讲座之文稿整理所得，也是我结合自身的成长经历所做的一个小总结。回想起来，我自十几年前加入律师行业起即非常努力地培养自己的法律写作能力，这些年来应该说在专业技能、商业思维、文字表达、团队协作、责任意识等方面都有不错的进步。尽管如此，我感觉自己的法律写作能力尚有不少需要提高之处。或许，从事律师这个职业就是一条漫漫之路，吾辈只能上下而求索。此外，由于我主要从事非诉业务，本文关于法律写作的观点和看法多是从非诉角度出发，不一定完全适用于诉讼律师，也在此特别说明。

法律英语写作技能养成记

王　勇*

法律英语的写作，有“三大要求、九项注意、三大法宝”。

随着中国经济转型升级和对工匠精神的日益重视，涉外法律服务也需要从低成本、粗放型总量扩张模式转向注重质量、专业的精细化运营模式。中国境外投资项目很大一部分都不得不适用英美普通法。而普通法更注重商事合同当事人意思自治，合同解释一般适用“客观标准”，即通过合同中所用词语的通常含义来推断订约双方的主观意图。如果合同写得不好，“主观意图”无法证明，“法律规定”也很难帮得上你。所以法律文书的写作质量就是法律服务质量的核心要素。

律师写出来的英文合同，是否表意清楚、考虑周到、逻辑严密、切实可行，直接关系到数以亿万计的投资成败和风险分配，律师不得不慎重对待。在新形势下，涉外律师已经不能只满足于“会用英文写作”“能让人大致看懂”，而是要在法律英文写作质量上精益求精，对标国际一流律所。对于以英语为第二语言的中国涉外律师，

* 公司业务部合伙人。

这绝非易事。

行家一出手，就知有没有。纸上三句话，场外十年功。随便写一封几句话的英文电邮，就足以看出律师的水平如何。这不仅需要具备英语能力、法律知识，更需要具备逻辑推理能力、熟悉行业和市场惯例、东西方文化差异、双方当事人的思维习惯。笔者尝试站在中国律师的角度，总结什么是国际一流的法律英语写作质量标准，梳理法律英语写作中的常见注意问题以及提高法律英语写作技能的方法，供年轻律师参考。

一、国际一流质量标准的法律文书

国际一流律所普遍重视法律文书的写作质量，很多都有自己成文的写作质量标准和文书格式要求，也有不同的流派。一般而言，美国所的写作风格较为传统，多用长句、长段和复杂词语。英国、澳大利亚律所则较流行 Plain English 的写作风格，注重简短、分段和使用简单词语。因此并没有统一的标准。

对于英文非母语的中国律师，笔者认为更适合学习英澳 Plain English 的写作风格，并且根据中国律师的习惯总结“三大要求、九项注意、三大法宝”。如果一名中国律师写的英文合同能做到三大要求、九项注意，并且熟练地运用了三大法宝，就可以说基本达到了国际一流律所的英文写作质量标准，可以与国际律师事务所同场竞技了。

二、法律英语写作的三大要求

1.清楚(Clear)

清楚是最重要的一条,然而说起来容易,写起来难。要让读者明白你在说什么而不致引起误会,要在逻辑上排除任何其他可能的意思。因此一句话要结构完整,主谓宾定状补都不能少。提及名字、名称等要尽量写全名、全称(有定义的除外)。

2.简明(Concise)

在表意清楚的前提下,最大限度地简化,多余及重复的话一句都不能有,能用一个单词表达的就绝不用两个单词。任何问题只说一次,如果想要强调,可以斜体加粗,但不要重复。任何文件如果长过一页,就应该在前面加上 executive summary。

法律文件的读者往往是日理万机的企业高管,一份清楚、简明的法律文件可以让他们用更快的速度读完读懂,从而节省时间做更多管理工作。高管的时间就是企业的价值,因此高质量的法律文件,还能帮助企业提高 GDP。

3.全面(Thorough)

为了防范风险,法律文件必须全面、详尽、考虑周到、条款完备,对每一事项、风险、问题都需要明确、具体地进行约定,不能有任何遗漏。

要做到 clear 和 through,就不可避免地要写长一些,但 concise

又要求短，因此长和短是一对矛盾，需要根据具体情况实现动态平衡。

三、法律英语写作的九项注意

为了实现三大要求，就需要做到如下“九项注意”。

1. 注意逻辑（Logical）和周密性（Comprehensive）

为避免风险，必须穷尽一切可能、堵塞一切漏洞。全文必须逻辑严密、无隙可乘，不能自相矛盾。另外，各个不同段落之间的关系也必须明确。

2. 注意实用性（Practical）

客户不是来付费学法律的，罗列一堆法律规定却没有最终建议（recommended actions），这样的法律意见一文不值。前面可能分析了很多法律和风险，但最后还是要落脚在解决方案上，告诉客户现在该怎么办、能怎么办。

合同也一样，规定再完美，如果没有考虑到实际可执行性，也是一纸空文。

3. 注意前后文一致（Consistent）

上下文之间、同一项目的多份法律文件之间，必须保持高度一致。例如，定义词语要统一，全文格式要统一，对同一事物、同一法律关系的用词要统一，否则万一发生争议，任何一点都有可能被对方抓住而大做文章。

4. 注意细节精确（Precise）

律师要像福尔摩斯一样推理，像精密机器工程师一样精准计算。对每一个条款要字斟句酌，不放过任何细节，以免产生歧义。例如，一份合同中所列的条款：

（1）“合同年”的定义是每年的 1 月 1 日到 12 月 31 日（合同开始日所在的第一年除外）。

（2）“合同开始日”是 2017 年 6 月 1 日。

（3）“合同期”是 10 个合同年。

（4）合同期到 2027 年 5 月 31 日结束。

在上述例子中，如果按照合同期是 10 个合同年，则合同期应到 2026 年 12 月 31 日结束。因此上述（3）与（4）是互相矛盾的。

5. 注意文化差异及客户的心理感受

西方人喜欢直奔主题，提供给外国客户的文件或意见不要拐弯抹角，应该先说结论再论证理由，先个体再整体，先案例再原理。另外，要注意客户自己写的东西，没有明显错误就不要改太多，否则可能让客户心里难受。

6. 注意格式

法律文件的段落编号、段落缩进、字体、行间距、句间距、引用的法律法规的表述、字母大小写、斜体、加粗、单引号、双引号、注释、定义词语等格式必须保持全文一致。

7. 遵循 Plain English 原则

Plain English 意味着一种简易通俗、直接的语言，与华而不实、文绉绉的表达正好相反。[①] 使用 Plain English 是当今国际律所的潮流。笔者认为，遵循 Plain English 原则，要注意以下几点：

（1）用平易简单的词汇和表达方式。如 thereafter、hereunder 等较为生涩的词汇尽量少用，可以用 after、under 等来取代。

（2）避免中式英语。由于文化和法律体系的差异，凡是向外国客户提到 Legal Representative，Registered Capital 这样中国法律独有的概念，都需要名词解释一下。

（3）能用单数绝不用复数。在合同条款中，使用单数是指每一个体都有义务，复数则指向一群人，并不明确到底是谁的义务。因此，能使用单数的情况尽量使用单数。

（4）用短句不用长句。句子的平均长度决定了文书的易读性。牢记“25 字原则”，将句子的平均长度控制在 25 字以内，如果太长就要使用后文所述的“拆迁”法宝。

（5）避免双重否定。用双重否定句容易把读者绕晕了，肯定句反而更简练、更直接。

---

① Bryan A.Garner, *Legal Writing in Plain English*（*Second Edition*）, University of Chicago Press, 2013.

示例[①]：

—Notice will not be effective unless it is delivered in person or by certified mail.

—Notice will be effective only if it is delivered in person or by certified mail.

（6）能用主动句，就不用被动句。主动句通常用更少的字数，直接体现事情发生的时间顺序（行为人—行为—行为接受者），使读者更容易阅读。另外，英文也讲究对仗，前句主动式，后句也应主动式。

示例：

—It is agreed by the committee that the management be kept informed of developments in the telecoms sector.

—The committee agrees to keep the management informed of developments in the telecoms sector.

（7）能用动词，就不用名词。动词更能体现某人有义务做某件事情。

示例：

—The parties reached agreement on...

—The parties agreed that...

① Bryan A.Garner, *Legal Writing in Plain English*(*Second Edition*), University of Chicago Press, 2013, §10.

8.注意准确用词

（1）为使表达更加精确，避免因语意含糊产生争议，律师应该字斟句酌，准确使用每一词语。以“shall”为例，过去我们通常用它表达“必须”或“负有义务”。实际上，英美国家的法院认为“shall”可能具有“must”“may”“will”“is”等多种含义。① 在表达“必须”时，“shall”被认为可能是过度使用了，为使表达更准确，可以用“must”代替“shall”表达“必须”之含义。②

（2）谨慎使用一些特殊用词，例如 best endeavors、gross negligence、willful misconduct、force majeure 等，其可能有成文法或案例法上的特殊含义，与很多中国律师通常理解的不一样。如要证明对方有 willful misconduct，根据普通法系各国的判例，都要承担较重的举证责任，一般比较难证明。

（3）固定用词和惯用搭配不要随意更改，例如：goods and chattels、full and void、fit and proper 等。

9. 注意合同整体性

合同中每一条款的设置都有其基本的内涵外延及功能，相应的内容应当归到对应的条款中，以使各条款之间符合逻辑性的要求，从而使合同具有整体性。合同各部分的条款就像一人的各个部位，鼻子、眼睛、耳朵各司其职，混在一起就影响功能了。

---

① Bryan A.Garner, *Legal Writing in Plain English* (*Second Edition*), University of Chicago Press, 2013, §35.

② Kenneth A.Adams, *A Manual of Style for Contract Drafting* (*Third Edition*), American Bar Association, 2013, §62.

所以不要把某方的义务写进定义里，或者在很多义务性条款后面都来一句“如果违反要怎么赔偿”，这就违反了合同的整体性原则，很容易引起条款之间互相矛盾，发生争议时不知道究竟应该适用哪一条。一份合同通常只能有一个赔偿条款，统一规定违反各部分规定的赔偿责任。

四、法律英语写作的“三大法宝”

1.定义法

任何超过一个词语才能说清楚的东西，必须第一时间定义。通过定义，法律文书将便于阅读，同时定义也确保了定义词语在全文中所表达含义的一致性。

2.引用法

对于已经提及过的内容，可以引用即可，没必要不断重复，例如“如双方于 × 日签订的 × × 协议第 × 条所述”。

3.“拆迁法”(分段法)

(1)凡是遇到说不清楚的问题，凡是一句话超过 25 个字，就一个字“拆”。按逻辑顺序拆成不同的意思段落，分句、分段、分条款，肯定就能说清楚。

(2)不同的语意群必须分段，原则上一段只说一句话，尽量不超过三句，一有机会就分段，段落越多越好，不要密密麻麻挤在一段里。

示例：

Prior to the Completion Date, the company must:

(a) obtain all Regulatory Approvals;

(b) obtain all internal authorization; and

(c) complete...

（3）分段、分点的时候，每一段、每一点开头的地方注意使用同样的词性，要么动词，要么名词，最好是动词。

（4）在电邮中，可以使用黑体字标题，分隔不同的段落。

五、法律英语写作技能的提高

1. 要想写得好，必须读得多。阅读是写作的基础，特别是要大量阅读正规的书面英文，比如法院判例、合同范本。另外，如果能养成习惯每天阅读英语新闻30～60分钟，如Wall Street Journal、BBC、ABC、South China Morning Post，对于英语写作能力的提升也大有帮助。

2. 掌握常用词汇。书面法律英语的很多词语、表达方式都是反复使用的，掌握这些常用词汇，可以使法律写作更有效率。

3. 资深律师修改过的“作品”，都是很好的学习素材。合伙人或高年级律师对于你起草的文件的每一处修改，你都应该仔细研读，思考为什么要这么修改，这么修改的好处是什么，下次如何提高。

4. 如果做英翻中，做完后又有时间自己 review 一遍，可以反向 review，即先读自己写的中文，然后试着将它口译成英文，再去对比英文原文是怎么写的，看看人家为什么写得比自己好，有什么用词是可以学习并记在笔记本上的。

5. 最重要的是自己多检查几遍。写作技能、细心的工作习惯都是在一遍遍自查中练出来的，每份“作业”至少需要自查三遍才上交。

商务谈判的技巧

余昕刚 *

> 谁能够不让人讨厌地表达反对意见，谁就是掌握了谈判中最有价值的秘密武器。
>
> ——克里斯·沃斯

也许有人认为，商务谈判是一件“高大上”的事情，其实，大家在日常生活中也广泛地接触各种“谈判”。谈判，其实就是双方之间既有达成相同目的的愿望，又有不同的诉求，在此基础上，试图通过沟通达成共识。生活中，我们会和各种“对手”为不同的事情进行谈判：小到和孩子谈判吃饭，大到和老板谈判涨工资。而在律师的工作中，商务谈判就是将己方的观点，用更为正式和严肃的形式说出来，并将其放在法律的框架中表达出来。

一、为什么要谈判？

我们为什么要谈判？在谈判中，重要的是想清楚对方和你共同的目标是什么。要先去了解对方的想法，然后展示你自己的想法，

---

* 合规与政府监管部合伙人。

最后找到一个双方都能接受的目标，并一起商讨如何去达成这一目标——这就是谈判的精髓。在谈判过程中，你会不可避免地遇到一些挫折，也会感受到来自对方的，甚至是来自客户的、来自团队的、来自家庭的压力。人面临压力时就容易做出一些不正确的判断，有时也容易意气用事。这可能体现为我们在谈判过程中对有些内容会带有执念。越是遇到这种情况，就越应该冷静下来思考："这个谈判的最终目的是什么？这些我不肯作出让步的点对谈判的结果是否真的那么重要？"

某家国内律所的律师在帮助一家跨国公司和一家中国国有企业谈判时就曾碰到了这样的问题：当时谈判双方对该合同中所有商务条款都已达成一致，只需要按照企业内部的审批程序，把这份合同拿到相应的高管那里进行书面批准。但当这位高管阅读合同条款内容，看到"中华人民共和国（为本合同之目的，不包括香港、澳门特别行政区和中国台湾地区）"等字眼时，他非常不解，并责怪律师居然准备签订含有如此不符合常识的表述的合同。律师赶紧解释，表明正因为知道相关表述的要求，才要在容易引起误解的条款中加上这一说明，以强调是只为本合同的目的对相关地区做出排除。但客户企业的高管仍无法接受，坚持让律师修改合同表述。

如果遇到这种情况，律师应该怎么处理？

律师们后来就从这一条款需要解决的根本目的出发，寻找新的思路。合同中相关条款的这一写法是为了解决下面两个关键问题：第一，需要确定合同的法律适用。第二，因为根据这一合资合同建立的合资公司将要生产某种尚未进入中国市场的产品。外方希望与已占有一定的市场资源的中方合作，但不希望合资公司把产品销售到中国境外市场，以避免与外方在境外已经进入的市场发生冲突。

律师们对关键问题剥丝抽茧，最终对合同内容作出了以下调整：第一，把“中华人民共和国（为本合同之目的，不包括香港、澳门特别行政区和中国台湾地区）”这样的表述删掉，而单独强调合同条款在适用和解释时只能适用于中华人民共和国法律，且香港和澳门特别行政区法律，以及中国台湾地区有关规定不适用。第二，关于产品销售区域的条款，律师们决定专门写明此产品只能在中华人民共和国销售。为了避免在后续执行合同条款的过程中因条款表述不清晰产生纠纷，律师们又另外拟定了一份补充协议，强调双方同意该产品不会向香港和澳门特别行政区以及中国台湾地区销售。这样一来，境外市场的潜在冲突问题也就迎刃而解了。

律师将修改后的合同及其补充协议拿给企业高管过目，他对所有调整后的内容都比较满意，并迅速签字同意了审核。如果当时律师们不站在高管的角度考虑，而是坚持辩解：“类似情况的合同都是这么写的”，这种解释无法解决客户的问题，更不能说服对方，不利于合作的促成。

如果在谈判的时候律师不能做到了解清楚对方的想法是什么，也不能把自己所代表的这一方的需求了解清楚，在缺乏这两方面信息的基础上想为双方寻找一个共同的目标和相应的实现途径，就很难谈成最终的合作。总结起来就是，谈判不同于辩论比赛，不是为了说服对方。在商务谈判中，双方之间都会有一些共同的商业利益，正是它把双方拉到谈判桌上。有了双方都期待实现的共同利益作基础，双方就有动力展开互动与磋商。当然，也不是所有谈判最终都能成功，但这些并不意味着我们就应该以偏向消极的态度处理商务谈判所涉及的事项。

当然，从上面的例子来说，这一解决办法也不是完美的。相关的写法确实仍有一定风险。但是，从商业角度出发，客户是否愿意承担相应风险来做成生意，或者宁可放弃商业机会而不愿意承担风险，这一决定应该由客户做出。但是作为律师，我们要做的事情是基于我们对法律和商务问题的理解提出有建设性的解决方案，以及把相应的法律风险告知客户，帮助客户在谈判中做出决定。

二、谈判前准备

为了谈判桌上能够对所有情况做出适当及时的反应，律师需要充分了解项目，以便在协助客户谈判时，准确把握自己的定位开展工作。

（一）了解项目背景

在大多数情况下，律师介入谈判时，双方的商务人员已经就合作的一些基础商务条款达成了共识，包括各自的优势和将要投入的资源，以及计划共同达成的目标。这时很可能在没有律师介入的情况下双方已经达成了一个初期的意向性文件。这种意向性的文件可能称为意向书、备忘录，或者框架协议，其内容一般包括介绍双方大概要投入什么资源、投入多少资源，双方拟共同达到的目标，以及对合作主要条款的列举，可能还会有一些双方之间互相约束的保密协议等义务的规定。为了更好地帮助客户奠定后期谈判的基础，律师有必要在意向书文件内容的基础上，与客户充分沟通，彻底了解客户根本的商业意图以及对方的基本情况，并向客户了解其他合作条款协商工作已经进行到什么程度。

（二）了解各方立场

了解项目背景、了解己方立场和对方意向，对律师而言是比较有挑战的过程。很多时候，客户的商务人员并不一定完全知道他自己想要的是什么。这个时候律师一定要给客户足够的引导，利用所掌握的法律专业知识甚至行业知识，告诉客户开展类似的项目时一般会注意哪些方面，帮客户梳理清楚哪些方面会对他的利益有比较大的影响，而哪些方面不那么重要。

例如，在一个合资项目谈判中，一方希望双方股东向合资项目投入大量资金，在当地购买土地用于厂房建设，但我方希望通过租赁的方式解决厂房需求。作为律师，我们在协助客户谈判这个问题时，可能就要引导客户思考以下几个问题：第一，对方坚持由合资公司购买土地的真正商业理由是什么？是否期待土地升值或是有其他原因？第二，己方坚持使用租赁厂房的原因何在？是因为资金不足，还是其他原因（例如内部政策不允许投资不动产）？第三，如果对方除了合资公司自建厂房，是否有其他方式获得生产场地？通过对这些问题的讨论，我方可以充分了解这一谈判主题的相关因素，如此才能在谈判中毫不含糊、有理有据地提出己方的顾虑，并尽可能满足对方需求，使谈判能顺利进行。

（三）了解团队

谈判是由人来完成的，因此谈判过程中人的因素非常重要。需要了解的团队既包括己方团队，也包括对方团队。在一些很复杂的大型项目中，双方的团队不仅包括客户自己的团队和律师，还会有会计师、财务顾问、其他尽职调查团队等。而在各个功能团队中，也会有不同成员扮演不同的角色。参与这样的大项目的时候，要分别了解这些团队的组成，了解团队成员都有什么背景以及他们在项目中扮演的角色等。只有了解每个人所代表的立场，了解他们各自在项目里面承担什么样的责任，可能在哪些步骤中遇到风险，才能够对每一个人在会议上说的每一句话，它的明示或暗示的真正意图作出准确的判断。

（四）了解其他细节

“工欲善其事，必先利其器。”在谈判中，除了前述的各种实质内容的准备外，了解与商务谈判相关的细节，并为之做好准备，对谈判的成功也是非常重要的。比如，要提前把谈判的时间和地点都问清楚，把与交通相关的各项情况都考虑好；再比如，要和客户提前就谈判的模式(例如,是希望律师积极主动引导谈判,还是由客户主导谈判,律师只在客户明确要求时发言)做好准备,保持沟通。

从心态上来说,在谈判前的准备阶段,作为支持客户谈判的律师,首先,要做到的是考虑问题要全面和细致,需要通过观察和思考准确地预测一些事态走向;其次,对待各项工作要足够积极主动。可能有些刚入职的新人会觉得"这项工作不应该算我负责的",但实际上,任何工作,如果能让客户的谈判变得更顺利,让客户对律师的工作更满意,它们可能就是值得你为之付出时间和精力的。

三、谈判开始阶段

谈判双方通常会基本确定本场谈判由谁来主谈、谁来辅谈。不同客户的谈判风格是不一样的,律师要注意按实际情况以及和客户达成的协议行事,在必要的时候积极参与。对于不熟悉的东西,就要保持谨慎的态度,先观察而后行。多看看其他资深律师是怎么做的,多留心看、多向身边的前辈学习是没有坏处的。

一般而言,从程序上来说,待谈判的参与人都入座后,双方各自级别最高的代表会先对各自谈判团队做一个介绍,然后再确定这次谈判的主要目标。比如:与会双方今天主要想谈成的是什么?我们准备花多长时间来谈某一个事项?其中,谈判节奏是需要大家把握好的。因为通常遇到比较重要的谈判事项时,双方很容易在一些细节上花费过多时间。针对节奏问题,可以采取双方在谈判正式开始前就规划好在每一具体事项上要花的时间的解决方式,随后的谈判中也比较严格地参考和遵循这个最初的时间规划方案，这样会使谈判更有效率。

谈判技巧一：步步为营

步步为营的原则其实是一个比较实用的谈判技巧。一场复杂的谈判中可能会同时涉及好多个关注点。在思考怎样控制好每场谈判的场面时，首先要明确你的谈判地位。当你的谈判地位比较弱时，可以早点把你在乎的关键点全部抛出来，然后重点强调你立场最坚定的几个关注点，向对方表示你愿意在其余的问题上作出一定程度的让步。当你的谈判地位比较强时，则可以在谈判一开始就指定几个具体的方向，表明你希望从这几个方面谈起，因为只要在这几点上达成对自己有利的结果，就能成为后面谈判中的筹码。

谈判过程中，当双方都比较熟悉互相的谈判风格和策略时，越应该让对方知道要想得到你的让步是相对困难的。这样做主要有两方面的考虑：第一，不要因你的让步而助长了对方的“侵略性”，让对方以为可以再进一步促使你改变原先较为坚定的立场。第二，谈判中如果再出现需要你作出让步的情况时，尤其是当对方也清楚某一点对你而言很重要时，不要轻易亮明可以让步的态度，而应该试探一下，看对方能不能接受换一个让步点的方式。

四、谈判深入阶段

很少有项目能通过一次会议就谈成。大部分情况下有可能需要经过双方好几轮磋商才能达成协议，这其中可能还会有一些远程的资料和意见的交换。这就涉及相关法律文件的准备和撰写，即双方以整理法律文件的形式梳理谈判进程，找出双方在哪些方面存在较大分歧，随后进入更深层次的、更有针对性的谈判阶段。

对于谈判中的关键争议点，双方会各自表达自己的诉求和底线。当听到对方解释他们对哪些条款有异议时，既不要急着去用你的观点压倒对方，也不要急着接受对方的立场。这时候更重要的是去了解清楚对方想要的究竟是什么。如果接受了对方的要求，在商业上、在法律上对己方会造成什么影响？只有充分了解完这些信息后，才知道己方应该作出怎么样的回应。在琢磨作出什么回应时，不一定能一步到位地作出准确的判断，很多时候是需要回到谈判桌旁慢慢协商的。

随着年轻律师慢慢成长为资深律师，面对的谈判过程也就越来越复杂，越来越考验一个人的综合能力与各类谈判技巧的运用。作为一位律师，一定要把握好谈判的节奏，避免被细节或复杂的问题影响谈判的进程。当双方针对一些复杂问题或者细节问题僵持不下时，可以适当提醒一下参与谈判的各方把握好节奏，考虑把一些比较难达成一致的议题先放一放，或者把关键问题留给几个高级别的人物在旁边进行更有针对性的平行讨论，其他人可以继续推进谈判计划中的其他事项，确保不影响到事先基本约定好的谈判时间规划。具体的谈判日程表可能会有所帮助，能够有效避免拖延和谈判僵局的产生。

此外，律师有时也可以在各方之间起到一个缓冲的作用。例如在战略投资类的商务谈判中，如果双方直接面对面针锋相对，可能不利于将来的长期相处和商业合作。所以，在此类谈判中，由双方的律师，而非当事人自己来表达相互冲突的主张和观点，然后再进行深入谈判沟通就非常重要。这样既能帮助客户了解关键问题所在，又避免了破坏合作气氛，为双方当事人的后期妥协提供基础。另一方面，涉及专业问题时，由专业律师出面沟通也会更加有说服力，更加容易使谈判对象接受专业的建议和主张。

谈判技巧二：打持久战

商务谈判其实就是在打一场持久战。谈判过程不但是对脑力的消耗，更是对体力的消耗。谈判双方互相切磋，在关键问题上最后哪一方率先让步，也可能是因为体力不支而影响到他的发挥。

年轻律师尤其要记住，健康的体魄对于事业发展非常重要，事务再繁忙也最好每星期拿出几个小时的时间锻炼身体。例如，如果某次谈判已经持续到凌晨两点、三点，大家都筋疲力尽了，这时候如果你还能保持一个清醒的头脑坚持下去，就能够在大家都疲倦的时候发挥充沛的体能和脑力，想出一些富有创造性的方法，给参与谈判的各方带来新思路，甚至在一定程度上将谈判转向对你有利的方面。

五、谈判陷入僵局阶段

一般出现争议的时候，双方容易产生互不相让的态度，这就是所谓的谈判僵局。这时要调整好心态，认识到就算谈判进入僵局也没关系。甚至就算对方骤然离席和拍桌子，其实可能也不是真的情绪失控，而是在用一种特殊的推进谈判进程的手段，以此争取达到他的商务目的。

这种时候最好的解决办法是双方各自回去整理思路，或者双方比较高层的、有一定决策权的代表出来，在主谈判场旁边再开一个小会，深入交换双方之间的实际观点；梳理双方的谈判分歧点，看看双方能不能各自作出一些让步或者调整一些预期，再重新考虑下一步的谈判该怎么开展。这个过程其实就是团队内部制定一个取舍方案，充分利用谈判其实就是一个大家双方之间一场利益交换的基本认知。

谈判技巧三：留住大牌

设计谈判技巧的时候，如果你手头有一个经授权可以提出，而且对对方非常有吸引力的条件，最好把这个筹码留到后面再用。既然你无法预判谈判过程中，尤其是谈判进行到中后期、陷入僵局时，你会碰到什么样的困难，以及对方还会抛出哪些有执行难度的方案或提议，一定要把有利于自己的东西留到它可能发挥最大价值的、最关键的情景下使用。

六、谈判收尾阶段

谈判的收尾阶段通常是律师最辛苦的时候，也是各方观点达成基本一致的时候。作为律师，经常和客户一起参与谈判到晚上甚至是午夜，才见证双方解决了所有问题。这个时候，双方商务人员的工作已经结束了，进入了友好握手的阶段，但这也是律师们要开始整理相应的文案的时候。经常在此时客户会要求说，第二天早上八点双方会接着就体现了今天谈判成果的文本中一些细节问题进行谈判。这就意味着律师团队可能需要熬夜工作，把谈判结果用法律语言体现在文件中。这是商务谈判中律师必须要承担的工作之一。

这里要特别说明一点，很多时候所谓的双方已经达成一致的部分，实际上有些细节可能都被忽略了。打个比方说，双方之间达成一致，一件衣服是由双方共同负责生产，有一方负责生产袖子这块，另一方负责生产身上的主要部分。这样的协议看上去已经很周到了，但律师撰写具体文件的时候才发现，双方没有商量好由谁负责把袖子缝合。这些新问题的协调工作由谁来负责？此时律师千万不要自作主张，不能为了解决问题而在文本中擅自加上未取得双方认可的条款，也不能因双方的讨论未涉及此问题而忽略它，而应该把问题作为一个分歧点记录下来，第二天把文案呈现给客户的时候与其确认情况和立场。

除了要特别注意谈判中未讨论的一些细节，还要更认真地对待一些谈判中涉及的重大要素。谈判过程中，有时客户会口头答应一些事项，但回去确认之后，又可能会有一些重大调整。作为律师面对这些重大调整点时，一方面要始终秉持对客户负责的态度，另一方面也要规避律师的职业风险。首先，一定要把谈判中出现的重大变动（尤其是客户在口头上说的东西）以书面形式呈现出来拿给客户确认。其次，谈判收尾时各方经手的文本数量都比较多，需要对不同版本的文本做一些记录和追踪的处理。一般各方可以通过一个文本小签确认一下文本的真实性和准确性，也就说在文本内容底下画一个姓名首字母来表示双方已经确认。

七、谈判中需要注意的技术细节

（一）明确谈判目标、规划时间安排

谈判是一个漫长的过程。在设计谈判目标的时候，最好从一开始就有一个整体的规划，即要事先与客户沟通好几个事项：第一，这个项目最终希望达成的目标；第二，做一个时间表，明确在什么时间之前一定要达成哪些事项。此外，律师团队内部一定要提前把一些细节想清楚，尤其是那些牵扯到法律问题的细节。

如果一位客户的目标是国庆节前设立一家合资公司，律师就应该由这个时间节点倒推，规划出这其中涉及的各个步骤分别应该在什么日期前完成：例如为了完成可能存在的审核备案，大概在 9 月 1 日之前就必须把合资合同谈完；再由此倒推，可能在 8 月 15 日左右就需要把合同主要的一些条款谈好；同时可能还要完成合资公司设立之前所需的所有审批手续。所有这些步骤都是需要提前规划

的，而且应该把进度赶在前面，预留出一些时间，方便后期按实际需求或者为了应对一些变数而作出调整。如果在做总体时间规划的时候考虑得不够周到，甚至可能会给客户的商业利益带来重大损害。所以，明确目标、规划时间安排这两部分工作都是值得引起我们重视和投入精力的。

（二）设计谈判策略

不同公司有不同的谈判策略，不同人的谈判风格也不一样。这就要求律师事先根据客户的要求，根据谈判中对对方谈判团队风格的观察，帮助客户规划出恰当的谈判策略和方式。

举例来说，律师可以通过观察，用一般的常理来推断该项目对方团队的决定权主要由谁掌握。如果是对方的商务部门先来启动项目，则表明对方有比较强的意愿和动力推动项目的进程，因为项目一旦做成可以提升他的业绩；相对来说，公司的法律部门或财务部门往往态度比较保守谨慎。需要注意的是，即使在对方的团队中，不同人的立场可能也是有微妙的不同之处的。律师可能要根据每个人的立场以及他所关心的利益，设计不同的谈判策略。

（三）明确团队分工

与设计谈判策略相关的另一点是如何明确自己团队内部的分工。要充分了解自己团队各个成员的特点和强项，明确谈判过程中各板块的负责人。团队内部的分工是非常重要的，尤其是在涉及大型项目谈判的时候，很可能这个协商本身是由不同的细分项开始谈的。这种前提下，各个团队之间的沟通和协调是否到位就是决定谈判成败的关键了。因此，谈判过程中一方面需要有明确的分工，另一方面也要让自己团队的各部门间保持良好的、相互协调的状态，随着谈判中各种情况的变动及时更新各自对具体问题的认识。

举例而言，成立一个合资公司时，与合资公司直接相关的合资合同与知识产权方面的合同性质是不一样的。合资合同的条款里面有很多地方涉及产权问题，比如，将来该公司自己开发的应用知识产权应该如何分配。划定这些范围后，则需要和公司的知识产权部门和财务部门保持及时沟通。

（四）明确授权

谈判进行过程中遇到需要具体实施一些事项的时候，如果因客户这一方没有相关权限而无法推进一些程序，可能会让谈判对手方不满。所以，律师要非常清楚客户公司的授权要求和程序。当律师要代表客户出面谈事情时，一定要跟客户把谈判中所有可能涉及的点都预先过一遍。和客户沟通时，也一定要注意严格地在客户代表的授权范围内谈，这样才能最大限度地避免风险、保护客户的利益。

（五）保持灵活

谈判过程中，律师既要坚持遵守事先制定的预案，也要经常保持跟客户沟通和确认。律师为谈判做好的预案应该包括对于谈判中对方可能提出的方案的预测，己方会采取什么样的立场、应坚持的底线。但是，再丰富完整的预案也不可能面面俱到，倘若对方抛出一个富有创造性的、我们自己完全没有预料到的方案，我们也要冷静分析该方案会给双方的利益带来什么影响，最后作出合适的、理性的决策。对于不能立刻作出决定的事项，也可以跟对方坦诚沟通，向对方提议这个方案中的有些细节我们还得回去再商议，并把很多相关要素综合在一起来考虑，而不是碎片化地考虑各类信息。

第六章

律师业务进阶

合同起草与审查的思维模型

于宏威*

> 知识与技术层面的进步，取决于认知与思维层面的提高。

本文的内容主要是针对新入行的初级律师的，初级律师的经验不多，基本还处于学习和打基础阶段，所以本文的重点不是讨论法律知识、条款逻辑、商业理解、专业写作等技术性细节，而是着重谈一下初级律师应注意树立的工作观、方法论，希望可以对初级律师们起到一些帮助，有助于大家更快地提高作为律师应该具备的基本素质，以便更顺利更自觉地进入律师成长的下一实质性阶段。

一、初级律师应具备的基本意识

在进入正题之前，我们先讨论两个极易被初级律师忽略但又非常重要的基本问题。

（一）服务意识

初级律师离开校园不久，或多或少地会保留一些学生烙印，就

---

* 私募基金与资管部合伙人。

是我们所说的“学生气”，表现之一就是思维往往停留在知识的掌握、对错等方面。这当然无可厚非，而且应该说非常重要，但律师职业同时又是个“business”，是律师在市场上销售自己的专业技能与服务，要考虑到顾客或客户的体验与满意度。因此，在专业知识之外，初级律师需要主动学习换位思考，提高服务意识，以下举两个例子。

1. 文件格式

我们在业务当中经常可以遇到一些格式与排版乱七八糟的文件，例如字体字号不统一，段落间参差不齐，缩进有多有少，行距有大有小，整页不分段等。抛开文件的具体内容暂且不提，换位思考一下，客户拿到这样的文件会是怎样的心理感受，是否会充满愉悦感地读下去？

一个漂亮规范的文本格式会给客户一种愉悦的心情，让客户有继续阅读的欲望或耐心，当然也可以提升客户对律师专业性的认可度。而一份看上去杂乱无序的文件显然会带给客户非常不好的阅读体验，增加客户的审阅成本，同时也难免会对文件起草者的职业素养产生负面推断。

律师作为专业服务提供方，要站在客户的角度去审视自己将要发给客户的文件，即如果我是客户，我在阅读这份文件时，有没有继续阅读的欲望与耐心。

2. 文件语言

很多商事法律与交易类型都是从西方引进的，很自然地，我们也引进或借鉴了大量西方惯用的法律语言。这种现象当然是不可避免的，但我们也要牢记“西学中用”。目前市场上有很多中文合同的语言其实是直接从英文合同样本直译过来的，所以这些文件的语言读起来十分生硬，不仅完全不符合汉语阅读者的阅读习惯，看上去不像中国话，而且脱离中国惯用的法律语言，给读者造成了严重的阅读障碍。

对于商事律师而言，西学是难免的，也是应该被鼓励的，但我们一定不能忘了中用。如前所述，律师作为服务提供者，所写的文件要让读者有阅读的欲望，降低读者的审阅成本。因此，我们在合同中的遣词造句要自然，符合中国人的阅读习惯，尽量使用我国法学教育中惯用的法言法语。借鉴英文合同文本时，将英文语言的含义用标准汉语与中国法言法语的形式表达出来，也许会花一些时间，但这体现了律师的专业性与服务意识。不考虑读者的感受而直译英文条款实际是一种不负责的偷懒行为。作为律师，一定要为客户提供良好的服务，体现尽职的工作态度。

以上仅仅是在合同写作方面列举了与服务意识相关的两个例子。执业过程中，律师的一言一行无时无刻不在体现着律师的专业精神与服务意识，不仅反映在合同本文当中，更体现在律师与交易各方的沟通过程中。希望初级律师可以认真体会，尽快养成换位思考的服务意识。

（二）细心负责

细心程度不够与责任心不强是初级律师中普遍存在的常见问

题。这并不是对初级律师进行地毯式无差别的人身攻击，而是因为绝大多数初入职场的初级律师身上不可避免地带着学生时代的烙印与思维。

初级律师都是刚刚历经过千百次考试的历练，基本上养成了考试型思维模式，但考试答题与职场工作是完全不同的两个标准。考试只是对自己负责，不涉及他人，一两处粗心也许会影响成绩，但大概率上并不会成为致命伤。而律师的职场规则则完全不同。

首先，初级律师的工作不是对自己负责，而是要对项目团队中的高年级律师或合伙人负责。律师在工作中往往是团队合作，初级律师写初稿，经高年级律师或合伙人审阅修改后提交客户。高年级律师与合伙人的事务非常繁忙，时间很紧张，在理想状态下，高年级律师与合伙人对初级律师的初稿主要是在结构上与实质上进行审阅与修改，无须花费大量时间对细节信息进行逐字逐句的复核，这才是理想、高效的团队合作模式。但现实是，由于细心与责任心方面的意识不足，初级律师往往会在初稿中出现低级错误，如数字错误、错别字、文字不通、公式错误、信息遗漏等，这就会导致高年级律师与合伙人不得不花大量的时间对文件每个细节信息进行逐一复核，不仅占用了高年级律师与合伙人宝贵的时间，更重要的是严重降低了整个团队的工作效率，进而可能无法兑现对客户时间表的承诺。

其次，粗心在职场上造成的后果要远远超出对考试的影响。在考试中，一两处粗心可能导致成绩从 95 分降到 90 分，也许无伤大雅。但在职场上，如果在文件中将 20，000，000 写成 20，000，00 或是将 2000 万元写成 2000 元，暂且不说这种错误的法律后果，这种粗心无疑会降低客户对律师与律所的专业性评价与信任感，甚至会因此使律所失去一个重要客户。也许绝大多数初级律师都感觉这种低级错误不会发生在自己身上，但很遗憾的是，多年的职场经验显示，这的确是刚刚走出考场的初级律师身上存在的普遍问题。这更多的是态度上的问题，而非能力，希望初级律师在日后的工作中一定要注意。

二、合同的目的与意义

（一）合同服务于交易

商事合同是为商业交易提供支持与服务的，只有理解商业交易的背景与市场惯例，才能判断出交易背后的商业逻辑与风险点，从而使起草的合同既符合交易惯例，又能覆盖住潜在的风险。如果律师对某一商业领域或交易类型不熟悉，合同肯定是写不好的，这也是现在律师的业务领域有各种专业划分的原因。初级律师要学会尊重专业性，敬畏专业性。

所以，在学习起草一份合同的时候，仅仅有一份看上去不错的合同模板是远远不够的，律师首先要做的就是了解这份合同的商业目的，即要做什么样的交易，交易惯例是什么，为什么会有这些惯例，交易过程中哪里可能会存在风险点。这当然不会一蹴而就，而是需要时间与经验的积累，但初级律师从开始就要主动培养这种学习意识以及对专业性的尊重，这样才能在工作中进步。如果对相关交易不熟悉，在起草合同前，一定要向有经验的高年级律师或合伙人去请教，并做好研究，尽可能将交易的来龙去脉搞清楚，然后再着手起草合同。

（二）合同的真正读者

订立合同首先是为了执行一个交易，其次是在执行合同过程中出现争议时作为判断依据。因此，一份合同的潜在读者一般分为两类人，一是合同的具体执行人员，二是法官或仲裁员。需要提醒初级律师注意的是，这两类读者通常对合同的谈判、签署等背景情况并不了解。

第一，对于一个较大规模的公司来说，往往是公司的商务、法务、财务团队负责合同的谈判与签署，但合同的具体执行是由专门的业务部门来负责。这些执行人员很多并没有参与合同的具体谈判，他们对整个交易的了解全部源于一纸合同。如果合同写得不清楚，这些执行人员在执行中可能就会出现偏差，影响商业目的的达成，至少会影响执行效率。例如，合同中约定，“乙方在合同签署后应尽快完成其内控制度的整改”。这个“尽快”具体是什么期限，具体是什么方面的“内控制度”，“整改”的结果应该是什么，这个条款的目的与重要性如何，也许当时参与了合同谈判的人员因了解背景可以理解，但是具体的执行人员肯定是无法判断的。这就给合同的具体执行带来了难度，也许就埋下了潜在纠纷的种子。

第二，一旦合同发生争议，对于法官或仲裁员来说，他们对整体交易以及相关条款的理解也全部源于合同，对于合同之外的交易背景、惯例与沟通并不知情。而一个争议的输赢，往往取决于法官或仲裁员作为事外人对于合同的理解，尤其是对其中具有歧义或约定不明的条款的理解与判断。

因此，律师在起草合同的时候，心中一定要有一个假想的读者，律师起草合同就是用语言在跟这位假想的读者进行对话，对整个交易进行清晰明确的约定、说明与解释。而这位假想的读者应该就是没有参与过这份合同的商谈，对合同的商业背景、谈判经过、协商结果等方面完全不了解的合同执行人员以及法官或仲裁员，这样律师才会将合同写得足够全面，足够清晰，以减少或避免日后可能出现的争议。一份理想的合同应该是一个独立、客观的存在，不依赖于任何人事后主观的解释、判断或推测。

（三）什么是好合同

简言之，一份好合同是以有效地限制法官的自由裁量权为核心任务的，可以息纷止争。

我们都知道，如果一份合同约定不清而双方事后又无法达成一致的话，法官就会适用法律（如合同法）的原则性规定，并且法官对这些原则性规定的适用尺度会有一定的自由裁量权，但法官行使自由裁量权的结果也许与合同订立时某方的本意完全不相符。合同是为合同当事人服务的，任何一方都希望把合同执行与解释的主动权留在自己手里，而不是由法官这样的第三方去推测或判断。所以，对于律师而言，合同的首要目的就是尽量做到对合同相关条款进行清晰、明确的约定，使法官能够清楚地判断各方订立合同时的合意，而不是不得不利用自由裁量权去推测。例如，是否能实现“合同目的”关系到合同的根本违约与解除权，但如果合同中对合同目的没有进行明确，而不得不由法官进行自由裁量的话，就会给当事方在合同执行与权利保护方面带来巨大的不可确定性。因此，律师在起草合同的时候一定要明确，避免不确定性，尽量不将解释权放在第三方的手上。

当然，有些时候确实会有无法明确约定的事项，这时往往只能进行原则性约定或是约定届时由双方另行协商。作为律师的底线思维在于，如果这个约定不明的事项日后真正成了争议点，我们的客户在法律上是处于优势地位还是弱势地位？如果是弱势地位，那这个风险一定要提前跟客户说清楚，做一个全面的评估。

一份合同出现了争议，多数情况下是由于约定不清晰而导致的，各方都觉得在目前约定下自己会有争取的空间，所以不介意去法院或仲裁庭试试运气。合同写得越模糊，第三方解释合同的维度越宽，出现争议的可能性就越大。如果一份合同对每个关键条款都可以做到约定清晰，判断标准明确，执行力强，违约责任完备，任何一方都不觉得有任何主观操作或解释的空间，那么多数情况下这个合同出现争议的可能性很低，因为各方都清楚地知道某个行为的法律后果，最终这份合同就会一直锁在保险柜里，从不会拿出来用，这才是最好的合同。

三、合同业务方法论

（一）掌握客户需求，了解交易背景

如前所述，起草和审阅合同要了解合同背后的商业背景，理解交易风险点。除此之外，还要考虑一些其他的商业因素，如交易时间表是怎样的，交易双方的强弱地位如何，客户是否有某些特殊考虑。

每个交易的具体背景与情况可能都不一样，律师需要审时度势，在起草合同时根据具体情况进行相应调整。一个典型的情形就是，根据客户在一个交易中商业谈判地位的强弱，律师在起草和审阅合同的尺度上也应该有所不同。例如，在一个政府部门的招投标项目中，律师代表投标的企业，政府部门作为招标方会提供标书以及标准合同文本。在这种项目中，作为投标企业显然不能对标书中的标准合同文本进行大幅度的修改，哪怕是这个标准文本以专业的眼光来看存在某些缺陷。这种情况下，律师的努力方向应该是通过尽量少的修改以达到客户最重要的商业诉求，同时将相关风险点向客户进行充分披露、解释，协助客户进行分析，提供解决方案，最终使客户能够在充分了解风险与对策的情况下做出决策。如果擅作主张把标准合同文本大改，以此体现律师的“严谨性”，则很有可能会过犹不及，导致客户丧失这次交易机会。因此，作为律师一定要结合商业判断，充分考虑交易背景，如果感觉经验不足，一定要及时请教高年级律师与合伙人。

（二）灵活运用法律知识

一个合格商事律师的主要作用就是要充分和灵活地运用律师的专业法律知识，在谈判中有所取舍，帮助客户实现其商业诉求，促成交易的实现。希望初级律师谨记，协助客户达成商业目的是最主要的，为此要灵活运用法律，千万不能生搬硬套，墨守成规。

举个实际发生的例子。在一个商业交易中，谈判地位稍强的甲方律师坚持要求乙方在合作中绝对不能违约，因此不同意在合同中加上违约责任条款。暂且不论甲方律师声称的理由与解决方式是否正确，如果乙方非常希望能够达成这个交易，乙方律师应该怎样应对呢？事实上，乙方律师当时提出违约责任是合同的必备条款，缺失这个条款的话甲方将无法主张损失赔偿，因此坚决不同意删除。最终双方的交易没有谈成，这个条款的分歧在其中占了很大因素。这是个看似荒唐但真实发生的案例，对于初级律师灵活运用法律知识而言，是一个非常生动的反面教材，希望初级律师们可以细细品味，相信大家能够很容易找出解决方案，这里不再展开分析。

（三）法律是合同的根基

合同崇尚意思自治，但不论多么自治，起草者一定不能脱离现有的法律框架，要确保合同的效力，这是对律师最基本的要求。这个要求看上去容易，相信绝大多数律师都不会认为自己起草的合同会有法律效力的问题，但事实上，这样的问题比比皆是。

例如，为加强控股股东对公司的控制权，有些交易文件里会写控股股东担任董事长，董事长在董事会上有超出全体董事半数以上的多个投票权，但《公司法》中明明规定公司董事一人一票。再如，有些合伙协议中默认合伙企业有合伙人大会的机制，企业重大事宜均需提交合伙人大会表决，而《合伙企业法》明明没有规定合伙人大会机制，除非合同明确约定创设这个机制。再有，曾经有拟在 A 股上市的公司通过了类似阿里巴巴合伙人的制度，并约定这个制度在上市后依然有效。还有些外资并购的交易文件中规定，外资收购方要在收购合同签署后三天内向中方支付全款。凡此种种，不一而足。

初级律师一定要注意法律是基础，一定不能脱离法律写合同。做好相关的法律学习和研究，确保合同每个条款的法律效力是作为律师的基本要求，要怀着敬畏之心看待自己的专业。

四、常见合同条款

以上讨论的是与合同起草与审阅相关的一些基础性的形而上的问题，希望可以对初级律师的成长有些启发作用。以下是就一些合同常见条款提出的一些开放性例题，大家可以尝试运用上面讨论的一些原则进行分析与思考：

（1）合同中“鉴于”条款的作用是什么？通常包括什么内容？是否必要条款？

（2）从提高工作效率以及读者体验的角度出发，常见合同中的定义部分是否有改进的空间？是否一定有必要定义“中国”“人民币”“工作日”等词语？是否有必要将正文中的定义在定义章节重新定义或引述一遍？

（3）合同中“陈述和保证”条款的作用是什么？在投融资项目中，公司作为融资方通常被要求向投资方作出大量的陈述与保证。作为公司律师，大量删减陈述与保证的内容是否合理？如果必须作出删减的话，删减的标准是什么？

（4）合同中转股限制与竞业禁止条款的法律效力的边界在哪里？

（5）违约责任条款中，“损失”“实际损失”“直接损失”“间接损失”“全部损失”的区别是什么？投资交易中，在没有特殊约定的情况下，一方违反投资合同不进行股权交割，另一方通常可以主张的损失或救济是什么？

（6）合同中常见的“重大”“严重”等词语的判定标准是什么？

（7）如果没有明确约定，合同终止后，相关保密条款、违约责任条款、争议解决条款等是否继续有效？

（8）合同中的争议解决条款是否必需？在选择仲裁或诉讼时，需要考虑哪些问题？

这些例题基本上都是律师在日常合同起草与审阅工作当中的常见问题。类似的问题还有很多，只要初级律师掌握了本文所讨论的思维方式，相信大家还可以在工作中主动地发现更多有趣、有价值的问题，然后尝试运用上述思维方式去解决它们，并在工作中加以实践，这就是我们常说的进步了。

法律尽职调查面面观

——“尽调法师”如何练就一双“火眼金睛”

郝　瀚*

> 我们必须每时每刻尽力做对，还要努力做好，因为不知道生命中的哪一个瞬间会决定对我们一生的评价。
>
> ——［美］萨利机长

《西游记》中，孙悟空被太上老君关入八卦炉，历经七七四十九天的烟熏火燎，终于练就出一双能识别妖魔鬼怪的“火眼金睛”，一切妖魔鬼怪无论如何变化，在“火眼金睛”面前都无法遁形。后人则常以“火眼金睛”来形容人的眼光锐利，能够识别真伪。

尽职调查（亦称“尽调”）是多数法律意见出具和交易达成的基础性工作，需要负责尽调的律师（业内亦戏称“法师”）以专业知识去搜集整理，识别判断各项基础事实及风险程度，并给出解决方案。尽调的结论，事关法律意见的判断和交易成败，法律意见或肯定或否定或保留，交易或终止或继续或附条件，因此不可谓不重要。往往尽调结果的差异，会导致重大风险的判断出现偏差，所谓“差之毫厘，谬以千里”是也。项目不同，“尽调法师”尽调核查的尺度、深度、广

* 公司业务部合伙人。

度也不同，穿透到哪一层也需要因“项目”制宜，即使是同一项目类型的尽调，也会因各项目背景情况、交易目的和客户需求的差异而有不同的侧重点，这也是“尽调法师”的职业意义与乐趣所在。

因此，所有的“尽调法师”，都梦寐以求可以拥有一双穿透层层迷雾的“火眼金睛”，以发现问题的本质。

一、明察秋毫，洞若观火

最近几天，在客户发过来的一个资产包收购信息上，我发现了一个熟悉的项目名称，思绪不禁回到 20 年前。那是 9 月的一个上午，初秋的天气下着中雨，路上行人稀少，偶有车辆开过，溅起一地水花。彼时“尽职调查”还是一个新鲜的名词，多数中国律师和客户都尚未接触过尽调工作，作为一个并购融资项目的“尽调法师”，我在一个别墅区的大门旁边 100 米的辅路旁，在车里静静观察着前方这个标的项目的大门。一小时，两小时……时间持续流逝，而别墅的大门却始终紧闭。而我，也由此确信了对一个重大风险的推论判断。第二天，我和客户在访谈对方财务负责人时，单刀直入向对方发问，本项目是否存在“虚假按揭”的情况？因为我们在此前对方提供的资料里，发现已销售的几十套别墅买家身份信息里，多数是外地农村户口，且不少人来自同一个村子，这明显不合常理，毕竟这是 20 年前的北京，尚未实现小康的年代。同时，整个别墅区大门紧闭，完全没有正常入住的业主出入迹象，显然存在虚假销售和虚假按揭的情形。一旦存在虚假按揭，不但会给项目公司带来巨大的连带担保责任及负债风险，同时还会产生刑事责任，属于无法回避的重大风险事项。在铁一般的事实和严谨的推理面前，对方财务主管虽然不情愿，但最终还是承认了存在虚假销售及虚假按揭的事实。而为本次并购提供融资的客户，也由此发现和避免了一个巨大的风险。在此之前，收购方所聘请的律师，在尽调过程中对此情况却一无所知，完全遗漏了此项重大风险。在融资方提供了我们的尽调报告后，收购方及融资方对我们的报告质量给予高度好评，报告结论也受到了收购方的高度认可，这份报告，亦成为日后业内学习和参考的标准。

以上这个案例生动地表明，“尽调法师”在尽调过程中需要保持足够的敏感，以认真负责的态度，绝不放过所发现的蛛丝马迹，并以合理的推论和方式方法去证实。每一个现场发现的小细节、小疑问都事关尽调成果的最终质量以及项目的成败。

二、惊鸿一瞥，不辱使命

大约10年前，我们在上海的一个地铁综合体项目收购中，代表收购方对项目公司和项目进行尽调。起初一切正常，尽调工作按部就班向前推进，也没有发现不对劲的地方。但就在我们派出的律师开展工作的第三个晚上，一页不起眼的纸张上的信息，直接影响了整个项目的进程。原来，当晚9时多，我们的驻场律师在标的公司加班，复印对方提供的资料时，无意识地拿起复印机旁边的一页废纸，结果发现这页“废纸”上记载的信息，恰恰是这个项目因为地基沉降导致周边几百户居民所住的几栋居民楼出现楼梯开裂现象，进而导致周边居民投诉上访，标的公司内部讨论如何处置的方案，而此情况在对方提供的资料中只字未提。这页被对方工作人员随意丢弃的“废纸”，对收购方而言简直就是一块价值连城的宝贝，我们的客户根据此信息调整了收购条件，最终交易无疾而终。

如果不是那位晚上 9 点还在标的公司加班的律师的“惊鸿一瞥”，如果不是标的公司的疏忽大意，将重要信息视为“废纸”，我们可能永远无法获知这一重大的项目风险。由此可见，任何刻意伪装或隐藏的事实，都会有百密一疏的时候，对尽调文件收集、整理作为尽职调查中不可或缺的一环，我们必须保持足够的敏感，及时、细致地进行筛查。不放过任何一个细节，则应该是每一个“尽调法师”的使命和本能。

有被尽职调查揭露“雷点”的反面案例，就有利用尽职调查实现自我成长的正面案例。合理利用尽职调查，也可以帮助企业自省，及时弥补企业的疏漏与不足，从而实现企业的自我成长与完善。

三、严以律己，苦心不负

在另一起案例中，我们的一个客户很有远见，委托我们做了职业生涯中唯一一个客户自己对自己进行尽调的项目。起因是有专业投资方准备对客户进行股权投资，而客户对自己的公司 10 多年以来的管理规范并没有足够的信心，出于谨慎和对本次投资成功的期待，客户委托我们从投资人的角度提前对自己进行一次尽调，然后再根据尽调结果进行整改和准备。不得不说，这个客户的意识确实很超前。

通过严格的尽调，我们帮客户梳理并整理了公司的各项资料，整改了发现的各项问题。当投资人聘请的律师和会计师进入公司时，映入眼帘的是我们为投资人尽调专门准备的会议室和资料室，各项资料的原件和复印件已分门别类整理完成，并整整齐齐摆放到位，导致现场尽调工作在一天之内就结束了，投资人委托的尽调团队表示准备的资料超出了他们的预期和要求，没什么需要进一步补充的，并对公司的规范管理留下良好的积极印象，当然最后整个投资项目也就水到渠成，顺利完成了。

孙悟空的“火眼金睛”是在炼丹炉里练就的，“尽调法师”要想获得这样一双慧眼，也必须历经九九八十一难，在前辈“法师”的带领下，一步一个脚印，小心翼翼识别各种风险和伪装，在一个个看似简单枯燥但又各不相同的基础项目中磨炼自己。

发生在 2009 年并轰动全球的全美航空 1549 号航班纽约空难事件中，以冷静和专业挽救整机乘客生命的英雄机长萨利曾经说过，“我们必须每时每刻尽力做对，还要努力做好，因为不知道生命中的哪一个瞬间会决定对我们一生的评价”。以此，与所有“尽调法师”共勉。

从业 20 余年，经手的尽调项目过千，尽调的手段和方式也日新月异，甚至在不远的将来，以 AI 智能为基础进行法律尽调的时代也即将到来。但无论时代如何变迁，法规如何更迭，技巧和技术如何提升，一个“尽调法师”要想拥有一双“火眼金睛”，依然需要脚踏实地，踏踏实实练好基本功。假设通过一个项目可以发现一个问题，假以时日，100 个项目就可以发现 100 个问题，再把这些问题由点连成线，由线连成面，就可以形成系统性的知识系统，“火眼金睛”的炼成，也就为时不远了。当然，“法师”本人在其中必须投入足够稳定的热情，足够积极的态度，足够认真的细致，足够敏感的怀疑，足够合理的推论，足够持续的专注，不断学习和总结，方才可以百炼成钢，最终拥有一双穿透层层迷雾的“火眼金睛”，去伪存真，不负所托。

争议解决业务的基本思路

曹丽军 孙芳龙 夏惠民*

> 我们听到的一切都是一个观点，不是事实。我们看到的一切都是一个视角，不是真相。
>
> ——马克·奥勒留《沉思录》

一、争议解决业务概述

争议解决是一项具有高对抗性的工作，对律师的逻辑和决断力也有较高的要求。争议解决的工作要点除了出庭，还涵盖法律文书的写作、相关文件的制作以及案件处理过程中的一些程序性问题。本文主要介绍低年级的争议解决律师在工作时可以注意的一些问题。

（一）争议解决律师的职业特点

争议解决律师的职业特点与非诉业务律师的职责相比，主要有以下几个特点：

第一，这份职业有高对抗性。除日常跟客户打交道、写文件

* 曹丽军、孙芳龙、夏惠民均为争议解决部合伙人。

时需运用到良好的人际、书面沟通技能之外，每次在仲裁场合口头论述的时候都是有对手和听众的。对方律师是在跟你辩论的；桌子对面还有法官或者仲裁员。在想办法淡化对方律师陈述中对己方不利的因素的同时，还要留意仲裁员的反馈，尽力说服中立的一方能成全己方的合理诉求。这种高对抗性的场景夹杂着高强度的工作和高压力，要确保这几个方面同时能兼顾，其难度不言而喻。

第二，这份职业要求律师在工作中（尤其是涉及文件和资料的撰写工作）条理清晰，逻辑严谨，思维敏捷。对于争议解决律师而言，在关键场合所说的话或者提供的文件一旦传达到接收方，其效果就产生了，就没有回旋的余地了。这与做非诉讼业务的时候有明显区别。举例来说，非诉讼律师写一份合同给客户看，客户或许会要求律师在文件里补充一些内容或者作一些修改，即文件发出去之后是有回旋余地的。

第三，做好这份职业需要决断力。决断力与前两个特点是有关联的。假如公司刚完成了两个重要的众筹，期间有的人负责策划整个流程，有的人负责判断前者提出的计划是否可行。对于争议解决律师而言，可能大多数时候是在完成前期策划的步骤，即找出重点问题、研究并深入分析这些问题。但是到了某个时间节点，律师必须依据先前的铺垫工作得出的结论做出一个判断，此时就容不下任何犹豫或者纠结。关键在于这些判断要有充分的调研作支撑。总结起来就是，争议解决律师要在工作过程中不断锤炼自己的各项技能，该做出选择和得出具体决策时一定要果断。

第四，顶级争议解决律师还需要具备流程管理与团队合作能力。顶尖律所代理的很多案件都涉及大量环节和相关工作，需要“团队化作战”。如果“单兵作战”，再优秀的律师有时也会有疏漏和错误，好的团队作业和团队配合，会降低犯错的概率。在团队当中做事情，律师之间的协调、律师之间的配合以及律师之间的相互支持、信息共享，都特别重要。这里既包括合伙人和资深律师的牵头管理，也需要年轻律师和助理们的配合。这对争议解决律师的流程管理和团队合作能力也提出了较高的要求。

（二）当今时代下面临的新挑战

1. 案件新趋势带来的挑战

从案件本身来说，一方面，许多案件具有新颖性，新领域的案件（比如，无线通信领域）不断出现，如果对相关领域没有足够深的了解，很难对案件有很深的把握。另一方面，各种交易结构越来越复杂，因此形成争议时，法律关系也会特别复杂。

从诉讼程序来说，有些律师事务所面临的诉讼业务，经常会在层级比较高的法院审理，比如很多案件一审在高级人民法院，二审到最高人民法院；或者这家律所介入的时候，案件就已经处在最高人民法院的再审阶段。此类案件的法律程序就特别复杂。

从客户需求角度来说，不少客户自身对法律知识非常了解，尤其是很多大公司的法务部门，专业程度非常高，这也就导致其对律师服务的要求随之提高。

2. 司法新环境带来的挑战

当前，我们处在一个司法改革的大时代背景之下，审判的专业化、庭审的优质化和司法的科技化越来越强。

以案例指导审判工作为例，《最高人民法院司法责任制实施意见（试行）》明确要求法官审理案件必须进行同类案件和关联案例检索，并且检索之后要遵照如下原则处理：(1) 如果作出的裁判意见跟案例形成的裁判要旨是一致的，无须上报；(2) 如果作出的裁判意见突破了已经形成的大多数或者广泛接受的裁判要旨，要上报；(3) 如果发现检索的案例存在裁判错误，要上报。在此背景下，作为诉讼律师，在处理任何案件的过程中，如果不进行案例检索，就不是一个合格的诉讼律师，如果案例检索不彻底，也依然不合格。

在这种挑战之下，作为诉讼律师就需要掌握一些新技能，例如，对大数据检索和可视化工具的学习和利用。同时，还要全面地掌握法律法规、司法解释以及各种案例。

二、争议解决业务要点之一：法律文书

（一）法律文书的类型

1. 诉讼文书

法律文书主要包括：诉讼方面所涉及的起诉状、答辩状、上诉状和上诉答辩状；仲裁方面主要有仲裁申请书和仲裁答辩书。而有些律师团队主要从事的是境外仲裁，境外仲裁与境内仲裁最大的区别

在于需要用到的法律文书可能更多。

关于有些重点文书，需要提交相关证据，对证据需要做一个过渡或者说明。对于对方提交的证据往往要准备书面的质证意见。特别是在仲裁情况下，考虑到仲裁程序所花费的时间相对长一些，仲裁员也都是兼职的工作，法律文书要准备得更齐全。要指望仲裁员像法官那样特别清楚地记住每一份文件的细节是不太现实的。这种情况下书面的质证意见就非常有必要。

开庭后还会有庭后意见。法院诉讼程序中通常在开庭后要提交一个代理词，以律师的角度对案件所涉及的核心法律问题发表法律意见（仲裁中一般需要客户的意见），即根据庭审的情况，对所有基于事实的法律问题做一个梳理和总结。这样的文件会成为法官或者仲裁员在最后写裁判文书时重点关注的资料。

2. 法律意见

除了上述法律文书之外，争议解决律师在工作中可能还经常会写法律分析意见，即客户希望律师从专业角度对案情做一个分析，分析其中到底有哪些法律问题，并了解一下律师对这些问题的基本判断。律师的法律分析意见是客户决定下一步动作的重要参考。如果律师的态度相对积极，表示对获得胜诉抱有比较大的信心，那客户可能就会选择推进案件的进程；如果律师觉得这个官司不值得打，或者说败诉的概率比较大，客户可能就决定不打这个官司了。

客户期待律师做一个比较准确的判断，作为律师，如果你觉得胜算很大，就一定要把反馈给客户的胜诉概率提到 80% 甚至是 90%。相反，如果你判断案件胜诉的概率比较低，也要如实向客户提供你的推测，并明确指出胜诉概率可能只有 20%～30%。在现实工作中，有些客户或许在听完你的分析后就知难而退了，也有些客户可能了解到虽然胜诉难度很大但仍坚持打官司。无论面对哪种情况，只要你尽到了律师应尽的义务（已充分完成前期调研工作，并对官司胜诉概率作出比较准确的估计），就已经缓解了一些后期的工作压力。

3. 大事记

大事记在仲裁过程中尤其常见。通常律师事务所接手一个新的案件，而案件涉及的交易比较复杂，持续的时间比较长，涉及的环节可能多，这时候就需要通过写大事记的方式来做整理。年轻的律师需要阅读一些相关文件，逐渐梳理出关于这个案件发生过哪些事情，交易过程中涉事双方产生的纠纷，把主要环节都记录下来，让合伙人和高级律师一看就一目了然。低年级律师的目标应该是，自己整理出来的文件已经非常清晰，有些文件可能合伙人根本就不需要再过目。写大事记这样的整理工作，大多时候都是由低年级律师根据合伙人和高年级律师的指示安排指导来完成的。

写大事记其实非常重要，新入职的年轻律师要记住一点：做什么事情没关系，甚至一开始做得不够好也没关系，但是一定要细心完成这些事，把你认为重要的问题全梳理出来，不要因为大意而有疏漏之处。年轻的律师不应该因为急于表现自己而好高骛远；只有带着认真的工作态度慢慢积累经验和增长技能，才能赢得合伙人和高级律师的赏识，并获得更多的锻炼自身能力的机会。

（二）写作中的注意事项

制作任何文件时的宗旨是为读者着想，即让读者阅读时觉得所看到的内容通俗易懂、架构设计稳妥、内容清晰简洁。

1. 文件的逻辑架构

第一，文件要有一个清晰的架构。在起草文件的时候，最好养成列提纲的习惯。先把文件主要涉及的几个问题写出来，每个问题之下相应地分出几个小问题。这个步骤有助于在起草文件的阶段就把各部分的逻辑层次理清楚。构思架构的过程有可能是律师独自完成的，很多时候也有可能是合伙人带着团队里的律师一起完成的，还有可能是高年级律师先起草提纲，合伙人再做最后的判断和调整。不论写文件的工作最终是以什么形式开展，最需要关注的方面都是如何使文件的逻辑非常清楚，同时也要有意识地提高写作效率。

第二，要留意文件各个部分之间的衔接是否通顺，即文件各个部分之间应该有清晰的逻辑关系。比如，遇到一个大问题需分出三个小问题来讨论的情况时，在描述大问题的时候就可以采取使用分级标题的方法，或者以写一个总起段落的方式列出文件会涉及的问题，接着再展开具体陈述。还有一个常用技巧是在出现逻辑衔接或转换的地方用一些像“首先、其次、再次、最后”，或者“第一、第二、第三”的提示词，帮助读者快速看清段落间的层次。在争议解决业务中写文件，有时不只涉及使用简单的编号来标清文件的逻辑。有些法律文书遵循的内容整理原则是以交代一个事实为开头，再梳理双方交易的经过，最后谈案件涉及的责任问题。交代完责任问题后再讨论损害赔偿的问题。在写责任和损害赔偿细节的过程中，可能还要根据相关合同的约定以及法律条款，结合事实得出一个合乎逻辑和法律法规的结论。

第三，法律文件的逻辑层次有的时候要按实际需求退一步。撰写法律文件时（尤其是写第一份文件时），不要有逻辑上的让步，要尽可能避免在措辞上流露出退让之意，而应该尽早在文件中表达你认为最有把握的第一层次的观点，到了开庭的时候再根据实际情况选择在什么地方作出让步。总而言之，不是不可以退，而要灵活选择作出退让的时机和方向。

2. 文件的措辞

文件的语气和措辞要恰当，不要写得过于咄咄逼人，甚至辱骂对方当事人。或许客户会希望听到比较具有攻击性的言语，但是作为律师要头脑冷静地帮客户处理法律问题。倘若在法庭上或者调解场合的举止过于冲动导致输掉官司，我们就没有维护客户的利益，也就没有做好律师本职工作。总结起来就是，优秀的律师应该避免表达不恰当的言辞。既要把问题分析清楚，又要做到运用恰当的论证及辩护方式达成客户预期范围内合理的法务诉求。

3. 文件的篇幅

诉讼和仲裁对于文件篇幅的要求也是有区别的。诉讼文书原则上不要超过10页(除非案件非常特殊),仲裁文书原则上不要超过20页(除非案件特别复杂)。要是文件写得太长,审判者很有可能只是粗略地看一下文件的标题。所以写法律文件时文字一定要简练,尽可能避免比较啰唆的陈述。而在境外仲裁的情况下,通常仲裁者更容易接受写得比较长的文件。值得注意的是,在境外仲裁中允许出现篇幅较长的文件是有特殊逻辑的:有时候尽管律师一开始提交的是很长的文件,到了开庭之前会有一个庭前陈述,需要把相关法律文件中最精要的点提炼出来,而境内仲裁通常不会有这个步骤。

4. 文件的装订整理

在国内仲裁过程中,有的律师事务所提交的文件很乱,没有装订,没有编证据的编号,没有证据目录,甚至连说明的证据都没有编页码。仲裁员看到这样的文件会觉得一头雾水,审阅文件时自然也非常费劲。

优秀律师事务所的律师经手的案件就基本不会存在类似的问题,律师们做的文件都整齐地装订成册,有时候甚至花费不菲的装订成本,系统地标示出页码和证据编号,还有非常高质量的证据说明,有的时候还特地设置彩色的隔页放在小节与小节之间,这样阅读起来就毫无障碍。

要是到国外去仲裁，仲裁机构会对双方提交的文件质量提出更高的要求。比如双方各自提交的文件需使用统一的编号，所使用的纸张也有统一规格。虽然国内暂时没有这些非常细化的规定，但是做争议解决业务的律师需要学会换位思考，把自己想象成文件的读者，从读者的角度考虑如何呈现文本资料才能让仲裁员看清楚想反映的内容以及想表达的观点，这就是工作的重中之重。

三、争议解决业务要点之二：庭审

（一）立案

在处理与立案有关的步骤时，通常合伙人或者高年级律师会向低年级律师列举出需要完成的大致工作，以及每项工作具体包括的内容。低年级律师接到任务后应该耐心而认真地完成每一个相关事项。有时候可能面对一个之前没有接触过的法院或者新的仲裁机构，不太熟悉立案流程，这就要做比较详细的前期调查，以此了解立案过程中所涉及的步骤。在类似的情况下会经常需要进行电话咨询，而学会如何与负责立案的人员沟通也是优秀的律师应该具备的技能。不论遇到什么情况，关键是要以平常心来对待，记住此项准备工作最终的目的是把相关咨询工作做到位。每个审判机关对立案步骤的要求并不完全一样，把握的尺度也不完全一样。作为低年级律师，必须要提前向审判机关问清楚具体立案要求，避免出现不能按时而齐全地提供文件的情况。细致的前期咨询不仅有助于后期事项的顺利推进，也有助于给客户留下好印象，让客户看到优秀律师事务所高效、可靠的业务水平。

如果涉及与境外客户开展业务，即代表境外客户进行诉讼或者仲裁业务，有些步骤有别于境内的情况。举例而言，境外仲裁没有公证认证的要求，除非涉及公司存续的正当性，相关法律不要求提交经过公证认证的文件。依照中国民事诉讼法的明确要求，诉讼过程中必须提交相关公证认证的文件。即使在案件获得裁决之后到法院申请执行，这也属于一个独立的执行诉求，需要对所涉及的文件（如公司的营业执照、公司登记机关签发的证明公司有效存续的文件、法定代表人身份证明等）做公证或者认证。

（二）财产保全

财产保全也是很重要的一项工作。低年级律师单独去法院做诉求保全，上一小节强调的公证认证文件等相关步骤也同样适用。在诉讼过程中，需注意每个法院对财产保权的尺度把握是不一样的。要充分了解法院要求律师提供的担保都有哪些可接受的形式，因为各地法院的规定不一致。广州法院的要求就比较详细，比如不接受银行的保函，只接受现金担保。与之不同的是，浙江的法院就曾接受过某保险公司出具的保函，且保单金额还不是律师请求的全部金额，只有全部金额的约 70%。总而言之，学会如何把各地法院的具体要求咨询清楚并按实际情况采取相应的行动是低年级律师的基本功。

倘若涉及与外资企业开展业务，如果该企业在国内有子公司，往往比较容易提供相应的保函。如果该公司在国内没有子公司，它把钱转入中国就需要很长的时间，因为中国对外汇有管制。基于这样的情况，有些法院可能只要求公司提供50%的现金，有的甚至会接受银行的保函或者不动产抵押。这一小节强调的是，其实各地的法院在财产保全尺度上的标准很不一样，有时候甚至一个法院里不同法官之间把握的尺度也不一样，所以事先一定得做好调查工作，问清楚就有的放矢地操作。

（三）庭前准备

准备开庭的时候会遇到很多无法预测的变数，比如对方没有应诉，没有来答辩。不过通常在开庭之前双方都交了申辩文件，所以庭前准备工作还是可以做得特别细致的。具体做法是要对仲裁庭或者法院可能会重点关注的问题作出一个预测。如果对方提交的文件很详尽，往往在节点上已经总结出争议焦点了。这时候可以准备一份开庭提纲，用一个表格的形式记录各项问题，以及列举出各项问题中包含的更细的问题。接下来要思考的是对方在每一个问题或者小问题上的主张以及己方的主张，仅考虑双方的主张其实不够，还要考虑己方在这些问题上有没有弱点，如果有些弱点的影响不可淡化，庭审中还可能会出现什么情况。庭审前要对以上几点有一个预判。

至于需要仲裁的案件，除了上面提到的几方面，还可能涉及一些合同约定和法律规定。为了保证开庭提纲表格所统计的信息都是齐全、准确的，应该在表格相应的地方把相关细节都写清楚，以便开庭的时候所出示或者引用的文件基本上能与对方提出的问题和仲裁庭提出问题一一对应。之前提到的合同约定和法律规定都需要在表格中写清楚，对庭审中可能被问到的问题做好充分、有理有据的应对准备。

遇到比较大的案件，律师团队成员间进行模拟开庭是很有必要的。即将团队成员分成两拨，展开一次类似于庭审辩论的预演。此时合伙人可能自己会去扮演仲裁员或法官的角色，或者再邀请一个对案件细节不太了解的同事跟他一起来扮演仲裁员或者审判者的角色。这样模拟辩论一遍之后，律师们就大概知道都有哪些问题会比较具有攻击性（答辩起来难度偏大），而哪些问题听上去会比较缺乏攻击性。这种预演的过程也可以让律师们意识到自己哪些方面的能力还需要加强，帮助团队成员在练习中找到自己的提升空间。通过类似的演练就能进一步加强对庭审中可能出现的主要问题的印象；通过演练中的答辩阐述，律师能把案件的逻辑层次在头脑中再整理一次。总而言之，模拟开庭是很好的准备方式。

（四）庭审发言

在庭审发言中，以下能力是作为优秀的出庭律师所需要具备的：

1. 语言能力

第一，语言表达要非常流利。其中比较重要的一点是要说一口流利的普通话，因为这是大家共同的语言。说话时不要带有很强的口音，也不要出现吐字不清的现象，一定要想办法让自己说出清楚、标准的普通话。

第二，要注意说话的节奏，不要讲得太快，因为你面对的可能是年纪比较大的法官或者仲裁员，说得太快对方可能反应不过来，不能完全理解想传达的观点间的逻辑。律师不应该期待法官或者仲裁员对案件的细节了如指掌，因为审判者往往没有律师对案件了解得深入。审判者所接触到的都是双方律师过滤、梳理后提供的信息，律师在做阐述时应该预想到这些情况，根据在庭上所感知到的审判者对案件的熟悉程度来适时调整言语表达中需要突出的重点内容。总结起来就是，当庭陈述的时候要注意节奏，表达要清晰，突出重点，可以适度地反复强调一些重要细节。

第三，除了口头表述上的一些注意事项，也要注意把握好肢体语言。不要低着头自说自话，要看着对方做陈述，用合适的肢体语言辅助表达观点。要学会观察审判者言语和肢体方面的反馈，尤其是要有从审判者的表情中提取信息的能力。审判者都有自己的喜好，也会有他比较喜欢的庭审风格，这些倾向性在庭审过程中都可能会有所流露。其实审判者的肢体反馈中有极大的信息量，律师需要用敏锐的观察力与合理的解读方式去获取这些信息。

第四，要注意保持冷静、理性。在辩论中，有时候可能双方声音比较大，说话比较急。此时应该尽可能控制自己的节奏和情绪，不要受对方律师牵制。要做到自己发言的语气比较平和，同时突出关键论点，也要给对手适度的尊重。庭审中时常会遇到对方代理人和当事人都在场的情况，当遇到陈述时被对方当事人打断的情况，你要心平气和地提醒对方控制一下情绪，请他尊重你的发言机会。无论出现什么情况，需要做到的都是整体上保持比较冷静、比较愉快的态度，因为往往当你出现不礼貌的言行时，你的理智程度也会随之降低。从审判者的角度来说，他希望见到的是双方都在理性地发言，把案件的脉络和涉及的法律问题说清楚。如果庭审中对方的言行确实有些过分，要及时地提醒审判者，达到质疑对方行为合理性的目的。

2. 庭审陈述能力

低年级律师刚开始接触庭审工作时，合伙人可能会让你做第一轮陈述，这对于年轻律师而言是特别有利于培养信心的锻炼机会。如果工作中暂时还没有遇到这样的锻炼机会也没关系，本小节就介绍一下在开庭陈述的时候要注意的一些具体的事项。

就时间而言，国际仲裁往往是一开始把每个步骤的时间都设定得特别清楚，像下围棋一样，以倒计时的方式控制时间。双方各两小时，每个环节各二十分钟都是对等的。而在国内，目前还没有这样的时间把控，但一般情况下，审判者会有一个基本的时长判断，尽量做到让双方都有对等的发言时间，所以在国内庭审时，只需要按照审判者的引导把握发言时间即可。当你发现审判者可能已经觉得你讲的内容太冗长而听得很不耐烦了，就要注意控制节奏，适当地省略一些不重要的细节，让表达变得更简洁。尽管庭审中对时间的把控不像在辩论赛中那么严格，但审判者可能因为需要公平地对待双方而示意你停止陈述。这就要求律师对发言时间的把握比较准确。

一般来讲，不要让庭上陈述变成单纯地朗读己方的文书。开庭之前除了要准备好发言的提纲，还可以大致梳理一个简单的文件，文件中再次重复请求并概括案件的几个要点。开始发言的时候，要直白地告诉审判者，己方提出的请求与庭前文件中写明的请求之间有没有变化。倘若请求中有变化，需要特别说明变化具体涉及哪些方面。还有一些细节也要注意，比如陈述中遇到需要朗读到数字的时候，考虑到有人在记录庭审内容，就应该放慢朗读速度，也可以选择重复有数字的部分，方便做记录的人做笔记。这其实也是在考验一位律师的综合素质和个人情商。

3. 结构与逻辑能力

陈述完起诉状中的细节后，最好要带有引导性地介绍一下接下来在庭上陈述上主要会讲的要点，把标题要点先说完，然后再逐个展开每个标题下面的具体问题。发言结构的介绍特别重要，可以为后面的内容搭建一个可供审判者参考的结构，确保审判者一开始就听清楚逻辑，然后顺着这个结构去听后续发言中的具体论证。这个工作其实在文件撰写阶段已经完成过一次了，而且一般论述发言的结构在律师的脑子里已经很清晰了。但是，在庭审场景里把这个结构呈现给审判者，还是最关键的一步。

4. 提取关键证据能力

对于能说明核心主张的关键证据，要引导法官、仲裁员去仔细看这份证据的内容。用一些很清晰的引导语，比如“请大家看一下第多少页，第几行”，然后朗读相关段落并对其具体内容作出逻辑严谨的解释。但不能从头至尾都采取这样的方法，因为这样就无法突出关键信息。总而言之，律师不能只是在庭上自说自话而没有关注到信息接收方是否能跟上自己一步步推演的逻辑链条，最需要避免的是自己滔滔不绝地论述了半天，审判者到头来还问你作这段论述的目的是什么。

5. 回答提问能力

法官和仲裁员的提问往往反映了他们的思路和观点。个别问题只是为了澄清一些细节，而大部分情况下他们的提问都会涉及具体的法律问题，由此能反映出他们的思路。当他们抛出一个问题时，优秀的律师会快速剖析这个问题背后的意图，即问题背后隐藏着什么关键信息。有的问题问得一目了然，有的问题则有值得挖掘的具体意图，这些都是需要考虑到的，随后就遵循符合己方利益的最佳观点来回答相应的问题。有时候审判者会连着问一串问题，此时应该把所有问题都清楚地记录下来然后一一作答。尤其是感知到仲裁员或者法官在强调几个他认为比较重要的问题时，应该清楚他是希望律师及时做出反应的。倘若律师回答了几个小问题后忽略了更关键的问题的作答，甚至完全忘记了审判者曾经提过这些问题，那就会给审判者留下一个不够专业的印象。

6. 应对“坏问题”的能力

如何判断庭审过程中哪些是好问题，哪些是坏问题？

好问题是对案件很有帮助、你所希望听到的问题。这其实是审判者给你的就这个方面做一个更深入阐述的机会，这种情况下你就要抓住时机给出特别精彩的回答。

而坏问题主要分为两种：一种是不利于你的，这时就得想办法绕过去，有些问题应该尽可能地回避；但如果有些问题实在回避不了，有一种应对方法就是重新设定问题的导向，最后表示会去再找一找相关证据和资料，从而达到避免当时直接作答的目的。另一种坏问题是因为不了解情况而无法作答的问题。如果这时候判断这个问题与庭审进程的相关性很大，就只能老老实实地承认对案情细节了解有不到位的地方，需要再与当事人沟通了解具体情况。承认这一点的时候不要有心理负担，因为开庭之后，还可以提交补充证据，甚至还可能有第二次开庭的机会。

还有一种问题是假设前提的问题，这是尤其需要小心面对的一种问题类型。如果假设的前提是对你不利的前提，此时你可以巧妙地反驳说这种前提其实是不存在的，所以不应该基于这样的前提来发问。如果判断认为假设的前提对你有利，那就尽可能顺着这个思路去回答。

7. 总结要点的能力

很多时候审判者会做一些阶段性的总结，此时他通常会列出本案中重点要解决的几个问题并就此询问双方的观点。这时候应该把审判者提出的问题清晰地记下来，然后一个一个地回答。等对方律师对同样的问题作出相应的回答之后，你还要尽力去反驳对方的观点，即使并不是每次都会有时间进行反驳，还是有必要去争取这样的机会。

如果审判者没有总结要点，那律师自己就要总结要点，这样便于审判者庭审后回忆起一些细节并作出合理的判决。

8. 盘问证人的能力

庭审中还有一个重要环节是盘问证人。以仲裁程序为例，以往在国内的仲裁程序中是很少有证人参与的，这几年有越来越多的证人参与其中。境外仲裁跟国内仲裁很大的区别是，国内仲裁很大程度上是审理书面证据，开庭也是围绕书面证据。但是境外仲裁则更注重盘问证人，有些比较复杂的案件，一旦开庭就会花费四到五天，很多时间都花在盘问证人上。从大陆法系法律传统来讲，确实比较少涉及与证人互动的环节，证人证言也不能单独作为事实的依据，必须要跟其他证据配合共同来证明一个事实，形成一个证据链。随着国内律师参加境外仲裁所积累的经验越来越多，国内律师盘问证人的技术也会更加精湛。以下分享几个盘问证人的具体场景和应对技巧。

第一，盘问对方证人。在盘问对方证人的时候，己方律师的目标是颠覆该证人的可信度，这时候就要去质疑对方证人证言中不合理的成分，抓住证人当庭的说辞和提交的证言之间有出入的地方。在庭审中，可以对照着对方证人证言中的内容对案情进行逐一梳理，让法官或者仲裁员察觉，这位证人论述的事实有可能是不准确的。

第二，盘问专家证人。专家证人跟事实证人有很大区别，作为一位律师，如果知道某位专家证人正是所涉及领域的顶级专家，就应特别注意。因为律师对该领域的了解一定不如专家证人所知道的丰富，向专家盘问问题过于深入可能会起反作用。所以律师在提问时一定要注意适可而止，觉得专家说的程度已经有利于己方了，就不要再继续盘问：一是因为专家证人要是想多陈述一点专业问题，法官或者仲裁员可能也没法跟上他的逻辑；二是因为一旦专家决定多陈述一些细节，也有可能就把你带到对己方不利的场景中去。

9. 总结陈述能力

不管庭审前与庭审中的工作是谁来安排，最后的总结陈述往往是由最资深的团队成员来做。总结陈述往往会根据庭审已经查明的事实展开。在庭审前，法庭或者仲裁庭可能没有一个倾向性的观点，但鉴于庭审中有些事实双方都已经确认了，就一定要抓住对己方有利的细节，并阐述清楚基于这样的事实可以得出什么样的结论。这一阶段不一定是简单地重复刚开庭时己方所陈述的一些内容，主要是把庭审过程中逐渐清晰的对己方有利的点梳理一遍，对这些要点进行最后的强调。

（五）年轻律师在庭审中的角色

在庭审中，年轻律师一开始所发挥的作用可能比较小。合伙人或者高年级律师带去开庭，实际上是为了长见识。年轻律师有时候会接到做一个记录的任务，有的时候是接到帮着翻译证据的任务，有的时候也会有少数当庭发言的机会，通常是负责一些质证过程，这时候就可以抓住机会好好锻炼自己。不论被分配到什么任务，关键是要保持一个平和的心态，不要操之过急。倘若职业初期的工作没有把握好，可能就不会有闪光的一天。所以一定要耐心地完成入门级的工作，以严肃认真的态度对待每一个细节。

以庭审前的资料整理为例，庭审中往往需要拿出证据原件去核对，这就要求低年级律师提前把相关资料整理好，并与当事人的法务提前核对一下，开庭的时候才方便在需要的时刻及时给合伙人递上相应的文件。另外，要扮演好一个好的助理角色，合伙人在旁边说话时，自己也紧跟他的思路走，不能愣在那里等着合伙人催促你配合。

虽然低年级律师们基本没有什么当庭发言的机会，但只要在入门阶段担当好辅助性角色的各类职责，未来一定有更广阔的发展空间和更丰富的锻炼机会。

第七章

律师职业的风险控制

诉讼业务中的风险控制

傅长煜*

控制风险能力的核心是法律思维逻辑的运用。

诉讼业务与非诉业务的风险控制是相通的。发现风险、控制风险的能力取决于对法律关系系统、全面分析的能力，即法律思维逻辑的运用。我们要确定在法律服务中，究竟有多少法律主体参与；各主体之间形成了什么样的法律关系；是什么样的法律规则规制这些法律关系，各方享有何种权利、承担何种义务，违法后可能面临何种处罚。

一、诉讼业务中的风险类型

从责任类型角度，律师的执业风险可以简单分为四大类型，即刑事风险、行政风险、民事风险以及专业风险。刑事风险是高危雷区，是不能触碰的底线。虽然在对律师职业生涯的破坏性上，专业风险无法与其他三类风险等同视之，专业风险的发生大多不会导致民事、行政或刑事方面的责任承担，但对律师职业生涯而言，专业风

* 争议解决部合伙人。

险同样是致命的，它会直接导致客户的流失。

二、各类执业风险防范之道

（一）刑事风险防范

在诉讼律师的执业过程中，构成刑事犯罪的，主要涉及下述几类：

第一，涉及贿赂行为的犯罪。律师要切实地规范自身与当事人之间、自身与权力机关人员之间的往来，与相关人员保持合法、合规、合理的正常交流。律师与公安机关、检察机关、法院的工作人员之间涉及贿赂行为的犯罪，多是为了得到比较有利的裁判结果，或者从所谓的“关系网”中得到案源。罪与非罪之间的选择往往只是一念之差，行贿这条红线是绝对不可以触碰的。无论其他人怎么做，无论大环境是什么样，法律人都应该以身作则、坚守底线。青年律师要时刻警惕的是自己的“心魔”，只有不忘初心、守住初心，在内心萌生不良倾向时及时提醒自己坚守底线，才能真正将律师职业作为自己毕生的事业来奋斗。

第二，涉及伪证行为的犯罪。伪证罪是刑事诉讼当中才会涉及的罪名，在民事诉讼当中要注意的是虚假诉讼罪。伪证罪是指在刑事诉讼中，证人、鉴定人、记录人和翻译人对与案件有重要关系的情节，故意作虚假证明、鉴定、记录、翻译，意图陷害他人或者隐匿罪证的行为。对于律师而言，具体可以表现为辩护人、代理人毁灭证据，帮助当事人毁灭、伪造证据、威胁引诱证人违背事实改变证言或者作伪证等行为。这里涉及复杂的问题，即如何判定律师的某些行为构成伪证罪，证人证言的反复是否会增加律师涉嫌伪证罪的可能性？

刑事律师确实面临更大的定罪风险，在处理案件过程中稍不留心，对一些风险没能形成准确预判，就会有被指控犯伪证罪的可能。根据全国律协调查数据显示，从 1997 年《刑法》第 306 条辩护人、诉讼代理人毁灭证据、伪造证据、妨害作证罪出台至 2007 年这 10 年间，全国有 108 名律师因涉嫌妨害作证罪被追诉。虽然上述 108 名律师中，最终被认定为有罪的只有 32 位，然而，定罪比例较低并非意味事情严重性的降低，一旦某位律师卷入这样的风波，在整个过程中所遭受的身心摧残对其职业生涯和个人生活的打击是致命的。此外，在各级机关处理妨害作证案件的过程中，涉案律师往往受到来自多方的处罚。总之，刑事律师的执业风险要求刑事律师在处理案件时慎之又慎。

第三，涉及虚假诉讼行为的犯罪。虚假诉讼是近年来多发的犯罪类型，也是司法机关重点惩治的犯罪行为。律师协助客户进行虚假诉讼的情况时有发生。当然虚假仲裁的现象也有，但单纯的虚假仲裁目前尚不构成犯罪，虚假诉讼的行为会直接损害司法权威和司法公信力，扰乱司法机构正常的运作秩序。

不参与虚假诉讼是律师要恪守的底线，虽然守住底线也许意味着客户的流失，但是，从漫长的职业生涯来看，律师不应该为了眼前利益，牺牲底线留住这种诉求存在重大瑕疵的客户，而抛弃法律从业者应该遵守的基本原则。

通过虚假诉讼逃避债务是虚假诉讼的典型情况。相关的类型通常涉及离婚、继承等家事案件，在裁决结果执行、财产分割的过程中，如果涉及追加第三人的情况，这类案子极有可能构成虚假诉讼。存在虚假诉讼嫌疑的案件事实情况一般较为复杂，经手律师甚至也会被蒙在鼓里。举一例说明，某外籍人士通过自身作为法定代表人的一人公司持有北京一幢房产，物业公司员工伪造其与外籍人士的往来邮件，伪造的邮件地址与当事人的真实邮件地址极其相似，几乎无法辨别真伪。物业公司依上述邮件委托中介代卖房产。买方购入了房产，但无法完成过户手续，遂向法院起诉。在审理过程中，法院无法联系到该外籍人士，最后缺席判决认定房屋买卖合同成立，支持为买方办理过户手续。外籍原房主在知晓该案情况后，认为该案在审理过程中存在虚假诉讼情况，提起了再审。

第四，涉及泄露不应公开的案件信息行为的犯罪。关于这个罪名在理论界和实务界有比较大的争议，到底什么是泄露不应公开的案件信息？本罪名与故意或过失泄露国家秘密罪如何区别？作为律师应该对这些罪名的界定条件和法律意义有基本了解，而不能仅是粗略听说罪名和法律后果，要明确意识到触犯这些罪名是可能受到严惩的。

律师在受理较大公司犯罪的案件时，采用的策略应该是能不外传的信息尽量不外传，尤其在案件已经递交给检察院处理后，与案件相关的信息就应当严格保密。当案件进入法院审判阶段时，所有文件材料的出示方式以及与当事人沟通的方式等，都要符合相关法律规定。

（二）行政与民事风险防范

对于年轻律师而言，凡涉及律师的行政风险防范的问题，要回到做律师所应该遵守的基本行事准则中寻找答案。规避行政风险最重要的方法就是恪守各项行业规范。与此同时，也要积极、充分地了解自身所在地律协、所在地各级司法部门的相关行政流程与规定。年轻律师提前对这些方面的规定形成较为全面的认识，在执业过程中就能少走很多弯路、少经历一些坎坷。

关于律师的行政责任，首先要探讨的是一个人满足哪些条件后才能称为律师，尚未正式成为律师的法律人，能够承揽哪些法律事务，又能承担哪些法律责任。其中涉及的核心问题是实习律师与执业律师的区别问题，还会牵扯到持有外国律师资格的人，在中国境内以什么样的方式参与法律服务的问题等。

有关“实习律师能负责立案吗？”这一问题，初入律师行业的法律人存在如下观点：

学员 A：实习律师带着实习律师证，客户带着授权委托书，是可以到法院立案的。

学员 B（某顶尖律所，深圳分所）：在深圳，授权委托书里要委托本团队的执业律师。随后实习律师可以拿着授权委托书及其他材料，一个人去相关司法机构办理立案手续。

学员 C（某顶尖律所，广州分所）：我自己之前作为实习律师，基本上能在广州每个法院立案，因为广州律协的一个人大代表曾经给司法厅提出一个建议，说要允许广州的实习律师独自办理立案手续。有一次，我准备在广东省中山市立案，办理手续之前我给中山市某司法机构打了电话咨询。对方告诉我，实习律师是没有立案权限的。所以最妥当的做法是每次去办理立案前，都先打电话问问实习律师在该地区有没有立案权限；若有该权限，又需要准备哪些资料。

学员 D：我在网上检索了一下，实习律师如果接受了委托律师的授权，是可以办理立案的，只是不能在没有得到授权的情况下单独完成立案。

想回答实习律师可不可以立案的问题，依据现有的答复意见，要明确立案属于法律服务业务，实习律师不能以自己单独的名义去立案。实习律师可以提交立案材料，但不可以去立案，即不可以用实习律师自己的名义签署办理所有的文件（比如起诉状）。目前，有实习律师参与的立案手续办理一般由以下环节组成：首先，当事人把案件授权委托给有执业资格的律师；其次，执业律师再给实习律师一份委托书，委托后者去办理立案，提交立案材料。依照 2016 年《最高人民法院联络工作办公室关于对〈请求准予实习律师协助办理立案手续的报告〉的答复意见》，“实习律师作为尚未取得律师执业资格正在实习阶段的人员，不能以律师名义进行诉讼活动。但是，实习律师受委托代理律师指派，并持有关手续到人民法院立案窗口递交立案材料等是可以的”。

此外，防范行政与民事风险还有以下要点需要关注：

第一，保守秘密。备受关注的一个问题是：中国法项下的律师保密义务与英美法下的律师特权的区别。假设有客户问，在中国，客户能不能放心地把全部文件交给律师，中国律师能不能保守秘密？对于这些问题，目前的基本情况是：中国律师的保密工作很难达到外国客户期待的在英美法项下的标准，但是中国律师对于客户的保密义务也是受到《律师法》第38条保护的。中国律师可以根据客户要求合理对抗调查。

这里还需要注意的是利益冲突的问题，这是在律师执业生涯始终都需要高度重视的问题。律师承揽业务，首先要做的是利益冲突查证，避免形成利益冲突。在进行利益冲突查证之前，不可以向客户提供意见。做出利益冲突判断的时候，可能还需要律师多方考虑各种各样潜在的、复杂的情况。

第二，法庭秩序。目前，庭审的科技辅助手段也越来越多，有条件的法院都会对庭审同步录音录像。在这种大背景下，法院对庭审秩序要求就会越来越高。一些基本的法庭规则要引起律师重视。比如，旁听人员未经法庭允许不得发言提问，不得擅自录音、录像、摄影、记录。另外，对于在社交媒体上分享庭审过程、发布庭审信息的行为也会被严格调查。总之，在法庭上作出任何举动之前，最好都先与法官沟通好，得到法官的允许后再行事。

（三）专业风险防范

第一，深挖专业。年轻律师尤其要提高警惕的是与自己的专业直接挂钩的风险。防范这一类风险的关键是把自己的专业领域吃透挖深。虽然人们经常用木桶原理告诫初入职场的年轻人，要注意在工作中不要出现明显短板，但这一规诫不太适用于法律专业人士。律师不应该过度关注自己的短板，并花费很大的力气弥补短处，而应该把自己的长处尽可能发挥到极致，找准最适合自己、自己也最感兴趣的法务方向，紧跟该领域内的所有最新动态。当你成长为某些领域的专家时，自然能吸引同行帮助你完成那些自己不太擅长领域的具体事务。

第二，制定流程。年轻律师应该养成制作案件流程与期限管理表的习惯。在接手案件后，依照流程节点与期限排期制成案件流程与期限管理表，以便团队成员（尤其是低年级律师们）熟悉全流程中各事项的基本进度。立案后会有很多大大小小的期日、期间，涉及缴费、诉前保全、诉后保全等方面，此外，还需着重关注境内当事人与境外当事人所涉及的不同期限。其中，举证期限是十分重要的期间，在举证期限届满前，律师所要完成的绝不仅仅是收集证据。保全的续封期限也很重要，在《民事诉讼法》及有关的执行规定外，对各种续封期限的具体规定繁多。实践中，经常会出现由于律师没有及时办理续封手续，导致被冻结账户上的款项被转移，客户回头来要求律师承担责任的情况。因此，笔者在此特别强调：律师应该尤其注意期日、期间的相关规定。正是由于期日、期间的特殊重要性，从而凸显出案件流程与期限管理表的重要性。我们可以采取现代化的办公手段，在管理表制成之后，将其与电脑中的各种提示功能关联，方便团队的每一位成员知晓案件流程与期限管理表上各项任务的时间节点和目前各事项的完成情况。

第三，重视文档。专业风险控制的另一方面就是文件的归档与整理。首先，关于原件交接，可能出现的情况是当事人主张已经将材料原件移交律师团队，但律师团队却否认接收过这一文件。因此，我们提醒各位青年律师，尽量不要留存客户原件，使用清晰的复印件即可。其次，如果确实需要核对原件，律师应该尽量说服客户指派工作人员携带原件到场，并在核对完后由客户工作人员将原件带回。最后，如果某些原件必须留在律师手中，双方一定要做好原件的交接，做好原件交接清单、交接时间的记录。

不仅原件管理具有特殊的重要性，文档管理也值得重视。虽然项目开发、委托关系、客户沟通文件、往来邮件、事实文件、内部文件、诉讼文件、庭审参考等资料并非全部需要留存、归档，但凡是应当归档的文件，均需要按照律所的相关规定进行系统归档。归档的过程也是对案件复盘和梳理的过程。如果每个年轻律师都可以养成把文件归档、妥善管理的工作习惯，每一个案子做完之后都能及时整理，撰写结案报告，他一定能从这些复盘行为中收获很多执业经验，成长为优秀的律师。

三、结语

诉讼律师执业风险控制的要点基本可以归纳为上述几类，然而，笔者无法穷尽律师执业生涯的全部风险点，传授给青年律师们全部的风险防范要诀。总而言之，谨慎是律师执业的先决条件，对工作的谨慎不仅源于我们对工作的热爱，更源于我们对这份职业的尊重。

要想成为一位优秀的律师，首先要对这份职业抱有敬畏之心。心中要对律师职业树立崇高的认同感和使命感，而非将其当作一种谋生的手段。律师在当事人需要法律援助时给予当事人专业的法律建议，这样的服务不仅是专业的，更是有意义的。作为律师，一方面要珍惜自己的羽毛，注重防范职业风险；另一方面要重视自己的专业性，提高自己的执业能力，努力把经手的每一个案件都做好。

非诉业务的风险防范

熊 川*

忠于法律，恪守本分，如履薄冰。

无论从整个市场变化和发展的环境，或是从律师事务所内部的整体要求，还是从个人未来职业生涯发展的角度来看，作为律师，尤其是刚开始执业的年轻律师，我们怎样强调风险问题都不过分。结合近期律师事务所在各个业务领域，特别是证券领域受到的质疑及处罚，以及受害人提起民事赔偿之诉，法院作出判决要求律师事务所承担的连带责任赔偿金额越来越高，我们发现近年来监管部门对律师事务所的处罚频率明显加快、处罚的力度亦明显加大。这无疑给律师事务所以及律师的工作提出了更高的要求，也敲响了警钟。

一、近期典型案例

（一）X 律所为 W 公司债券融资业务提供法律服务未能勤勉尽责案

X 律所在为 W 公司提供债券融资业务法律服务的过程中，债

* 资本市场部合伙人。

券违规行为的受害人认为其未尽勤勉尽责义务，提起连带责任赔偿诉讼。最终法院判决认为，该律所在已有评级报告提示 W 公司控股子公司出售投资性房产事项的情况下，未见 X 律所对该重大合同及所涉重大资产变化事项关注核查，X 律所对不动产权属尽职调查不到位，未能发现占比较高的重大资产减少情况对 W 公司偿债能力带来的法律风险，故 X 律所未勤勉尽职，存在过错。同时考虑到责任承担与过错程度相结合的原则，最终法院酌情确定 X 律所对 W 公司应负的民事责任在一定范围内承担高达数千万元的连带责任。

（二）D 律所为 X 企业 IPO 提供法律服务未能勤勉尽责案

该律所在为 IPO 提供法律服务过程中：（1）出具的《法律意见书》存在虚假记载，即在 2011 年、2012 年、2013 年财务会计报告中虚构应收账款的收回，该《法律意见书》含有虚假记载的内容；（2）违反律师事务所从事证券法律业务规则的情况，即未发现该律所及其指派的律师为 X 企业项目编制查验计划，未发现 D 律所对《法律意见书》进行讨论、复核的记录，工作底稿中留存的对主要客户的承诺函、询证函、访谈记录大多数直接取自某证券股份有限公司，工作底稿未加盖律师事务所公章，且大部分底稿未标明目录索引，大部分访谈笔录没有经办律师签字等情形。

证监会认定，D 律所作为 X 企业首次公开发行股票并在创业板上市的法律服务机构，在 X 企业欺诈上市案中负有一定责任。因此责令 D 律所改正，没收业务收入 90 万元，并处以 180 万元罚款；对直接负责的主管人员给予警告，并分别处以 10 万元罚款。

某证券公司起诉会计师、律师承担连带责任，将 X 企业等 26 名被告诉至法院，索赔 2.27 亿元。D 律所不服处罚决定，将证监会诉至 B 市第一中级人民法院。2018 年 6 月 27 日 B 市第一中级人民法院一审宣判，D 律所败诉。

（三）T 律所为 A 公司与 J 集团重大资产重组项目提供法律服务未能勤勉尽责案

T 律所在为 A 公司与 J 集团提供法律服务过程中，证监会认为 T 律所：（1）未按规定对 J 集团银行存款进行查验；（2）未按规定将实地调查情况作成笔录；（3）未按规定对查验计划的落实情况进行评估和总结，查验计划未完全落实或不能实现查验目的，也未说明原因或者采取其他查验措施和方法；（4）出具的《法律意见》存在虚假记载及重大遗漏，即 T 律所会同证券公司进行关联方核查时，未关注到 H 金融与 J 集团构成关联关系，《法律意见》未披露 H 金融与 J 集团之间存在关联关系。

证监会认为，T 律所未勤勉尽责，出具的《法律意见》等文件存在虚假记载及重大遗漏，没收 T 律所业务收入 150 万元，并处以 750 万元罚款；对直接负责的主管人员给予警告，并分别处以 10 万元罚款。

除上述影响力较大的处罚案件外，在基金类业务、ABS 业务、债券类业务等领域近几年律师事务所被相关监管部门出具监管措施的情形亦屡见不鲜。据此，作为非诉律师，尤其是年轻的非诉律师，在工作中认清自己的定位、明确可能产生的法律风险是从业的基本前提。

二、非诉律师的类型、定位和风险

（一）非诉律师的类型和定位

律师业务可以分为诉讼业务和非诉业务。其中，诉讼业务包括诉讼、仲裁；非诉业务则包括很多类型，如证券业务、投资业务、公司业务、债权融资业务，以及劳动、合规、贸易领域业务等。而非诉业务当中涉及行政许可事项的主要集中在资本市场业务，这也是资本市场作为高风险业务领域的原因之一。

我国法律法规对非诉业务律师的定位原则上有两个层面的要求：

第一，服务者。非诉律师在从事非诉业务的时候是服务者，我们要尽我们所能勤勉尽责地为客户最大利益而服务，实现客户的商业目的和商业诉求。

第二，守门人。《律师事务所从事证券法律业务管理办法》第20条明确规定："法律意见是律师事务所及其指派的律师针对委托人委托事项的合法性，出具的明确结论性意见，是委托人、投资者和中国证监会及其派出机构确认相关事项是否合法的重要依据。"因此律师事务所是证券市场的守门人，这要求我们在为客户提供服务的同时，又要保持一定的独立性。

（二）非诉业务的法律风险

1. 民事责任

根据《证券法》第 163 条的规定，律师制作、出具的文件有虚假记载、误导性陈述或者重大遗漏，给他人造成损失的，应当与委托人承担连带赔偿责任，但是能够证明自己没有过错的除外。根据《民法典》第 929 条的规定，有偿的委托合同，因受托人的过错造成委托人损失的，委托人可以请求赔偿损失。若有偿的委托合同因律师的过错给委托人造成损失，则受托人应该承担一定的赔偿责任。根据《律师法》第 54 条的规定，律师违法执业或者因过错给当事人造成损失的，由其所在的律师事务所承担赔偿责任。律师事务所赔偿后，可以向有故意或者重大过失行为的律师追偿。若由于律师的过错给当事人造成损失，律师事务所应当承担赔偿责任，而律师也应承担连带追偿的责任。例如，在上文提到的第一个案件中，某证券公司出资 5.5 亿元设立先行赔付专项基金，先行赔付因 X 企业欺诈发行所造成的投资者损失，随后向包括律师事务所在内的其他中介机构追偿。

2. 刑事责任

我国《刑法》规定了欺诈发行证券罪和违规披露、不披露重要信息罪，以及专门针对中介组织人员的提供虚假证明文件罪、出具证明文件重大失实罪等罪名，在以往证券违法案中，出现过证券中介机构被刑事追责的情况。

但是根据我们的初步研究和实践中的感受，我们认为律师在非诉业务领域（尤其是证券业务）因执业而承担刑事责任的情形，除了上述罪名以外，还必须尤其注意内幕交易的风险。《刑法》第180条规定了内幕交易、泄露内幕信息罪："证券、期货交易内幕信息的知情人员或者非法获取证券、期货交易内幕信息的人员，在涉及证券的发行，证券、期货交易或者其他对证券、期货交易价格有重大影响的信息尚未公开前，买入或者卖出该证券，或者从事与该内幕信息有关的期货交易，或者泄露该信息，或者明示、暗示他人从事上述交易活动，情节严重的，处五年以下有期徒刑或者拘役，并处或者单处违法所得一倍以上五倍以下罚金；情节特别严重的，处五年以上十年以下有期徒刑，并处违法所得一倍以上五倍以下罚金。"

3. 行政责任

实践中行政责任是律师最大的责任来源。行政责任主要源自《证券法》《律师事务所从事证券法律业务管理办法》《律师法》等相关规定，且基本上与证券业务息息相关。具体的行政责任通常包括采取监管措施，如责令改正，监管谈话、出具警示函、暂不受理材料等，以及进行行政处罚，如没收业务收入，暂停或撤销证券服务业务许可，并处业务收入1倍以上5倍以下罚款等。根据现有的处罚情况可以看出，证券业务领域是非诉业务的"高危地带"和"重灾区"。

由此可见，非诉律师亟须在提供法律服务的过程中明确执业规范以及强化自己的执业风险防范意识。

三、执业规范与执业风险防范

（一）证券业务

1. 执业规范

《证券法》《律师事务所从事证券法律业务管理办法》《律师事务所证券法律业务执业规则（试行）》是从事证券业务的三项基本规范。此外，证券律师出具法律意见书和律师工作报告时还需要遵循格式和准则的要求。

2. 执业风险防范

《证券法》《上市公司监管指引第 7 号——上市公司重大资产重组相关股票异常交易监管（2023）》《中国证券监督管理委员会行政许可实施程序规定》《首次公开发行股票注册管理办法》等规定对各证券服务机构的责任义务也进行了细化，从利于监管的政策角度出发，监督及完善相关证券中介服务机构在证券业务中的行为，包括律师事务所在内的证券中介服务机构将在证券业务中承担重大的风险与责任：若某个项目的相关从业人员出现了未勤勉尽责的情况，有关责任人员可能会被采取证券市场禁入的措施；违反《证券法》的，将会依法受到行政处罚；涉嫌犯罪的，也将会被追究刑事责任。这不仅对单个项目的进展产生不利影响，该律师事务所的其他项目亦将受到极大影响，且限制了律师事务所申请或在审的所有项目，甚至很大程度上影响律师事务所的声誉。

因此，非诉律师在从事证券领域业务时更应该注重风险防范，具体而言：

（1）履行勤勉尽责义务

《证券法》第163条规定："证券服务机构为证券的发行、上市、交易等证券业务活动制作、出具审计报告及其他鉴证报告、资产评估报告、财务顾问报告、资信评级报告或者法律意见书等文件，应当勤勉尽责，对所依据的文件资料内容的真实性、准确性、完整性进行核查和验证。其制作、出具的文件有虚假记载、误导性陈述或者重大遗漏，给他人造成损失的，应当与委托人承担连带赔偿责任，但是能够证明自己没有过错的除外。"《证券法》第213条第3款规定："证券服务机构违反本法第一百六十三条的规定，未勤勉尽责，所制作、出具的文件有虚假记载、误导性陈述或者重大遗漏的，责令改正，没收业务收入，并处以业务收入一倍以上十倍以下罚款，没有业务收入或者业务收入不足五十万元的，处以五十万元以上五百万元以下的罚款；情节严重的，并处暂停或者禁止从事证券服务业务。对直接负责的主管人员和其他直接责任人员给予警告，并处以二十万元以上二百万元以下的罚款。"

在实践中，律师被处罚的原因主要是核查和查验未编制计划、工作底稿有缺失以及没有履行注意义务等。判断律师在项目中是否勤勉尽责，可以从以下方面考虑：一是是否严格按照《律师事务所从事证券法律业务管理办法》、《律师事务所证券法律业务执业规则（试行）》、《编报规则》第12号等进行执业；二是在发表法律意见时是否履行了必要的核查验证程序，获取足以支撑发表意见的证据材料。同时，对于从其他中介机构处取得的工作底稿资料是否履行必要的核查验证程序，尽到一般注意义务。例如，在核查重大业务合同时应当尤其注意合同的真实性、形式的完整性，合同签署程序、内控是否规范等，这些都会是监管部门非常重视、律师在核查时又容易忽视的问题，而合同也是极为可能出现财务造假、信息披露问题的地方。

（2）避免内幕交易

重大资产重组通常是内幕交易的“重灾区”，内部交易也会对重组交易产生极大的负面影响。根据《上市公司重大资产重组相关股票异常交易监管》第6条的规定，上市公司向中国证监会提出重大资产重组行政许可申请，如该重大资产重组事项涉嫌内幕交易被中国证监会立案调查或者被司法机关立案侦查，尚未受理的，中国证监会不予受理；已经受理的，中国证监会暂停审核。根据《上市公司重大资产重组相关股票异常交易监管》第7条的规定，上市公司有证据证明其发行股份购买资产申请符合规定条件的，经聘请的独立财务顾问和律师事务所对本次重大资产重组有关的主体进行尽职调查，并出具确认意见，可以向证券交易所、中国证监会提出恢复受理、审核或者恢复注册的申请。证券交易所、中国证监会根据掌握的情况，决定是否恢复受理、审核或者恢复注册。因此，律师在执业过程中不可基于知悉内幕信息而触碰法律法规及监管部门的底线。

（3）强化风险防范意识

律师在工作过程中应把握好核查工作独立、客观、公正的基本精神，遵循审慎性及重要性的原则，对所依据的文件资料内容的真实性、准确性、完整性进行核查和验证。

首先，要做好核查验证的准备工作，制订详尽的核查计划，并对重大风险事项进行重点核查。在核查过程中，要注意互相印证，善用网络检索、访谈、文件审查和现场调查等多种手段，并对其一致性进行核查。从不同来源获取的证据，对同一事项所证明的结论不一致的，律师应当追加必要的程序。

其次，要备齐工作底稿。最重要的是采取核查和印证手段的所有过程是否都留有痕迹，比如书面文件、实地调研、现场访谈、网络查询等都应留有完整的书面痕迹并妥善保存，从而体现律师的勤勉尽责。

最后，慎重发表法律意见。律师在出具法律意见时，对与法律相关的业务事项应当履行法律专业人士特别的注意义务，对其他业务事项履行普通人一般的注意义务，所有的结论应有足够的底稿和核查验证的程序可以支撑。而在规则允许的前提下，律师也可以考虑尽可能地给自己发表的意见留下空间和余地。

（二）投融资业务

在投融资领域来自行政部门或者司法部门的风险压力相对较小，尤其是非上市公司的投资业务，此类业务的特点是在短时间之内对某一公司或者某一项目做法律上的尽调判断，梳理出主要法律问题，进而把相应的法律问题落实在交易协议中，从而相应规避法律风险。而在此类业务中，作为律师则需要注意以下几点：

1. 了解客户诉求。投资和 IPO 不同，没有来自监管部门的压力，相应的压力就来自客户。对于此类业务，客户的诉求是最为重要的。

2. 厘清交易结构。尤其是在一些相对复杂的交易里，交易是由一系列的协议构成，因此交易结构的重要性不言而喻。在起草协议的时候需要完全厘清每个协议、各个条款之间的钩稽关系。

3. 把握核心条款。投资协议中，对于为保护投资人利益而设置的常规性条款如业绩或者上市的对赌安排、回购责任等，一定要非常清楚其中的含义。此外，还应当注意根据交易实际情况约定核心人员的任职期限、资产处理方式等。

4. 掌握文本权。如有可能，要尽可能快速发出合同第一版，争取在己方的合同基础上进行修改和谈判，这将使我们的主动性极大增强。

除上述非诉业务领域外，其他非诉领域的业务也考验律师对于风险的防范意识和把控能力。例如，合同审查是律师服务的重要内容，也是律师的基本功。而在律师提供法律服务过程中的法律研究能力、风险提示意识也很大程度上决定了后续的工作是否能够顺利开展。

四、结语

在未来的职业生涯中，作为从事非诉业务的律师，我们应不断地思考自己是否具备了独立的精神和判断，是否具有完备的程序意识，所做的工作是否经得起时间的考验、其他方的推敲甚至监管部门的检查。这才是最能体现出律师的专业素养和严谨的精神，以及作为一个法律人的价值之处。同时，我们也要学会保护自己、守住自己的底线，如此才能在执业道路上走得更好、更远。在此，希望我们每一个人在从事法律工作的过程中都能够不断提醒自己：忠于法律，恪守本分，如履薄冰。

第八章

展望未来：律师职业的机遇与挑战

“互联网 +”时代职业律师的变与不变

张诗伟 *

未来已来，初心不改：“互联网 +”时代职业律师的变与不变。

在“互联网 +”的时代，互联网虽然对法律服务市场尤其是中低端细分法律服务市场造成了一定冲击，但并没有改变法律服务的内涵和本质，而“互联网 + 法律”二者的跨界融合更是提供了更多机会与可能，律所（尤其大律所）、职业律师将退出历史舞台是个伪命题。我们需要更多考虑的是借势而为，变“互联网 + 法律服务”为“法律服务 + 互联网”，为法律人赋能。在这个意义上，律师们更需要专注于法律业务本身，更需要十年磨一剑乃至二十年、三十年甚至终身磨一剑的工匠精神。

一、“互联网 +”时代下，法律服务业的上半场结束了吗

我 1994 年开始上大学学习法律，1999 年开始从事律师工作，如果说这二十多年我一直坚持在做一件事情的话，那就是法律：一

* 资本市场部合伙人。

直在研习法律，一直在实践法律，一直在思考法律。

这法律，既包括有字的纸上之法律（law in papers），也包括无字的活的法律（law in action）。这份职业我们把它叫作律师：律师当然首先是一个职业，更是一种比较强调专业精神的法律服务行业。大前研一说过，专业精神就是“控制自己的情感、理性行动，具备专业知识、技能和较强的理念，以客户为第一位，具有无穷的好奇心和永无止境的进取心，严格遵守纪律”，这句话对律师业的专业内涵和服务本性实际上都非常贴合。

在我开始做律师的时候，互联网还处于萌芽状态，整个律师业还处于前互联网时代，根本看不清互联网对律师业有多大影响，而今天已进入移动互联网时代，在我们法律服务业还没有完全苏醒过来的时候，大佬们就喊，互联网的上半场（也就是“连接”）已经结束了，下半场是 AI（Artificial Intelligence），也就是人工智能。上半场的“连接”是什么呢？比如京东、淘宝构建的人和商品的连接，微信构建的人和人的连接，百度构建的人和信息的连接，滴滴构建的人和交通工具的连接等，能想到人与外物的连接似乎都连接完了，只剩下万物互联（Internet of Everything，IOE）。

很多法律从业人士听了“上半场已结束”的话很是诚惶诚恐，感觉还都没有进入互联网怎么上半场就结束了，那下半场还需不需要专业服务？很有种被抛弃或被淘汰的感觉。但在我看来，所谓“上半场已结束”可能只是针对前面几种普通的互联网行业，特别是商品和知识含量低、可替代性强或标准化程度高的服务业或信息业，而对于法律服务业，尤其是中高端法律服务业，“互联网 +”的上半场可能才刚刚开始。

我的理解是，法律服务业具有高知识性、高度非标准化、低可替代性以及依赖于人际沟通的特性，这决定了其可能是最后一批全面互联网化的行业。所以对于现在所谓的法律人工智能将彻底导致大型律所或律师职业消亡以及职业律师转向纯粹个人执业的说法，我觉得为时尚早。相反我认为，在“互联网 +”时代，大型的律所以及职业律师不仅不会失业和消亡，反而会更加兴盛和忙碌。

二、“互联网 +”背景下的法律服务

1. 互联网连接的背后更有法律的连接

前面说的“互联网 +”强调连接，包括人与信息的连接、人与物的连接、人与人的连接乃至于万物互联。但作为一个法律人，我们更应看到这些连接背后都有法律的连接，既然有法律的连接，当然就少不了律师的作用和空间。而且，商业实践的发展基本上总是领先于法律，而法律又反过来深刻影响商业实践的发展，如改变了网约车市场格局的“网约车新政”，又如给野蛮生长的 P2P 平台套上“紧箍咒”的 P2P 监管新规。面对“互联网 +”的新形势，我们怎样在法律法规的框架下去构建和规范项目涉及的方方面面的法律关系？怎样去精准把握法律精神和政策趋势，从而设计出合法安全的创新交易架构去帮助客户实现商业目的？这些都是律师忙碌不完的事业。

"互联网 + 法律"确实创造了更多跨界融合的可能，因此也出现了一些发展得比较好的"互联网 + 法律"的业态，为大家的职业前途提供了更多机会、更多可能，而不再局限于职业律师或法务等传统道路。

2. 跨界融合的产物和机会增多

"互联网 + 法律"跨界融合的产物有很多，最具代表性和影响力的就是法律大数据平台，包括较早出现的法律法规数据库、合同文本库、案例研究库以及律师库等。比如可以直接在一些互联网平台输入相关数据和参数生成相关的合同文本；又如一些提供法律服务的电商平台可以直接承担相对简单高频次的法律咨询工作和处理相应法律业务，有 2C 的主要面向个人或初创小微企业，有 2B 的，直接作为大的电商平台或保险公司处理纠纷的外包法律服务提供商。

还有一些提供法律服务的电商平台自己不从事直接的法律咨询业务，而只立足于实现对法律业务供给方和需求方的精准匹配和撮合。当然，在吸引、积累了充分的需求方市场后，其也具备了直接提供法律服务的条件，这种商业模式与淘宝从纯第三方平台到发展出自营业务如出一辙。但这样的商业模式只有已经积累起大数据并运用先进算法的法律电商平台才可能做到，否则无法实现精准匹配撮合，势必极大影响客户体验而影响平台的口碑和价值。不可否认的是，这确实大大降低了法律服务市场的信息不对称，也大大降低了作为供给方的律师和作为需求方的机构或个人的信息搜索成本，提高了法律服务市场的效率。不少大公司都通过此种方式接触到相关律师，相关律师也借此获得不少的业务机会，至少获得一个项目招标或竞聘的机会。但同时我们也要认识到，这意味着律师业竞争的进一步白热化，这是对律师业务能力的直接检验，也是对律师受认可度的直观展示，这就需要律师牢固树立终身学习的理念，不断更新迭代认知体系、不断提升自己的业务水平。

三、法律人工智能取代法律人可能吗

还有一种业态就是法律 AI，即法律人工智能。《量刑与电脑》一书中提出只要输入相关定罪量刑的事实和法定及酌定情节之后，通过电脑设置的程序公式可以自动得出量刑的结果。但这一设想至今未见推广使用。

目前法律人工智能还处在很初步的阶段，许多公司机构研发出的法律机器人都是做一些很简单的嵌入语音搜索程序软件以实现数据研究和处理工作，离真正意义上具有自主思维能力的机器人还很远。

1. 法律世界是人造的世界

这可能与法律世界作为人造的世界的本质特征有关，也与具体法律问题的个性化即非标准化有关。世上没有两片相同的叶子，世上也没有两个相同的案子。法律的实际运作高度依赖于其创造者主观的理性、创造性。千人千面，千案千判，法官、律师等各法律职业的参与才赋予了法律以温度和质感，才让法律变得鲜活。这也是导致法律职业难以被冰冷的人工智能机器取代的根本原因。

具体案件/问题的法律适用有赖于从找法（寻找大前提）到认定法律事实（形成小前提）再到推论—判断的三段论过程方法，而整个三段论过程方法无一不依赖于人主观的理性和创造性。

比如找法需要运用法律的体系化思维，遇到规定不明或法律漏洞还需要运用法律解释原则进行漏洞补充；比如认定系争法律事实需要建立在全面综合审查证据基础上的真伪判断以及作出法律评价并最终进行逻辑涵摄，而系争法律事实细节本身的发掘高度依赖于主体间性或所谓的人际沟通，而推论—判断过程更是需要把两者结合起来、运用逻辑推理，得出结论。这些显然都远远没办法由机器替代。

2. 法律是经验理性而非自然理性

南京市中级人民法院对某企业声称为该院研制出机器人替代办案的辟谣声明我觉得说出了其中精髓，这个声明说："司法是具有经验和价值判断性质的工作，再聪明的机器或软件都不能完全替代法官的工作，只能为法官提供办案支持与辅助。"

这让我又想起了400年前英国著名法官柯克为抗拒国王干预审判说的那句话："法官处理案件只有自然理性是远远不够的，更需要人工理性。法律是一门艺术，需要长期的学习和实践。"霍姆斯法官又将这句话继续发扬光大，提出了"法律的生命不在于逻辑，而在于经验”的名言。从这个角度，每一个时代的法律都有其时代精神，只有把握住该精神才能精准地把握适用法律的尺度，法律不仅仅是落在纸面上人皆可见的成文法或实定法，更有蕴含贯穿其中的不成文法或自然法，或所谓法律精神。这种法律经验或精神层面上的东西是任何一种机器人无法去把握和习得的。进而言之，法律作为人的造物，其最高本旨就是实现人类对其自身的关怀，也就是爱。即使机器人将来可能具有超出人类的智慧，但机器人可能永远都无法懂得爱。

又如霍姆斯所说，“法律不断演进而从来没有达到一致，这是一个颠扑不破的真理。它永远从生活中汲取新的原则，并总是从历史中保留那些未被删除或未被汲取的东西。只有当法律停滞不前时，它才会达到完全一致。”在这个意义上，如果将来法律机器人取代法律人之日，那么可能意味着法律、法治停滞不前甚至消亡之时，甚至意味着机器人统治了人类。当然，至少在可预见的将来，这一天都不可能发生。

四、传统律师业存在的合法性和合理性根据

互联网对传统律师业冲击有限的很重要的原因在于，律师、律所执业的合法性不仅源于《律师法》《证券法》的规定，其存在的合理性和必要性也来自现实经济生活的客观需要，这无法通过互联网以众包或大规模协作等契约的方式替代。

就证券业务而言，许多大公司依旧愿意找品牌和体量层级相当

的律所为其提供法律服务。这不仅有品牌信誉的保障，也有对大型律所质量内控管理体系、后台配套服务以及提供一体化全面法律服务的需求，更有对其独立性、专业性以及责任承担能力的考虑。因此，至少在可预见的期限内律所尤其是大型律所及职业律师不会退出法律服务舞台。相反，随着国家和社会法治化程度的进一步提高，职业律师的空间和作用将会越来越大。

而从国内来看，自从改革开放以来，法律服务市场一直在迅猛地增长，其所对应的 GDP 数额也在不断增长，没有任何证据表明这些年因互联网的出现而延缓或降低了这种增长的态势。在中国目前法治化程度还有很大提升空间的情况下，除非出现不可抗力或意外事件，中国法律服务市场、中国律师业将继续发展、兴盛。

五、变：从“互联网 + 法律”到“法律 + 互联网”，为法律人赋能

当然，如果将来法律机器人真的被研制出来，虽然对于大部分非标准化中高端以及复杂交易服务市场还不存在被法律机器人完全取代的可能，但对于简单、高频、可标准化、程序化的中低端细分法律服务业务市场的冲击和影响无疑将会很大，但不管怎么说，法律人在“互联网 + 法律”的浪潮中始终是主体，而不是互联网或机器人成为主体。互联网对于律所律师而言至少是个赋能的工具，在这个意义上不应该排斥而应该大胆去拥抱它。

在前互联网或前电子信息时代，信息的载体主要是纸质介质，

法律人面对的问题主要是信息匮乏的问题，因为纸质介质的获得、传播都相当不易。而在移动互联网时代，法律人主要面对的问题是信息过载的问题，因为信息的获取和传播太方便太容易了，因此如何提高对信息的驾驭能力，避免被淹没在无效信息的汪洋大海之中，更善用“互联网+”的工具，进一步加强信息化建设，成为“智慧律师”“智慧律所”，是律所律师在信息时代面临的一大挑战（当然，这从另外一个角度意味着与法律相关的互联网基础设施建设本身巨大的机遇）。如能提高相关能力，法律数据采集和研究能力将能获得更好地提升，与客户沟通界面更加友好，工作质量和效率将进一步提高，信息沟通和流动也更加充分和对称，这样的律所律师无疑将获得更好的品牌影响力，也将变得更强、更具竞争力。

六、不变：专业为本与工匠精神

在目前“互联网+法律”或“互联网+律师”的时代，“律所（尤其大律所）、职业律师将退出历史舞台”是个伪命题，互联网没有改变法律服务的本质，我们更多需要考虑的可能是借势而为，如何做好“法律服务+互联网”或“律师+互联网”，在此基础上实现法律服务的进一步互联网化。

“工欲善其事，必先利其器。”前面说的律师的“变”，就是将互联网作为“器”，使其成为为法律人赋能的工具，善用互联网工具和思维，能让律师工作变得更为高效、更为精细、更为专业，但始终不变的是我们法律职业的初心：以正义为理念，以法治为信仰，以专业为根本，以创新为使命。

我们做任何事都要专注根本并持之以恒，都需要以十年磨一剑乃至二十年、三十年甚至终身磨一剑的精神才能够把一件事情做得合格，做得又好又快，更做到极致。所谓不变初心，方得始终。

法律与科技共舞：新法律人业态的想象空间

龚乐凡*

生存还是毁灭，这是一个值得思考的问题。

——哈姆雷特

有人说 ChatGPT 诞生的意义，不亚于瓦特发明蒸汽机标志着工业化时代的开启，它意味着人类已经进入了一个新的时代。而法律作为一个相对传统和严谨的职业，我们该如何看待科技和创新所带来的颠覆性影响？作为法律人，又该如何拥抱人工智能、高科技，以及该如何应对这个个人的工作岗位随时可能被颠覆、被淘汰、被替代的新时代？

随着数字经济及技术革命的迅猛发展，法律科技的东风也随之兴起，如何实现法律与科技的融合，如何以科技赋能法律等问题也越来越受到市场的关注，成为数字化新时代中法律行业的新兴业务点。人工智能、元宇宙、大数据、云计算等尖端技术在扩展法律行业产品边界的同时，律师行业也面临灵魂拷问：究竟该在日益内卷的环境中继续苦拼法律业务，还是及时投入法律科技，积极拥抱数字化，开启并引领新一轮的法律科技革命？

---

* 私募基金与资管部合伙人。

一、法律科技产品:市场需求高涨

尽管目前法律科技的发展和使用仍处于较为早期的起始阶段,但市场需求和发展态势却很高涨。汤森路透 2022 年对全球超过 2000 位资深法务的调研发现,公司法务部门对技术的使用在 2021 年迅速上升,调查显示,超过一半的受访者说 2021 年增加了技术的使用,有 27% 的受访者表示将在未来的 24 个月内采购法律工作流程自动化产品。根据 PitchBook 的数据显示,2021 年全球法律科技领域的投资已经达到近 10 亿美元。①

而 2022 年 11 月 30 日,由非营利人工智能研究组织 OpenAI 推出的 AI 聊天机器人系统 ChatGPT 正式发布,并迅速席卷全球,激发了 AI 在法律专业领域作用的广泛讨论:ChatGPT 是否可以为用户提供可靠的法律建议?它能够帮助律师、律师事务所做什么?甚至从长远来看,ChatGPT 有可能取代律师吗?在 ChatGPT 以及类似科技工具急速发展的现实下,法律市场也正在迎接一场新的重大变革。

就律师事务所而言,法律行业的技术领先者在客户、人才、生产力和业绩等各方面的表现都在逐渐超过其他的竞争者,部分成功实现数字化转型的律所已经向人们展示了法律行业在科技赋能之下可以有怎样惊人的成就。据威科报告《对未来做好准备的律师正在引领变革》(*The Wolters Kluwer Future Ready Lawyer Leading*

① *Check out 18 Pitch Decks that Legal-tech Startups Used to Raise Millions*, Businessinsider, https://www.businessinsider.com/legal-tech-pitch-decks-founders-startups-raise-money-evisort-disco-2021-6 (last visited May 7th, 2023).

Change）中的统计，在 2022 年，在“技术转型”过程中的律所仅有 46% 实现了利润增长，但与之相比，“技术领先”的律所则有高达 63% 的比例实现了利润增长。法律科技作为提高律所生产力和盈利能力的关键驱动力之一，其重要性已然毋庸置疑。

为了确保在法律科技潮流中处于优势地位，部分律所也建立了与律所内部技术部门或外部科技公司、技术人员的合作机制以提高自身的法律科技水平。例如，总部在英国的知名全球性律所 Allen & Overy 的开放式技术创兴空间 Fuse 可以让律所、外部技术人员和客户共同合作，探索将法律分析与一流技术相结合的解决方案；另一家总部在英国的知名全球性律所 Clifford Chance 与新加坡法律学院合作的法律科技孵化器 Create + 65 汇集了风投资本、初创企业和技术人员，目前已经孵出三款法律科技产品；美国老牌头部律所 Paul Weiss Rifkind Wharton & Garrison 的 eDART 内部团队，专注于帮助诉讼律师分析数据和文件；美国知名国际性律所 Skadden Arps Slate Meagher & Flom 创建的以律师为主导的内部技术开发流程，让律师能够基于业务需求与内部技术团队合作开发针对性技术产品等。

二、发展的障碍：传统律所的转念

然而，对于传统的大型国际律师事务所而言，从业者缺乏技术背景和技能，保守的文化氛围等仍然是迎接法律技术进步的重大挑战。[①]

一方面，挑战源于律所内部的机构和员工。从业者普遍缺乏对法律科技的理解和培训的问题尚且不谈，对于部分律所而言，法律科技战略规划缺位、保守主义文化盛行以及领导层对变革的抵制等问题同样不可忽视。这也是所谓的“所知障”问题：对于享受过一定成功的专业人士来说，变革的动力不足，容易形成对过往成功的“路径依赖”，也更容易故步自封，自己所知道的、所熟悉的，反而成为自己成长和突破的障碍。律师作为教育程度普遍较高、实践经验丰富、具有一定的知识和专业权威的专业人士，即便固执己见、拒绝接纳新的事物，也不会立刻面临生存危机，遭遇难以为继、濒临倒闭的状态，所以往往更容易怠于采取行动去进行“自我革命”，而可能进入一种“温水煮青蛙”式的逐渐被淘汰的状态。如果不去改变思维，那么你总会找到 1000 个理由不去变革。不去认识和拥抱变化，那么最终被现实“打脸”的只能是自己。

作为律师，我们实际上更应怀有谦卑和开放的态度，有敬畏心、警觉性，主动地去了解国际国内的同行们在做什么。如果你的眼界没有打开，认知存在局限，对于科技和市场的变化视而不见，不断走传统的老路，迟早会被残酷的现实“打脸”。

另一方面，对于相对而言资金并不十分充沛的法律行业而言，发展法律科技的巨大投入和不稳定的预期回报也是阻碍律所运用法律科技的一大障碍。什么时候投入，投入多少，仍然是大家令困

---

① *The Wolters Kluwer Future Ready Lawyer*, Wolters Kluwer, https://www.wolterskluwer.com/en/know/future-ready-lawyer-2022 (last visited May 7th, 2023).

惑的问题。

此外，法律科技运用的挑战可能来自技术本身，如今法律技术迭代迅速、种类繁多，并且缺乏行业统一标准，技术选择便成为法律业界最可能面临的挑战之一。对于这个，打破传统律师的“追求完美”的思考模式，用“互联网思维”，“小步快跑”，小成本投入，不断试错，拥抱失败的心态很重要，而这个心态，可以说和律师的追求“安全”、“稳健”和“不出错”的法律服务思维几乎完全相悖。要磨炼出“容错”的包容文化，也是法律人和律所需要直面的一项挑战。

三、法律科技的成功实践与案例

根据笔者在该领域的参与、实践和调研，不少国内企业已经发现，无论是针对各类商务合同条款，还是从数据合规角度审核 App 以及其他软件，“人工”模式已经出现了效率和成本的“瓶颈”。部分互联网大厂的法务部门已经与 IT 部门一起合作研发了相关的审核软件工具，大大减轻了法务的负担。还有的企业，通过和外部律所和软件供应商的合作开发，也已建立了数字化、智能化的合同审核与管理的 IT 系统，能够更高效地制备、存储和使用合同模板，从流程上更智能地提示合同的关键条款和履约时间节点；而对于一些重要的法律条款，通过 IT 系统限定只有一定权限的业务人员才能修改，否则必须经过法务和财务的同意才可修订；而对于合同带来的收入和发生的支出，能够通过 IT 系统一键式导出图表，更直观地让用户可视化地了解合同履行和收款、支付的状态。

在合规以及反舞弊的风控上，数字化的工具甚至实现了人工难以匹敌的风险识别功能。例如，对于招投标的“查重”，人工可能难以通过比较五六份标书识别出是否存在出自“一人之手”的作品。但是在强大的数字化工具面前，这个任务只需要几秒钟即可完成。再如，对于供应商的风控，数字化的工具能够识别哪些供应商可能为同一实际控制人控制，哪些供应商存在信用风险（自身和/或关联方遭遇被诉、已在失信人名单上）。这些如果通过专业人士的人工工作进行，就需要投入大量的工作时间，效率较低。

四、法律科技工具开发的风险与误区

虽然法律科技的工具十分“好用”，但是要做好一款真正“靠谱”的法律工具，却并不容易。功能强大的ChatGPT，在法律方面的疑问解答和文件编撰，往往是表面上“看上去很美”，实则输出的内容经不起仔细推敲，存在引用不存在的案例、过时法规、遗漏关键问题等诸多问题。

所以“好用”和“管用”，是法律科技工具必须同时关注的两个方面。笔者在实践中也了解到，有些企业在建设法律科技软件的时候，往往可能认为公司内部人员和软件工程师就足够了，而忽视供应商提出的聘请律师合作共创的建议。笔者认为，这个判断可能会为企业带来风险：轻则被软件使用者发现遗漏、错误、结果“不靠谱”的情况，最后因用户不敢用而被“束之高阁”；重则使用者可能因为仰赖错误的结果，又没有再经过人工的有效复核发现底层法律问题，直接就把有遗漏甚至错误的结果递交出去，引发严重后果。

例如，在应用有关“保函”的审阅软件过程中，通常来说，软件工程师难以全面理解和保函相关的法律问题以及软件设计的法律底层思维和逻辑，我们就曾基于对四千余例保函相关的诉讼争议案件的归纳总结，发现常见的保函争议发生在保函追偿（52.85%）、保函（担保）期限（30.15%）、索赔单据约定不明（6.41%）、保函欺诈（5.2%）和保函性质（4.46%）等方面。

这些问题，如果由法务来收集资料和进行研究，首先，可能会耗费相当长的时间，给法务日常的工作负荷造成进一步的压力；其次，熟悉保函审阅的法务，也可能并不善于从诉讼实战角度去分析“子弹”可能从什么地方打过来，去了解在什么节点有更高的概率发生争议，从而站在底层思维的角度设计一款“智能”的法律工具软件。

打个比方，一位有多年经验、熟悉药品的药剂师，的确很熟悉自己的客户，能做好自己的工作，但是这是否意味着他（她）可以取代大型制药公司、能够对于药品进行研发？显然非常难。有很多年的开车经验，不等于自己就可以造车了。公司法务与外部律所在日常工作职能上是有所区别的，据笔者观察，目前市面上的法律工具软件多聚焦于日常的合同存储、管理等支持性工作。但随着技术进步，能够自我学习的生成式人工智能工具逐步在法律市场上活跃起来，被视作法律工具的新风向，受到全球市场的广泛关注。而律所，特别是大型律所，对于法律领域的争议和诉讼，有着得天独厚的专业和经验优势。科技公司可以考虑与在合同争议、仲裁诉讼甚至法律软件开发方面有丰富实操经验的外部大型律所进行合作，结合律所的一线经验，梳理各种案件的可能争议焦点和解决路径，紧抓用户“痛点”问题。律所律师可以从多维度的视角“指导”软件进行归纳和学习，进一步探索法律科技工具在全方位法律服务上的广泛可能，更高效地与工程师一起“共创”设计出“好用”加“管用”的数智化软件。

所以，一款靠谱的法律数智化软件，如果要做到“好用”加“管用”，我们认为具有科技思维的律所的参与共创必不可少，原因有三方面。

1. 数智化软件系统的训练需要大量实际样本。现阶段 AI 工具的“成长”离不开大量的实际样本进行学习和训练。而律所作为法律行业的一线“排头兵”，能够接触、参与并总结大量实际法律案例的经验，这对于法律数智化软件的训练而言，能起到事半功倍的重要作用。

2. 数智化软件往往需要进行“正向”与“反向”的双重推演。对于不断学习的智能化 AI 工具而言，识别风险、解决问题的能力需要相关业务领域的法律专业人士提供经验指导，帮助 AI 工具学习进行“正向推演”；同时也需要 AI 工具收集大量的诉讼实践案例以及最新的风险事件，从失败案例中锻炼智能工具“逆向推演”的能力，从而更好地应对突发事件。这些可能都需要专业律师、律师事务所来提供指导和帮助。

3. 及时更新数据及预案系统的建立。这一点也至关重要。当法规更新，新的风险、争议不断涌现时，数智化工具需要拥有及时更新、警示的能力及预案方案。而当面临全新的争议点时，智能化工具若更新不及时，很可能会落后于发展，甚至给出错误的建议。此时也需要专业律师及时介入，监督、帮助 AI 工具处理此类问题，从而形成完善的更新及预案系统。

五、结论

在法律科技日益发展变化的时代，法律科技的运用为法律行业提供了更高效、更精确的解决方案，帮助法律人提高工作效率，更好地投身于法律服务之中。但与此同时，作为专业的法律人，我们在紧紧抓住时代机遇、追求效率的同时，也需要了解科技进步下隐藏的风险问题，时刻对科技保持尊重和敬畏，与科技共同成长。

在全球化的舞台上，法律和科技的“共舞”正方兴未艾。我们也正在见证着法律科技工具与法律科技行业在实践中创新，在挑战中成长，在跨部门、跨行业的合作中学习进步。律师作为法律行业的中流砥柱，更要在不断变化的技术和商业环境中，提升自己的跨界认知能力，超越单一学科知识的边界，拥抱多元化的知识和思维方式，不断在法律行业中保持竞争优势，为客户及社会提供更具创新性的综合法律解决方案。

法律科技能给法律行业带来什么？法律人该如何顺势而上，在法律与科技的发展浪潮中，谋求、创造一个更加高效、公平公正和可持续的未来社会？这一切，也有待新一代的法律人来告诉我们答案。

鸣 谢

在撰写本书过程中，中伦研究院实地采访了中伦律师事务所的数十位合伙人，他们数十年深耕法律领域的经验为本书奠定了坚实的创作基础。在此感谢这些来自全国各地的合伙人和职能管理人员的积极沟通和指导，他们包括：曹丽军、曾赞新、陈芳、陈际红、陈颖、陈月棋、程军、段海燕、傅长煜、郭克军、龚乐凡、韩大更、郝瀚、霍伟、贾海波、贾明军、李成文，李崇文、李国斌、李红、刘建伟、刘相文、路竞祎、马会军、马远超、倪勇军、乔文骏、舒海、王冰、王峰、吴鹏、夏惠民、熊川、许胜锋、杨卫华、余昕刚、张德才、张根旺、张国勋、张炯、赵靖、周洋、周赟、朱茂元等。[①]

本书部分内容为中伦律师事务所合伙人及资深律师亲笔撰写，几经修改方得以定稿，他们无私、专业的分享对于本书而言至关重要。非常感谢：曹丽军、傅长煜、龚乐凡、郝瀚、孟聪慧、邱建、孙芳龙、涂浩、王勇、夏惠民、熊川、于宏威、余昕刚、张诗伟、周洋等合伙人，以及李弯弯、刘文霄、张丽娜、郑家良等律师的积极供稿。

① 姓氏拼音首字母排列，下同。

感谢法律出版社及编辑们对本书编纂作出的努力，为本书的出版提供了专业的支持与帮助。

最后，感谢各位读者，你们每一位读者的赞美、批评和反馈都将激励我们奋力前行，不断进步。